suncolor

# 科學 MIND TO MATTER 證實
# 你想的會成真

## 從心靈到物質的驚人創造力

The Astonishing Science of How Your Brain Creates Material Reality

Dawson Church 道森・丘吉／著　林瑞堂／譯

# 本書讚譽

想知道自己的想法是否真的會影響生活，這本好書會讓你徹底信服。從原子層次、身體層次到銀河系層次，道森‧丘吉認真又嚴謹的研究在在顯示，心靈的創造力深不可測。他整合了生物學、物理學、心理學等領域的數百份研究，表明我們大腦的能量場的確時時刻刻都在創造實相。這些洞見可以為你的健康與富足帶來深遠影響，我強烈推薦你應用到自己的生活中。

——約翰‧葛瑞（John Gray）
紐約時報暢銷書《男人來自火星，女人來自金星》
（*Men Are from Mars, Women Are from Venus*）作者

我們已進入一個自我療癒的年代，意識對健康與疾病的影響在此時獲得前所未有的肯定。想進一步了解這些關鍵見解，道森‧丘吉的這本書值得你珍藏。

——勞瑞‧杜西（Larry Dossey）
《一心》（*One Mind: How Our Individual Mind Is Part of a Greater Consciousness and Why It Matters*）作者

道森‧丘吉嚴謹的科學研究，顯示吸引力法則不只是形上學的命題，更是科學如假包換的事實。本書援引數百份研究，以充滿啟發性的真實故事來佐證，揭開想法轉變為物質的繁複機制。你心中對於生命的種種可能設想，都會因為道森的這本著作而大大擴展，而且可能會再也回不去了。

——瑪西‧許莫芙（Marci Shimoff）
紐約時報暢銷書《快樂，不用理由》（*Happy for No Reason*）作者

我愛死這本書了，書中總有那麼多值得品嘗的事實與動人的故事，讓人一看就入迷。有幸能見到科學終於追上薩滿與智者的腳步，真是件美好的事！

——唐娜‧伊頓（Donna Eden）

《能量醫學》（*Energy Medicine*）作者


在漫長的時光中，偶爾會出現突破性的視界來打破科學典範，讓我們看待世界的所有方式重新聚焦，開啟人類潛能的新視野。對我們這個世代而言，這本書就給了我們那樣的視界。

——雷蒙‧艾朗（Raymond Aaron）

紐約時報暢銷書《心靈雞湯：永恆的親情》

（*Chicken Soup for the Parent's Soul*）作者


道森‧丘吉再次證明他是我們這個時代最偉大的思想家之一，他揭露了宇宙中影響我們生命最繁複的原則，而他的說故事能力更讓本書有趣易懂。他結合了令人大開眼界的研究與感動人心的迷人故事，讓你逐漸意識到心靈的力量不僅會指引你的生命，更會影響全宇宙的集體意識，將我們所有人結合為一。

——羅伯特‧霍斯（Robert Hoss）

《改變生命的夢》（*Dreams That Change Our Lives*）的共同作者


這本開創性的著作提供令人興奮的全新科學證據，顯示我們的想法會直接衝擊周遭的世界，也教導我們如何掌握這種知識以獲得喜樂又有效率的人生。

——大衛‧費恩斯坦（David Feinstein）

《個人神話》（*Personal Mythology*）的共同作者


我相信這本書會是有史以來最重要的著作之一，每一章都在教導我們

如何成為自己身體及周遭世界的主人。書中充滿了令人興奮的研究，讓我完全改變自己看待生活的方式。我運用這些技巧所得到的結果，讓我驚訝不已。它們能改變你的心靈，也能改變你周遭的物質世界。這本書值得再三推薦。

——麥特·蓋倫（Matt Gallant）

《三倍數生產力》（*Triple Your Productivity*）作者

這本書挑戰現代醫學與傳統科學的核心原則。道森·丘吉提出深具說服力的論證，指出身心的連結遠比我們以為的更為深刻，更指出科學必須擴大傳統理論，納入意識、共鳴及能量等力量。書中有豐富的例證，概述許多令人印象深刻的研究報告，有些是經典的論文，有些是晚近的新突破；還有許多實際案例與練習，提供了我們工具來進行個人的轉變。此外，假設本書關於相互連結的陳述是正確的，那麼這也會帶來社會的轉變。我強烈推薦這本好書。

——艾瑞克·列茲科維（Eric Leskowitz）

哈佛醫學院精神科醫師

數十年來，道森·丘吉一直都走在療癒領域的前頭，其研究遠遠領先同儕。這本書完全切合這個時代所需，此時人們對能量技術背後的科學與研究都已經逐漸能接受。道森提出一個深具洞見的絕佳指引，教我們如何運用想法來創造實相。從演化的開始到最新的大腦研究，他的這本著作充滿了令人著迷的歷史，為尋找有效療癒策略的專業與非專業人士提供藍圖。道森提供的方法是有效的，更指出它們產生作用的實證基礎。如果你曾經想學習顯化的科學，想知道自己的想法如何影響物質世界，那麼這本書你非讀不可。本書會改變你的想法，而且每天應用這些原則將會接著改變你的實相。問題在於：讀完這本書後，你會創造什麼？

——皮塔·斯塔伯頓（Peta Stapleton）

澳洲邦德大學（Bond University）心理學教授

在我們的文化中，有許多人正在由束手無策的受害者轉變為力量強大的共同創造者。然而，隨著這個力量強大的演化衝擊迎面而來的同時，我們也正在面臨力量受到濫用所產生的後果。面對難以預測的全球性危機，我們迫切需要立基於心、誠實正直、能夠觸及本身力量的創造者。如果我們能讓自己的力量與心靈連結，我們的生命和我們的星球有可能會變成何種模樣？科學對這種顯化力量又有什麼說法？這本書從科學觀點，去探索人類的力量如何參與實相的共同創造，也呼籲我們如何避免過分誇大人類的力量，因為一窩蜂推出的「吸引力法則」出版品正在餵養這種錯誤的承諾。隨著力量增加，我們更要謙卑地承認以下的弔詭：身為創造者，我們的力量是如此強大，但這種大奧妙卻又如此不受控制。祈願本書的所有讀者，都能讓自己的力量、心靈以及他們的正直誠信日臻圓滿，也祈願這個世界能因為本書對你的影響而獲得祝福。

—— 麗莎‧蘭金（Lissa Rankin）

紐約時報暢銷書《心靈更勝藥物》（*Mind Over Medicine*）作者

# 科學證實
# 你想的會成真

# 目錄
CONTENTS

## 【推薦序】

# 空即是色，色即是空，真實不虛

呂應鐘教授　國際華人超心理學會理事長

　　這本書是我近年所見最具有科學精神與研究成果的心靈著作，實在精彩。讀者必然能從書裡描述的事實與動人的故事，獲得無上的啟發。

　　本人為理工背景，完全是科學訓練出來的學術人，照理講應該是個死抱著科學裹腳布、排斥形而上現象的人。然而，七〇年代由於翻譯出版幽浮相關書籍，受到宇宙力量的啟發，深深體會當今科學只是狹隘、落後的唯物現象研究，根本無法獲得真知。我也堅信中國古代講究的「心物合一」必然有其道理，於是又開始深入研究榮格的分析心理學，當時就認為榮格心理學理論必然成為二十一世紀主流，佛洛伊德必遭淘汰。

　　一九八〇年代，我就體會到當時「科學」與「心靈」這兩個相互排斥的領域會在二十一世紀連結，重建全新的人類認知，把科學的嚴謹用於心靈與意識的研究，將會開出嶄新又古老的人類智慧花朵。因為中國古代的「氣血」學說，就是能量（氣）與物質（血）並存的理論。

　　書中提到「癌症先出現在能量場，然後才在物質面的細胞出現」，正是我的親身體悟。二〇〇〇年八月，我罹患了鼻腔淋巴癌，接受一次慘無人道的化療就逃出醫院，然後深入研究整合自然醫學，自己用心靈能量及自然醫學的方法克服腫瘤。迄今十九年過去了，身體不但很健康又顯得年輕十歲，證明了心靈能量確實可以調整細胞能量場。

　　「改變能量場，就能改變物質」，的確如此，每個人都能運用自己的意識來引導細胞的變化，書中也說「人的意識會影響周遭的物質實相」，天天擔心某些事情，那些事情必然到來；天天罵孩子笨蛋，孩子必然成為笨蛋。

　　現在科學也證明了「當我們的意識改變，世界也會跟著改變」，想想古人早就講了這些，如「相由心生」、「心之所至，金石為開」、「心誠則靈」、「萬法唯心造」，這就是古人的智慧，卻在二十一世紀的科學得到了驗證。可惜的是，現在大部分人都認為「看見才可相信」，但我要說「相信才能看見」，你的思維決定你的一切！

　　空即是色，色即是空，真實不虛！祝福本書讀者！

# 【推薦序】
# 小心你的任何想法，它可能會成真

　　科學已經成為神祕學的當代語言。根據我在全世界教學的經驗，一提到宗教、古老傳統、世俗文化或甚至新世紀理念等相關術語，聽眾就會各有各的立場，意見紛陳。然而，科學卻會讓人凝聚在一起，並因此創立了社群。

　　因此，當量子力學（心靈與物質如何產生關聯）及電磁學的某些原則，結合神經科學及神經內分泌學（neuroendocrinology，研究大腦如何調節身體的荷爾蒙系統）的最新發現，再加入心理神經免疫學（psycho-neuroimmunology，研究大腦、神經系統及免疫系統如何彼此影響，亦即身心關係），以及表觀遺傳學（研究後天環境如何影響基因表現），這個方程式就能幫你將許多神祕事物一一解密。如此一來，你也將揭露身為人類的奧祕，同時也釐清現實的真正本質。

　　這些新的研究領域，全都指向無窮的可能性。它們證明我們並非一經設定就終生都無法改變的存在，也不會因為遺傳基因就注定只能聽天由命。相反的，身為人類的我們每一個人，都有不可思議的調適能力與改變能力。

　　每次你學習新的事物，以往你未曾意識到的獨特可能性就會在你面前開展，你也會因此而改變。這稱為知識，而知識讓你遇事不再視之為**理所當然**，而是讓你更認清自己。學習的過程就是如此，你學得越多，就越能在大腦內創造新的突觸連結。正如你會在這本精彩好書中讀到的，新近的研究顯示無論是什麼主題，你只要專注一個小時就能讓你大腦內與此相關的神經突觸連結數量加倍。同一份研究也告訴我們，如果你沒有複習或反覆去想你所學到的，那些神經迴路會在幾個小時或幾天內被修剪掉。因此，如果說學習能創造新的突觸連結，那麼形成記憶就能維護那些連結。

　　在我所做的研究中，我曾經接觸過來自全世界成千上萬的人，現在我已經知道一旦人理解了某個想法、概念或新資訊，並且能夠向他人解釋，他們就是在發射及組建自己大腦內的某些神經迴路。這些迴路會在他們大腦物質層面那片三度空間的美麗織錦上再繡入新紋樣，以便能成功架設必要的迴路，讓新的知識引來新的經驗。換句話說，一旦你能記起並開始討論新的認知模式，便會開始安裝神經硬體來準備迎接某個經驗。

　　你越了解自己在做什麼、為什麼做，那麼**如何做**就會越來越容易。正因為這樣，在此時此刻，光是**知道**遠遠不夠，此刻你還要**知道該如何做**。因此，你接下來的工作理所當然就是要將在哲學與理論層次學到的事物加以實際運用、個人化、向他人示範，藉此來啟動知識。這代表你必須做出不同的新選擇，而且要身體力行。等到你能校準行為與意圖，讓行動與思想齊頭並進，或是讓身心達到協調，你將會有新的經驗。

　　所以，如果你獲得適當指示告訴你該做什麼，也遵循指示並以適當方式執行，就能創造新的經驗。一旦你擁抱新經驗，新的事件就會加入（並進一步強化）大腦內的心智迴路系統。這便稱為經驗，而且經驗會讓大腦的迴路系統更豐富。一旦迴路在大腦內組織成新網絡的那一刻，大腦就會創造一種稱為感覺或情緒的化學物質。這代表在你因為新事件而感覺到自由、富足、感恩、完整或喜悅的那一刻，從化學層次教導身體去理解你在心智層次所理解的東西。

　　因此，我們可以合理地說，知識屬於心，而經驗屬於身體。現在你正開始**體現這個人生哲學的真相**。如此一來，你就會重新編寫自己的生理程式，以新的方式向新的基因發號施令。這是因為新的資訊來自於外在環境。表觀遺傳學告訴我們，假如環境號令新的基因，而且經驗的最終產物是情緒，那麼你確實正在以新的方式指揮新的基因。既然所有基因都會製造蛋白質，而且蛋白質負責的正是身體的結構與功能（蛋白質的表現就是生命的表現），那麼你確實是在改變自己的基因命運。由此可知，你的身體非常有可能被療癒。如果你能創造某個經驗一次，就應該能成功再創造一次。如果你能反覆創造任何經驗，最終你就能在神經化學層次調整你的

身心協調運作。等到你做某件事很多次，也就是讓身體與心靈都已經知道應該怎麼做之後，做這件事就會自動化且毫不費力。換句話說，這會變成你的技能或習慣。一旦你達到這個境界，就不再需要有意識地去做些什麼。現在這成了你的本能，你也開始能夠駕馭這個**人生哲學**。你變成了那個知識。

正是如此，全世界的平凡人可以做出不平凡的事。人們開始轉變，由哲學家到啟蒙者到大師，由知識到經驗到智慧，由心智到身體到心靈，由想法到行動到存在，由頭腦學習到親身實踐到了解洞悉。這一切的美好之處在於：我們每個人都擁有要做到這一點所需的生理與神經機制。

如此反覆努力的附加作用不僅會改變你這個人，也應該會開始在你的生命中創造能反映這種努力的可能性。否則，你這麼努力何苦來哉？那麼，我所謂的可能性指的是什麼？答案是療癒身心靈的疾病或失衡。透過有意識地將能量與注意力導向符合我們想像力的新未來，具體顯化成新工作、新關係、新的機會及新的冒險，以便創造更好的生活，並且引來筆墨難以形容的神祕經驗。

一旦你的生活出現了共時性、巧合及新機會，你自然會注意自己做了什麼，也會鼓勵你再次去做。你正是用這種方式，把自己從人生的受害者變成自己人生的創造者。

這本威力強大的書，所討論的正是這些內容。你可以把這本書當成你個人的人生導師，一旦你能夠將自己的想法與感覺調整到諧振狀態，就能證明你的力量有多強大。本書專為你而寫，你不只是要在心智層次去了解內容，更要在日常生活經常練習應用，所謂「一分耕耘一分收穫」，你想要多少回報就必須先投注多少努力。

不可諱言的，想要透過科學性的認知模式來完全證明我們的主觀心智（我們的想法）能夠影響我們的客觀世界（我們的人生），真的不容易，更何況要為此寫一本書。僅僅是要找到相關的研究資料，就是個大挑戰。幸運的是，我親愛的朋友兼同事道森‧丘吉成功地完成了這個任務。

接下來，我想與你分享道森‧丘吉這個人。二〇〇六，我在賓州費城

的一場研討會中第一次見到道森時，就一見如故，我很快就確認這會是一段長遠且健康的情誼。我們之間的觀念交流，湧動的能量就像風暴一樣。每次一談到雙方都確信為真的事物時，感覺就像閃電劈啪作響，火花四射。因為第一次的成功互動，改變了我們兩個，此後我們一起進行了幾個不同的專案。道森不僅發表了多篇嚴謹的能量心理學論文，還是我研究團隊的一分子，專門針對冥想對大腦及身體的影響進行量化統計。他無懈可擊地主持了我們的許多研究，在我們的研究中也扮演理性的代言人。

我可以隨時寫電子郵件或打電話給他，問他說：「創傷需要多久時間才會在大腦固化成為長期記憶？」他會毫不遲疑且精確地告訴我需要多少時間、有哪些最好的參考文獻與特定研究，以及負責做這些研究的科學家是誰。那種感覺，就像他正在告訴我附近的超市怎麼走。道森就是這樣的人，發現這一點讓我領悟到與我合作的這個人不是個普通的科學家，在我面前的是一個偉大的心靈。道森聰明、有魅力、充滿活力，也熱愛生命。他和我都想清楚了解我們到底是什麼人，以及對人類來說還有哪些未被開發的潛能，尤其是在這個充滿挑戰性的時代。

我愛死了這本書，反覆讀了好多遍，它解答了我好多問題，包括心靈與物質世界的關係，以及能量與物質如何連結等等。我從中學到新的觀念，幫助我以不同方式去看待世界，閱讀這本書的過程改變了我。我希望這本書不只會改變你、幫助你以不同方式看待世界，也會啟發你運用這些原則，去實際體現自己生命中的種種可能性。如果說科學是神祕學的新語言，那麼你就是在求教於一位當代的神祕主義者，也就是我親愛的朋友道森・丘吉。他期許你也能成為自己的神祕主義者，向自己證明你的想法很重要，因為它可能會成真。

喬・迪斯本札（Joe Dispenza）博士，紐約時報暢銷書
《啟動你的內在療癒力，創造自己的人生奇蹟》
（*You Are the Placebo: Making Your Mind Matter*）作者

# 【前言】
# 形上學與科學的相遇

　　把想法變成事實，這絕對不是空口說白話。此刻我正坐在椅子上，這把椅子一開始只是某個人的一個念頭，包括每一個細節、每一個組件都是如此，例如框架、布料、弧度及顏色。

　　把想法變成事實，這顯然言過其實。因為我永遠不可能成為美式足球聯盟的四分衛，無論我多麼用力去想。我也永遠不會再回到十六歲，也不可能駕駛星艦企業號。

　　把想法變成事實以及想法永遠無法變成事實，在這兩者之間還有一塊寬廣的中間地帶。

　　這本書就是要探索這個中間地帶。

　　為什麼？我們想盡可能地靠自己的想法創造，盡可能地開發自己潛能去擴展生活，我們還想盡可能地擁有快樂、健康、富足、聰明、滿足、創意，以及被愛。另一方面，我們不想浪費時間追逐白日夢，為那些永遠不可能變成事實的想法白費力氣。

　　如果把科學的縝密標準套用於此，我們會發現中間地帶其實相當巨大。研究顯示，如果刻意去使用想法，我們就能創造不同凡響的事物。把無形的想法與有形的事物畫上等號，這樣的概念已經成了流行文化的當紅炸子雞。形上學堅定支持這個命題，某些靈性導師也賦予心靈無限的力量。但是，人類的創造力顯然不能無限上綱，以我來說，我無法只透過一個念頭就具體顯化出一架飛機。我也無法成為印尼人，無法往上一躍就跳過聖母峰，也無法把鉛變成黃金。

　　然而，表觀遺傳學、神經科學、電磁學、顯波學（cymatics）、心理學、公共衛生及量子物理學的諸多新發現，卻顯示意念確實具有深刻的創造潛力。不管你在讀這些文字時是看實體書或其他閱讀設備，這些東西在

一開始都只是一個想法。民主制度、比基尼、太空旅行、預防接種、錢、四分鐘內跑完一英里、裝配生產線，也都萌生自一個想法。

# 科學家對上神祕主義者

科學與形上學一般被視為對立的兩極。科學是實驗性的、實用的、嚴謹的、務實的、唯物的、客觀的、心智的；形上學是心靈的、經驗性的、抽象的、神祕的、難以捉摸的、內在的、無法比較的、不精準的、主觀的、彼世的、虛無且難以證明的。科學研究物質世界，而形上學致力於超越世界。

我從來不認為科學與形上學是兩種完全不同的東西，同時擁有神祕主義者與科學研究者這兩種身分讓我深感喜悅。當我將科學的嚴謹用在意識問題上面時，兩者都可以彼此啟發。

本書會透過科學來檢視心靈的創造力量，所有回顧的研究都會逐步說明我們的心靈究竟如何創造物質。隨著每片拼圖就定位，科學變得比形上學更為驚人。本書也充滿了各種案例──真實的、私密的、可信的個人陳述，全來自親身經歷過心靈轉化物質現象的人。這些故事分別取自醫學、心理學、運動、商業與科學發現的世界，或深奧或有啟發性，或者觸動人心。這些故事告訴我們想法可以化為真實，其轉變方式拓展了我們對這個時空現實的了解。

## 找到遺失在海裡的鑰匙

二〇〇四年，我正在寫《基因中的精靈》（*The Genie in Your Genes*）一書，截稿期限在即。這本書的內容很吸引人，是關於我們的情緒如何在體內啟動或關閉基因。不過要撥出時間做研究，又要寫

出能在情緒上打動人、在科學上又無懈可擊的內容是很大的挑戰，何況當時我還是個單親父親、博士候選人，同時還要經營兩項事業，簡直忙得分身乏術。

我決定逃到夏威夷，閉關兩週來專心寫作。我在庫西歐王子（Prince Kuhio）大樓訂了個房間，這是一棟一九五〇年代的古怪老建築，就在可愛島的波普海灘（Poipu Beach，Kauai）上。我租了輛吉普車，豪邁的四輪傳動車讓我能夠前往偏遠的海灘，還可存放我的浮潛設備。這樣我就能在好好寫作外，還能每天游泳。

在晴朗明亮的某一天，我開車前往美麗的拉威海灘（Lawai Beach）游泳。這個海灘長一五〇公尺，離岸九十公尺外的礁岩上有個海龜棲息地，還有許許多多的熱帶魚，是我最愛的地點之一。我從吉普車上抓起浮潛設備，鎖上車門，把鑰匙放進口袋，然後跳進海水裡。一個小時後，我已經游遍了整個海灣，全身濕透，歡喜地把蛙鏡和蛙鞋洗好準備放進車裡。

我把手伸進口袋，空空如也。我會不會把鑰匙掉在從車子到海灘的路上了？我走回去，仔細檢查每一寸地面。從馬路到我下水處之間的沙灘，我幾乎全用手篩過。但，什麼也沒有。

唯一可能的結論，就是我的鑰匙落在海灣的某處。那串鑰匙不只有車鑰匙，還有一把公寓鑰匙。現在車子跟公寓我都進不去了。

我跟自己說不要驚慌，然後調集意識去全力想像鑰匙慢慢向我漂回來。接著我潛入海水中，開始帶著目的性游泳，一心一意地要找回鑰匙。

海灣範圍大約有一五〇平方公尺，海底的珊瑚離水面約一點八到三點六公尺。珊瑚礁扭曲成數以千計、色彩斑斕的裂縫，要找到像鑰匙圈那麼小的東西，看來不太可能。

我有系統地在海灣裡來回努力，專心地在每個地方尋找。我的理

智告訴我這一切都是徒勞，但是我讓心保持柔軟和接納。每次我的思維腦開始恐慌時，我就會再次把意識調集到心臟部位。雖然我的意圖是找回鑰匙，但是我並沒有讓我的想法固著在這裡，停滯不動。

我找了一個鐘頭都沒有結果，天色開始暗了下來，能見度隨著太陽下山而迅速降低，連珊瑚礁都已經看不清楚了。我決定放棄，開始游回岸邊。

這時多數泳客都已經離開，我看到附近有父子四人還在浮潛。他們輪流潛到海底、浮出水面。

直覺推了我一把。我向他們游過去，問他們：「你們有沒有在海底找到什麼？」最小的那個男孩伸出手，手心上正放著我的鑰匙。

## 由心靈到物質的證據鏈

我心底的那個懷疑論者告訴我，鑰匙事件的每個細節都有合理的解釋。我四處潛水找鑰匙的時間，足以讓那個男孩找到鑰匙；我剛好在那一家人開始潛水的同一時間回到岸邊；他們剛好在我鑰匙掉落的海底位置潛水；那個男孩剛好在天黑時，在大大的海灣裡發現到近四公尺深的海底上有一小串鑰匙。這所有一切，都只是隨機的巧合。

不過在幾十年見過數百次類似的經驗後，懷疑論者的那個我需要再好好想想。這麼多幾乎不可能發生的事，如何能夠立刻匯聚並創造出想要的結果？

這些事件，讓我想探索想法和物質之間是否存在著科學解釋得通的連結。身為主持過許多臨床試驗的研究者，以及《能量心理學》（*Energy Psychology*）這份同儕審查期刊的編輯、《赫芬頓郵報》（*Huffington Post*）科學專題的部落客，我每年都要全部或部分閱讀一千多份的科學研究報告。我開始可以看出這些事件的模式了。在想法與物質之間的這條轉

換鏈上有多重的連結，而我發現科學能解釋其中許多連結。我很好奇是否有人曾經將全部的點連起來，看看證據有多堅固。在這條轉換鏈上，哪個連結最堅強，哪個連結最脆弱？

如果我要將心靈創造物質的觀念當成科學而非形上學的假設，能否站得住腳？我開始尋找這個問題的相關研究，並訪談這個領域最聰明的人。

我越來越興奮地發現許多證據都隱藏在明白可見之處，就像散落在沙灘上的珍珠，只是一直沒有人將事實串成項鍊。多數的研究都是新的，而其中有些研究讓人目瞪口呆。

我在沙灘上撿到的第一批珍珠，是比較簡單易懂的人體研究，這從中世紀鍊金術士解剖屍體以後就持續進行著。由於現代科技的進步，讓科學家能從細胞到分子層次去檢視人體如何運作，並得出前所未有的明確見解。

諾貝爾獎得主艾瑞克・肯德爾（Eric Kandel）醫師已證明，當我們讓訊號從大腦的神經叢通過，神經叢會快速成長。只要**一個小時**的反覆刺激就能讓突觸連結的數量**加倍**。我們的大腦會沿著神經活動的路徑即時自我重建。

當我們意識中的想法和感覺被攜帶著穿行過神經網絡時，它們會觸發基因表現。這些基因則會進一步觸發我們細胞內的蛋白質合成。發生在這些細胞層次的事件會產生電場與磁場，並可經由腦電圖（EEG）與核磁共振造影（MRI）等精密的醫學設備加以測量。

## 十一個次元的宇宙

下一組珍珠的挑戰性就更大了。量子世界是如此怪誕，挑戰了我們對時間與空間的傳統看法。弦論假定我們認知為有形物質的事物，其實是由能量弦組成的。我們所測量的重分子其實是快速移動的能量弦，而我們所經驗到的輕分子其實是振動更緩慢的能量弦。科學越近距離觀察物質，物質看起來就越接近純能量。

弦論的理論基礎立基於一個十一次元（十維空間加上一維時間）的宇

宙，古典物理學的四個次元已不敷使用。那我們四個次元的大腦要如何去思索十一個次元的世界？物理學家尼爾斯・波耳（Niels Bohr）說過：「如果量子力學沒能讓你感到震撼，那麼你其實對它還不夠了解。」

接下來撿到的另一組珍珠，則將意識與能量連結在一起。不管是小至個人，或大至宇宙，能量與意識的纏結都會發生，愛因斯坦曾說：「人是我們稱之為『宇宙』的這個整體的一部分，受到時間與空間的限制。他會自以為他的想法和感覺經驗是從整體分離出來的，而這是一種意識的錯覺。」套用愛因斯坦的話，當我們開始「將自己從這座監獄中解放出來」，我們就能擴大自己的意識去「擁抱所有生命及萬事萬物」。我們的意識將會與宇宙的能量互動。

## 意識是終極的實相，請隨時保持覺知

勞瑞・杜西（Larry Dossey）醫師將這種擁抱所有生命及萬事萬物的擴展意識，稱為「非局域性心念」（nonlocal mind）。雖然我們各自活在自己的局域性心念及尋常的實相中，但其實都有在無意識之間參與了非局域性心念這種更為龐大的意識。例如，前述找到鑰匙的共時性時刻，提醒著我非局域性心念確實存在。杜西醫師為非局域性心念的存在提供了可信證據，並以我們個人生活中同步存在著非局域性心念的潛能來啟發我們。

那是我們能在意識中做出的選擇。諾貝爾獎得主、物理學家尤金・維格納（Eugene Wigner）曾說：「對外在世界的研究導出了以下的科學性結論：意識是終極的實相。」儘管意識有許多定義，我最喜歡的還是最簡單的定義：單純保持覺知。

我們運用意識的方式——我們引導自己去覺知的方式——會在我們身體的原子與分子中製造深刻且立即的改變。科學也證明，人的意識會影響周遭的物質實相。當我們的意識改變，世界也會跟著改變。

寫作這本書讓我開始串起珍珠，連結不同的研究。就像我遺失的鑰匙以共時性方式再次出現那樣，其他證據也開始在我的生命中出現。當我看

著所有珍珠依序串起時，我馬上就領悟到科學可以解釋由想法到物質這條轉換鏈上的每個連結。

## 一起共享創造之舞

我很興奮能與讀者逐一分享這些連結，透過不同的故事和譬喻、許多的實驗和研究，以及真實案例與奇聞軼事，我們要開始一步步循線追蹤心靈創造物質的每個步驟。

你會發現自己是個深具潛力的創造者，可以將想法化為真實。你將會學到如何有意識地運用自己的心智，將心智當作創造工具，有意識地把想法引向滋養自己的方向。你會了解應該如何做，才能毫不費力地去推動物質實相走向你所渴望的前景，並了解自己的力量其實有多麼強大，你只需要轉換自己的心就能讓改變發生。

你也會發現這個過程如何在更宏大的規模上運作，從分子到細胞到身體到家庭到社群到國家，甚至到物種到星球，以及到整個宇宙。我們要探討的創造之舞，是發生在非局域性的宇宙意識層次，同時也要來看看你的局域性心智該如何參與這樣的宇宙之舞。

這個觀點會將我們的意識從尋常實相的局限中，拉升到更寬廣的潛能領域。一旦我們終於能將個人的心念與無限的宇宙意識進行校準後，我們所創造的那些美好的物質實相，將會遠遠超過我們個人的心念所能夢想到的一切。

## 將這些概念付諸實踐

你會在本書中的每一章末尾看到一組練習，讓你有機會將該章介紹的概念運用到自己的日常生活中。你還會看到一個網站連結，提供與該章內容有關的延伸資源來擴大你的經驗。這些延伸資源，包括影片、錄音、連結、清單、案例，以及後續章節內容的重點預告。我鼓勵讀者盡量利用這

些延伸資源，豐富你的轉變之旅。

本章的延伸資源包括：

- 《心腦奇航》（*Mind : A Journey to the Heart of Being Human*）
  作者丹尼爾・席格（Daniel Siegel）醫師的訪談錄音
- 「安住於心」（Centering in Your Heart）練習
- 更多案例及參考資料

延伸資源請上網連結 MindToMatter.club/Intro。

/ 第 **1** 章 /

# 我們的大腦
# 如何形塑世界

How Our Brains Shape the World

我們的心智時時刻刻都在選擇,並決定哪些大腦迴路要
參與其中。心智所做的每個決定都會刺激大腦特定的神
經傳導路徑,讓它持續成長。因此,我們的心智的確會
重塑大腦。

　　休斯老師個子不高，臉色紅潤，身形圓胖，她的頭髮有自己的生命，就像太陽閃焰要逃離太陽引力般地向外投射出一縷縷燦光。她企圖用來束縛頭髮的髮夾，完全使不上力。她臉上的神色，總在皺眉不認同與無望的厭世中交替出現。在學生因為她的高中生物課而受盡折磨時，她還要用刻板的教科書抹除我們的好奇心與疑惑。

　　我還記得生物課本上，休斯老師給我們看的那張人腦線稿，整體的結構就像肝臟或心臟等其他器官一樣，也是固定且不會改變的。在一九七〇年代，休斯老師所教授的科學「知道」大腦會持續成長到十七歲左右。等到它填滿了頭顱就會一輩子再無任何動靜，忠實地透過神經元網絡來協調生命的許多程序。

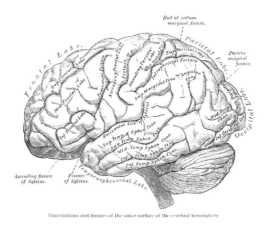

傳統的人類腦部繪圖

## 心智是複雜大腦的附屬品？

　　我們對心智多少也有一些了解。隨著演化製造出越來越複雜的大腦，從線蟲類的神經節到人類頭部的前額葉皮質，然後心智出現了。對休斯老師那個時代的科學家而言，**心智**是大腦日益繁複的一種「附帶現象」。心智就位於被鎖在顱骨外牆內的大腦之中，人類因為心智能力可以寫詩、作曲、記錄歷史以及解微積分。

就像電影《大賣空》（*The Big Short*）所說的：「帶給你麻煩的不是你不知道的事，而是你確信無誤但其實並非如此的事。」如同休斯老師的生物課本所記錄的，那個時代的科學見解很多都是被確信無誤、但其實並非如此的事，例如靜態的大腦。

事實上，我們有一個時刻都在翻湧沸騰的大腦，狂熱的細胞活動持續在腦部循環運作，創造並摧毀分子和細胞，無論我們是醒著或是入睡[1]。

即使是神經元（神經細胞）的結構也在持續變化。微管（microtubule）是細胞骨架的組成部分，就像鷹架支撐起細胞，作用類似桁梁塑造一棟建築物一樣。腦神經細胞的微管有一定的存活時間，從創造到摧毀大約只有十分鐘[2]。我們大腦的變化速度就是這麼快。

微管束是堅硬的骨骼狀結構，能賦予細胞形狀。

在這一團沸騰洶湧的活動中，特定的神經迴路會獲得強化。我們經常使用的迴路才能持續成長，反覆將訊號經由某個神經叢傳遞，那個神經叢就會開始擴大。就像健身者的手臂肌肉會因為經常練習而逐漸變得粗壯，我們的神經迴路同樣也會因為經常運用而成長。

## 神經元驚人的再生速度

一九九〇年代發表的研究讓一票神經科學家目瞪口呆，因為研究證明，經常使用的神經迴路會快速增強能力，連八十多歲的人都不例外。一九九八年十一月五日，地位崇高的專業期刊《科學》（*Science*）在「當週要聞」的頭條標題是這麼下的：「腦部神經元再生的新線索」[3]。

　　這個再生過程的速度震撼了整個科學世界。神經叢內的神經元若是反覆受到刺激，突觸連結的數量只需一小時就能加倍[4]。如果用你住的房子來代表身體的話，代表這間房子能注意到你會打開哪些電燈，而且每個小時都會將通往那些電燈的電路數量翻倍增加。

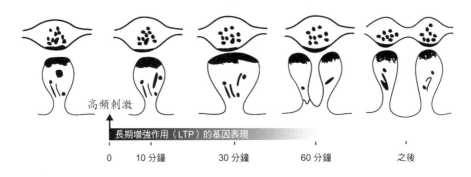

在反覆刺激一個小時後，神經傳導路徑內的突觸連結數量就會加倍。

　　為了取得原始材料來為你最常開燈的那些房間重新配置線路，你那間聰明的房子會剝削其他地方的線路。我們的身體也一樣。固有的神經訊號路徑若在三星期內沒有任何活動，身體就會開始將它拆除，以便將那些建築材料再次運用於活躍的迴路上[5]。

## 不用就退化，大腦越用越發達

　　這個神經可塑性（neural plasticity）的過程，在我們學習新的手藝或心智技巧時最為明顯。例如，在社區大學的成人教育課程中學俄文，一小時後你學會了幾個字；等一年課程結束後，你已經充分建造了一些神經叢，不用再刻意努力就能說出簡單的俄文句子。

　　或者你決定學西洋棋，讓心智在老年時還能夠敏銳地接受挑戰。剛開始你下得很糟，記不得走對角線的是城堡或騎士。不過幾場玩下來，你已經能夠有目的性地移動棋子，甚至為更長遠的戰略擬定計畫。

　　又或者，你決定用更好的方式來理財。你看著自己的退休規畫，發現

專注於西洋棋比賽的孩童

在基金經理人的溫柔照拂下，你的投資每年只成長了 2%。有人在發財，但絕對不是你。你認為靠自己可能更好，所以報名了股票市場投資的線上課程。一開始時，你連課程使用的許多專業術語都一頭霧水，掩護性買權（covered call）是什麼？投資報酬率（ROI）和權益報酬率（ROE）有什麼不同？

你最初的幾次交易可能賺不了錢，不過，經過幾個月看報表跟閱讀投資新聞後，你的信心增加了，也發現自己在金錢遊戲中逐漸占了上風。

無論你是學習新語言、掌握新嗜好、引導新的人際關係、適應新的工作或是開始練習冥想，你的大腦都在進行建構和拆解的工作。你正在為你最常主動使用的神經迴路增添能力，同時那些老舊不用的迴路也在逐漸萎縮──這個過程就稱為修剪（pruning）。

最終，活躍的大腦部位會開始增加份量。研究人員透過核磁共振造影可以測量活人腦部每個部位的體積，他們發現主動使用記憶的人，例如必須在如迷宮一般的倫敦街道穿行的計程車司機，他們腦中的海馬迴體積會更大，那正是負責記憶與學習的大腦部位。舞者大腦中比常人更大的部位是負責本體感覺（proprioception）的部位，那是感知身體在空間中的姿勢及「位移」情形的一種能力。

你的心智時時刻刻都在做決定，例如是否該報名俄文課或是加入西洋棋社。接著，心智所做的事會決定哪些大腦迴路要參與其中。心智所做的

決定會刺激大腦特定的神經傳導路徑，讓它持續成長。因此，我們的心智的確會重塑大腦。

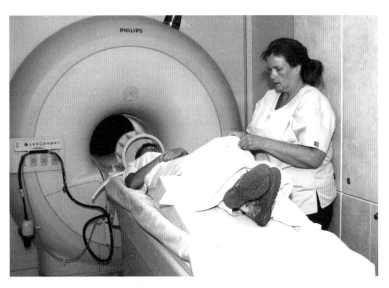

躺在核磁共振造影（MRI）機器內的患者

## 正念改變了記者的大腦

　　葛拉翰・菲利普（Graham Phillips）博士是澳洲的天體物理學家及電視記者。他對靜心冥想這類讓人心情愉悅的技巧心存懷疑，因此決定要針對靜心冥想進行試驗[6]。他是這麼說的：「我沒有認真想過冥想能為我帶來什麼效果，只不過我聽到的相關研究越多，就越想看看它是否真的有任何功效。所以我將要用兩個月時間，自己親自試試⋯⋯對我而言，要嚴肅看待冥想就需要有某些實際的證據來證明它正在讓我的大腦變得越來越好。」

　　在開始試驗前，他先接受蒙納許大學（Monash University）生物

心理學教授尼爾‧貝利（Neil Bailey）博士及臨床心理學家理查‧錢伯斯（Richard Chambers）博士所帶領的團隊來評估。他們對他進行一系列的測試來評估他的記憶力、反應時間及專注力。他們也利用核磁共振造影來測量他大腦的每個部位，尤其是主掌記憶與學習、運動控制與情緒管理的部位。

練習正念冥想僅僅兩週後，菲利普感覺壓力變小了，也更能處理工作和生活的挑戰。他表示「我注意到壓力，但不會身陷其中」。

八週後，他回到蒙納許大學再次接受貝利與錢伯斯團隊的同一系列檢測。他們發現他在特定任務的行為表現得更好，大腦在能量運用上也更有效率，儘管他的腦部活動降低了。整體而言，檢測的結果是神經活動減弱、工作表現更佳，而且能量耗損更少。他的記憶測驗也有所改善。

對意外事件的反應時間，則是加快了將近半秒鐘。菲利普想像這一點的好處倒是不少，比如開車經過繁忙街口時，如果有行人突然走到車前就能有更快的反應時間。

研究人員量測的大腦部位也包括海馬迴，他們特別檢視了齒狀迴（dentate gyrus）部分，這是海馬迴中負責調節情緒的組織。這裡也控制著大腦的預設模式網絡（default mode network），也就是我們沒有進行任何工作時大腦還保持活躍的區域。他們發現齒狀迴的神經細胞總體積**增加了 22.8%**。

這是個大變化，這樣的腦部重設偶爾可在腦部仍在成長的年輕人身上看到。菲利普腦部的變化，指出他調節情緒的能力大為增加。心理學檢測也顯示菲利普的認知能力，增加了好幾個級數。

有許多研究顯示冥想會改變腦部結構。一份針對正念冥想的研究回顧發表在聲譽卓著的期刊《自然神經科學評論》（*Nature Reviews Neuroscience*）上，其中有二十一份研究是讓受試者透過核磁共振造

影來測量他們大腦每個部位在冥想前後的體積變化，就像葛拉翰‧菲利普所做的那樣。

如此大數量的證據指出，神經成長發生於「多個大腦部位……顯示冥想的效應或許觸及到大範圍的腦部網絡」。該份回顧發現，體積增加的大腦部位「大都是與注意力管控（前扣帶迴皮質及紋狀體）、情緒調節（多個前額葉部位、邊緣部位、紋狀體）以及自我覺知（腦島、內側前額葉皮質、後扣帶迴皮質及楔前葉）有關」[7]。

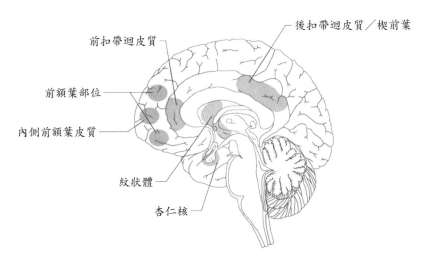

前扣帶迴皮質

後扣帶迴皮質／楔前葉

前額葉部位

內側前額葉皮質

紋狀體

杏仁核

大腦因靜心冥想而成長的部位

## 做好情緒管理，成就更圓滿的人生

你的大腦和葛拉翰‧菲利普的大腦一樣，都在持續地自我重新配線。大腦會為你經常使用的部位神經增加能力，只要建立穩定的不同體驗，例如靜心冥想，你的大腦就會開始以不同方式運作。一旦改變你的心智，訊息就會開始在大腦的新神經傳導路徑中流動。大腦的神經元會據此重新自我調配，運作和線路都會配合新的模式。心智如何下指示，大腦就會做出

相對的回應。

首先，我們先來簡短分析葛拉翰故事中的一些關鍵元素。一共有以下五點：

- 負責情緒調節的大腦部位體積增加了 22.8%
- 腦部反應時間被強化、記憶力提升、認知能力增加、行為能力改善
- 大腦更放鬆，能量運用的效率提高
- 短短八週腦部就能出現變化
- 沒有用到任何藥物、手術、營養補充劑，或是重大的生活改變，就只是做正念練習

想像一下，你的大腦多了 22.8% 的神經細胞來處理情緒調節的工作。情緒調節一詞雖然是神經科學術語，卻對你的日常生活有巨大的影響。更好的情緒調節，代表你不會因為下列這類常見的挑戰而失常：

- 在職場上被同事激怒
- 你的另一半說出或做出讓你不悅的事
- 因為突然的噪音或場景而嚇到
- 孩子的問題行為
- 政客的言行
- 受困在車陣中
- 身體的外觀和機能
- 在競賽或與他人衝突時爭論輸贏
- 宗教衝突或他人堅持的觀點
- 股票市場、個人投資及經濟局勢
- 在背負重大壓力的人身邊保持冷靜
- 時間不夠或感覺喘不過氣
- 你擁有或期待擁有的財富金額

- 其他人開車的方式
- 你的年齡和身體出現的變化
- 人群、購物，以及與其他人身體靠近
- 其他人的意見與你牴觸
- 你對生活的期待
- 你父母的思考方式和說話方式
- 必須排隊或等待自己想要的東西
- 對影視名人的生活方式感到羨慕或嫉妒
- 儘管你不樂意卻仍要求你付出時間和注意力的人
- 你擁有或沒擁有的事物
- 家族聚會必須互動的討厭親戚
- 日常生活中隨機出現的厄運
- 升遷、獎賞以及其他你想要的東西是否能如願
- ……以及其他會讓你不高興的事物

　　想像你的大腦現在有大幅增加的能力來掌握這些挑戰，讓它們不能磨損你的快樂。靜心冥想改變的不只是你的狀態——你當下的感覺，還會改變你的特質——銘刻於你大腦中的人格長期面向，主導著你對生命的觀點。靜心冥想所培養的正向特質，還包括有更大的韌性去面對敵意，有更多的同情心去對待他人，以及有更多的慈悲心去對待自己[8]。這也會導向更棒的自我調節，讓你成為情緒的主人而不是情緒的奴隸。

　　一九七二年在史丹佛大學所做的經典棉花糖實驗中，就檢測了學齡前兒童的自我情緒調節。這個實驗把這些小孩子留在房間裡，一人給一塊棉花糖。研究人員做了以下承諾：如果能在十五分鐘內忍住不吃棉花糖，就會再多拿到一塊棉花糖。三十年後，當時能夠調節自我情緒、延遲享樂的人，在人生許多方面都比其他人更好：大學入學考試的得分更高、就業後的收入更多，以及婚姻更美滿。此外，他們的身體質量指數（BMI）較低，成癮行為也更少[9]。

　　核磁共振造影發現，負責情緒調節的大腦部位同時也處理工作記憶[10]。工作記憶*牽涉到覺知，能夠讓你專注於某個活動並區分相關與無關的訊息。當你的情緒受到干擾時，大腦的這些部位就會離線，讓工作記憶無法使用，因此你會做出不良的決策。如果你像葛拉翰・菲利普一樣學會有效的情緒調節，那麼你就能控制自己的情緒，釋放大腦的記憶迴路，並以更明智的方式經營自己的生活。

## 你的日常超能力

　　這是你擁有的日常超能力：透過使用心智的方式，你分分秒秒都在改變自己的大腦。心智的意識正在轉變成建構你大腦的細胞。

　　看到螢幕上能隨意改變自己身體的超級英雄讓人印象深刻，下一步他們或許會發展出同時具有腦力的天才，就像電影《藥命效應》（*Limitless*）的主角一樣，只要服用一顆名為 NZT 的實驗性藥物就能變成天才，釋出大腦的全部潛能。或是像《X 戰警》（*X-Men*）的每位角色一樣，擁有獨特的超能力天賦。

　　事實上，此時此刻的你，就擁有改變自己大腦的超能力。你的每個想法、你的注意力，都是在命令大腦創造新的神經連結。只要有意識去運用這個力量，而不是讓隨機而起的念頭流過，那麼你就會開始有意識地引導神經組織成形。幾個星期後，你的大腦就會有顯著的改變。如此幾年下來，就能打造一個習慣去處理愛、和平及快樂等訊號的大腦。

　　這不是漫畫或是科幻電影，這是你的人生！改變大腦是你每天都在做的事，現在你該帶著意圖去引導這個過程來改善自己的生活。正如同你會替電腦或智慧型手機的作業系統升級一樣，你也能透過改變自己的心智來升級自己的大腦。由心靈到物質，從無形到有形。

---

\* 編按：有心理學家把「短期記憶」換成「工作記憶」（working memory），這兩個名詞雖然可通用，但實際上強調的是不同觀念：前者強調時間，而後者強調功能，指的都是一個記憶運作的過程。

# 你的能量會發光，越穩定越健康

　　就像電線包覆的銅線內有電力流動一樣，也有微弱的電流流經你大腦的神經元。大體來說，我們的大腦充斥著腦電活動，這會在腦部四周產生能量場。在你接受核磁共振或腦波檢查時，醫療專業人員能夠解讀你大腦的能量場。以核磁共振而言是磁場，以腦波圖而言是電場。電力和磁力其實是電磁力的一體兩面。

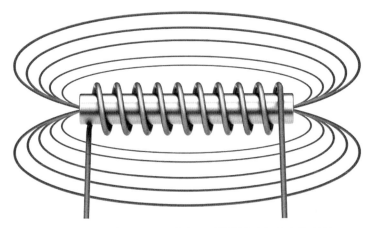

無論導體是電線或神經元，電流通過電導體時都會產生磁場。

　　能量還有許多其他型態，你的腦和心都持續在與它們互動。光就是能量的其中一種型態，所有的生物組織都會釋出光子（photons），而且類型與強度都不一樣。即使個別細胞也會釋出光子，健康的細胞會釋出穩定的光子流，而瀕死的細胞則是一次噴發出所有光子，就像正在崩解的超新星大規模噴發電磁輻射一樣。

　　光、電及磁全都會創造能量場作為生物訊號。生物學家詹姆斯・歐什曼（James Oschman）曾說：「自然界中的所有交易都是以能量為貨幣。」[11]

# 看不見的溝通，細胞內的天線

想像有兩塊磁鐵，你在它們四周撒上鐵屑，就能看到它們的磁場創造出來的能量線。驅動你家電器的那些銅線，以及在你大腦運作的神經元，也以同樣的方式來產生能量場。

如果現在旁邊再擺上一塊大磁鐵，就會對鐵屑產生影響，整個能量場的紋路會隨之改變。再放一塊更大的磁鐵，能量場會再度轉變。能量場內的能量場，會產生複雜的能量圖案。

你腦內的神經元也像那些磁場一樣運作，同樣會產生能量場。那些能量場會形塑四周的物質，就像磁鐵讓鐵屑形成對稱紋路一樣。

身體外面的更大能量場（例如地球的重力場），其行為像更大塊的磁鐵，它們會轉變你身體能量場的圖案，會作用在你的大腦和細胞上。同樣的，你的身體也會對那些更大的能量場產生細微的影響。我們的身體正在影響這些更大的能量場，同時也受到它們的影響。

你身體的電磁場會由身體向外延伸約五公尺，如果你離某個人五公尺之內，你的電磁場會開始與他的電磁場互動。你們兩人或許什麼話都沒說，但是你們的能量正在一場看不見的溝通之舞中形塑彼此 [12]。

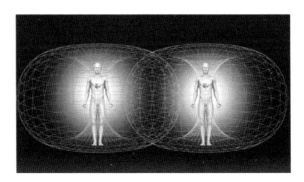

當兩個人距離很近時，彼此的電磁場就會互動。

數十年來，形成細胞骨架的微管由於硬質結構，一直被認定只是細胞的結構元素。就像骨骼為我們的身體提供堅硬的架構，讓身體其他結構能

夠依附一樣，微管也可視為細胞的桁梁與鷹架。

　　然而，就像天線，微管也是中空的長形圓柱體，這個特性讓它們能像鼓一樣產生共鳴。事實上，微管的作用就像天線，其結構讓它們能夠接收能量場的訊號[13]。現在，有人提出了新看法：我們身體的複雜系統透過微管傳遞訊息，在數兆個細胞之間進行統整協調[14]。

## 薩滿與心臟外科醫師

　　你的電磁場能在遠距離與其他人的電磁場互動，在我針對《療癒之心》（*The Heart of Healing*）[15]這本書做研究期間，有一位名叫理查・葛基（Richard Geggie）的前心臟病患者告訴我以下這個故事：

　　「一九九〇年代早期我住在加拿大的多倫多，我因為覺得倦怠無力而去找醫師。他讓我去做心電圖檢查，當天稍晚，拿到檢查結果後，他說我的心臟狀態很危險。他要我保持冷靜，不要太操勞，身上要隨時攜帶硝化甘油片，而且不要單獨外出。

　　「接下來三天，醫師安排了一些檢驗，我全都不合格，因為我的動脈嚴重堵塞。這些檢驗包括血管攝影、心電圖以及運動心電圖。當我踩踏固定式腳踏車做檢驗時，醫務所人員甚至不讓我做完，過程中就要我停下來。他們擔心我會因為動脈堵塞的情況太嚴重而死在當場。身為高風險患者，我被立刻安排進行心臟繞道手術。

　　「手術前一天，醒來後我感覺好多了。我前往醫院做血管攝影，這需要從我的大腿將染色劑注射進動脈。外科醫師希望在手術前找出阻塞的確切地點。我剃了胸毛，醫師正要在我的皮膚上標記預備下刀的位置。

　　「等到新的血管攝影片從實驗室送過來後，負責的醫師看了看，一臉不高興。他說他白花時間了，片子上根本看不見任何阻塞。他還

說，他希望自己的動脈也能看起來這麼乾淨。他無法解釋，為何先前其他的檢測會顯示出我的心臟有問題。

「後來我才發現，我在加州的朋友洛林・史密斯（Lorin Smith）是波莫印第安族（Pomo Indian）的薩滿，一聽到我的心臟有問題，當天就召集了一群弟子進行療癒儀式，時間就在第二次血管攝影前。他在一個人的身上覆蓋月桂葉，喊的是我的名字理查・葛基。接下來的一小時，洛林帶領大家一起吟唱、祈禱以及舞動。第二天，我就獲得了療癒。」

十三年後，在我最後一次進行後續追蹤時，葛基仍然非常健康。遠距治療的現象已經有充分的紀錄，也有許多研究說明其療效 [16]。

## 引導意識流動，向宇宙場傳送信號

你可以引導自己的意識，就像洛林・史密斯為理查・葛基所做的治療那樣。意識並非某種單純存在之物，意識能接受控制並指向你想要的方向。當你引導自己的意識，就能掌控自我心智的力量，啟動大腦絕佳的運作機制，並影響周遭的環境 [17]。

你可以用清楚可見的方式這麼做，例如決定要種菜。在你的心做出決定後，你會運用意識來引導這個計畫。你的大腦向身體傳達信號，要你開車到附近的園藝專賣店，採購肥料、工具及種子。你會播種、澆水、照顧菜園，幾個月後就有了收成。你的作物在意識中開始，最終在物質實相中成為自家耕種的菜餚。思想最終會生產出東西。

現在看看你的周圍。地毯的顏色開始於某個人心中的想法，那個人挑選了特定的顏色與質地，最終成為產品，還有人決定了你的手機與筆電的尺寸；你住家的每個部分，一開始都成形於建築師意識中的想法。我們每天都在使用不可見的能量場，例如手機訊號、藍牙、無線網路等等。無線

網路透過路由器向四周環境發送出訊號，如果有接收者，例如你的智慧型手機、筆電，那麼訊號就會進行交換。路由器創造的能量場，讓你的筆電與路由器所能夠觸及的每個設備都能進行溝通。

儘管能量場看不見，它們卻是資訊的有效傳導體。即便是電力，現在也能以無線方式由一個設備傳到另一個設備。

你也會以不可見的方式，透過你沉浸其中的能量場與你的環境互動。你的意識會經由你的大腦、心靈及細胞，向四周的能量場發送出訊號[18]。

我們每天都會運用無形的能量場來傳遞訊息，例如行動網路。

天才發明家尼古拉・特斯拉（Nikola Tesla）的這段話經常被人引用：「如果你想找到宇宙的祕密，就要從能量、頻率及振動的方向思考。」

當我們在意識中讓某個念頭成形，這就是向宇宙場傳送訊號。傳送需要硬體，也就是我們的大腦；傳送也需要軟體，亦即我們的心智。訊號穿行於神經傳導路徑創造出能量場，這些能量場則會依據意識的內容而改變。不管是近距或遠距治療，都與能量場的效應有關。

## 能量場的療癒力，治好了罹癌的老鼠

比爾・賓斯頓（Bill Bengston）博士是我的朋友與同事，也是聖約瑟

夫學院（St. Joseph's College）的社會學教授。他曾與不同的研究人員配合，進行了許多大膽的實驗來顯示能量場的療癒潛力[19]。

比爾一開始是個懷疑論者，他在一九七一年取得社會學學位時根本不願理會那些宣稱有超能力的人。不過，他是個心胸開放的懷疑論者，因此在他認識治療師班耐特・梅瑞克（Bennett Mayrick）時便對他進行測試。班耐特說比爾的車子有點問題，讓比爾大失所望，因為前一天他才讓人檢查了車子，所以他知道車子一點問題都沒有。不過，比爾的懷疑只持續到了開車回家的半路上——因為他車子的整個排氣系統撞到了地面。

比爾在接下來幾年和班耐特越來越熟，終於找到機會應用真正的科學來檢測他的能耐。比爾當時已經加入紐約市立大學的工作團隊，而他的同事戴夫・克林斯利（Dave Krinsley）設計了一項客觀實驗來測量人類的能量是否有治療效果[20]。

實驗的設計相當簡單，把乳腺癌細胞注入老鼠身上，這種方式已經用於許多其他研究。許多癌症研究會在老鼠身上誘發腫瘤，之後研究人員再嘗試使用不同的化學物質來觀察是否能改善癌症惡化。接受注射的老鼠最長的存活時間為二十七天。在注射後，癌細胞會在老鼠體內快速生長，因此牠們通常會在十四至二十七天內死亡[21]。

在戴夫所設計的實驗中，老鼠會隨機分為兩組以提供對照。為了消除因為靠近接受治療的老鼠而可能產生的治療效應，對照組的老鼠會養在不同的建築物內。

遺憾的是，那批老鼠沒有準時送達實驗室。一再延遲的結果，讓有其他要事待辦的班耐特不願繼續實驗下去。因此，戴夫鼓勵比爾代替班耐特進行治療工作。

實驗用的老鼠終於送到了，也接受了注射。比爾開始用手捧著裝有實驗鼠的籠子，每天持續一個小時。他的假設如下：如果真的有治療能量，那麼老鼠就不會像一般情況那樣出現腫瘤。

治療進行一週後，有兩隻老鼠出現了明顯的腫瘤。這樣的結果讓比爾很失望，等到全部五隻老鼠都長出腫瘤後，比爾要求戴夫讓老鼠解脫痛

苦,因為實驗明顯失敗了。

不過,戴夫的回應卻不同,他告訴比爾,儘管老鼠長了腫瘤,看起來卻非常健康。牠們在籠子裡充滿活力地跑東跑西,表現得一副沒生病的樣子。他告訴比爾,相較之下,在另一間實驗室的對照組老鼠,情形卻不太好,有兩隻已經死了。

戴夫推論:「就算無法預防癌症發生,但或許治療能量正在減緩癌症惡化。紀錄上從來沒有老鼠能活過二十七天,如果有一隻老鼠能活到二十八天,這樣就創下世界紀錄了。正是因為實驗幾乎不會出現原先預期的結果,才會被稱為實驗!」

大約在第十七天,讓每個人都大感驚訝的事情發生了:實驗組老鼠身上的腫瘤發生了變化,開始出現潰瘍,毛髮脫落,皮膚上冒出了斑點。到了第二十八天,比爾對老鼠說牠們正在創造歷史,因為潰瘍開始消失,毛髮長了回來。

身上有腫瘤的老鼠

一週之後,實驗組的老鼠接受了生物學家的檢驗,他們向戴夫傳達了這個消息:「老鼠身上沒有癌症了。」

## 即使是懷疑論者,也可以成為治療師

同樣的實驗在不同的時間由不同研究者進行驗證,他們也以有趣的方

式延伸實驗的設計。研究團隊發現，治療的老鼠越多，治療的效果就越強。在效果非常強大時，即使養在不同建築物的對照組老鼠也會開始改善病情，有些甚至還活了下來[22]。

　　在有些研究中，比爾還訓練研究生做治療師。他挑選的學生都是和他一樣的懷疑論者，他把那些「寧可信其有」的學生剔除在外。

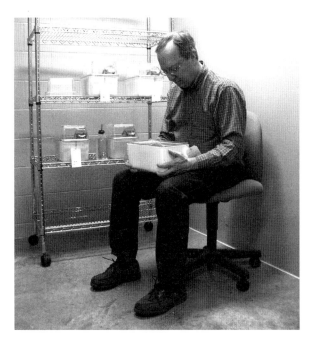

養實驗鼠的籠子由比爾或學生捧著

　　不管治療師是比爾或是心存懷疑的學生，結果沒有不同，最後實驗組的老鼠都康復了。老鼠不僅康復，還對乳腺癌發展出免疫力。如果之後再次注射癌細胞，牠們也不再出現癌症。比爾也試過在老鼠的飲用水中做治療，同樣能對老鼠有治療效果。

　　比爾要求學生把自己的經驗記錄下來，檢視他們的筆記可以發現，很多學生剛開始都不相信自己正在參與治療實驗。他們還錯以為研究的對象是他們而不是老鼠，認為自己在不知不覺中做了丑角，正在接受祕密的測驗來判定他們有多容易受騙。

　　這就叫做「反安慰劑效應」，和「安慰劑效應」恰好相反。安慰劑效應是指，相信自己會變好而產生了治療效果；而反安慰劑效應的患者，則是因為自己的信念而讓自己生病。不相信治療可能性的人，例如那些抱持懷疑的研究生，會在自己的工作中引進反安慰劑效應。

　　老鼠不會心存任何意見，這點正是動物為什麼適合做去除安慰劑效應的研究。比爾那些抱持懷疑的學生也不相信治療能量，所以產生療效的，並不是信念。

　　療效之所以會發生，最可能的解釋就是能量場。許多學生（也包括比爾自己）都描述，當他們感覺到療癒能量時，自己的雙手變熱了。他們還說完成治療時，感受到療癒能量的那種感覺也消失了。他們學會精確地分辨療癒能量流過手掌時，到底是什麼感覺。

　　此一實驗的變化版本，則發現距離不足以構成治療障礙。無論老鼠是靠近或遠離治療師都沒關係，能量治療似乎不受時間與空間的一般障礙所限制 [23]。遠距的治療意圖和房間內的治療師，同樣都能發揮治療效果 [24]。

　　醫學記者琳恩·麥塔格特（Lynne McTaggart）在著作《念力的祕密》（*The Intention Experiment*）中，摘述了六項使用心電圖或核磁共振設備的實驗，來說明治療師能夠遠距影響人們的腦波。她的結論是：「接收者的大腦就像同步看到同一畫面那樣做出反應。」[25]

　　比爾·賓斯頓也發現自己能夠改變遠方對象的心電圖。經過老鼠實驗後，比爾開始提供能量幫人治療，而且發現不管是惡性或良性腫瘤在治療後通常都會消失。

## 醫師：這完全說不通啊！

　　比爾·賓斯頓從他與腫瘤患者的工作中記錄下許多案例。以下這個案例，患者的主治醫師還因為能量治療後出現的變化而深感不解。

「詹妮絲二十多歲，確診的疾病是卵巢扭轉（卵巢囊腫長大後令卵巢轉動）以及正在造成卵巢組織死亡的囊腫。醫師安排了手術，這代表她有可能會因此不孕。在我為她治療幾次之後……詹妮絲在回院接受術前檢查時，她的醫師非常驚訝地說：『沒有囊腫了！』

「他將她轉診給另一位專家，後者也同感困惑。他一邊看著她的片子，一邊喃喃自語：『妳這張照片裡有囊腫，但是在下一張片子裡卻不見了。妳這張照片有卵巢扭轉，但是現在也沒有了。這完全說不通啊！』於是，詹妮絲的醫師取消了她的手術。」[26]

## 人人都能成為能量治療師嗎？

正如比爾那些心存懷疑的研究生所發現的，治療能力是可以學習的。我的朋友唐娜・伊頓（Donna Eden）和大衛・費恩斯坦（David Feinstein）共同開設「伊頓能量醫療」（Eden Energy Medicine），這是全球最大的能量醫療教學機構，目前已經有一千多名畢業生。他們有好幾百個故事，可以確認能量治療對人類和對老鼠都同樣有效[27]。

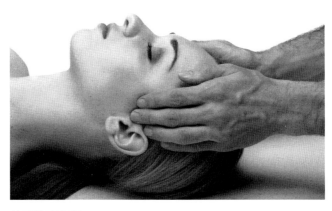

徒手治療療程

在一九八〇年代，我一度認為能量治療只能是某些有天賦的人才擁有的特殊能力，人類歷史上的確有許多這一類的特異人士表現出可獲證實的治療力量。

《靈魂醫療》（*Soul Medicine*）是我與諾曼‧席利（C. Norman Shealy）醫師共同完成的一本書，他是「美國整體醫學協會」（American Holistic Medical Association）的創辦人；我們在書中介紹了幾位這種身懷治療天賦的人 [28]。我們所謂「可證實」的療效，必須具備以下兩個條件：一是患者的疾病必須經過醫師確診；二是經過能量治療後，必須要回院複診後確認患者已沒有該種疾病。研究過這些治療實例後，我認為治療能力是一種不尋常的天賦。然而，比爾、大衛、唐娜及其他許多人卻證明我是錯的。

例如，比爾和唐娜所提供的能量醫療課程，如今已顯示治療能力是可以經由學習得到的一種技能。在他們機構學員所寫的案例研究中，治療後康復的人包括癌症、心臟病、自體免疫疾病等各種嚴重病症的患者。

國家整合健康照護機構（National Institute for Integrative Healthcare）是我創辦的一個非營利組織，在我們的網站（niih.org）上有一份固定更新的清單，列出在同儕審查的科學期刊所發表的能量治療研究報告。要成為這份清單的一員，相關研究必須符合以下條件：

- 評估在身體能量場內所使用的徒手治療或介入措施
- 使用能量練習或技巧來平衡身體的能量系統
- 用以解釋療效所提出的說明必須是基於身體能量場的變化

這份清單排除了包括針灸和情緒釋放技巧（emotional freedom techniques，簡稱 EFT）等方法，因為他們有自己的線上資料庫。即便如此，清單上的研究數目還是超過了六百項。如果你將 EFT 情緒釋放技巧、針灸及其他能量療癒方法加入，就會有超過一千項的研究顯示能量療癒對很多情況都有效，詳見表一。

| | |
|---|---|
| 阿茲海默症 | 愛滋病 |
| 焦慮 | 失眠 |
| 風濕 | 腸激躁症 |
| 氣喘 | 下背部疼痛 |
| 自閉症 | 記憶力問題 |
| 倦怠 | 經期不適 |
| 燒燙傷 | 偏頭痛 |
| 癌症 | 情緒失調 |
| 冠狀動脈疾病 | 動暈症 |
| 腕隧道症候群 | 肥胖 |
| 兒童行為問題 | 疼痛 |
| 認知能力受損 | 創傷後壓力症候群 |
| 皮質醇 | 攝護腺癌 |
| 失智症 | 肺部疾病 |
| 憂鬱症 | 皮膚傷口 |
| 糖尿病 | 抽菸 |
| 藥物成癮 | 中風 |
| 纖維肌痛 | 物質濫用 |
| 頭痛 | 甲狀腺功能不全 |
| 高血壓 | |

表一：能量醫療已證實能有效處理的情況

　　這些令人信服的證據顯示意識——藉由意圖引導並透過能量場發揮作用——能夠在物質界造成極端的變化。加州大學洛杉磯分校精神科醫師丹尼爾・席格在著作《心腦奇航》一書中說道：「顱骨和皮膚不是能量與訊息的界線。」[29]

　　儘管治療能在小動物（例如老鼠）的層級發生，也能在大型動物（例如人）的層級發生，而且還能遠距離發生，但是其效應到底有多大呢？

　　答案是：非常大。整個社會可以因為一個人的心念轉變而隨之改變。每個年代幾乎都有人會問「為什麼？」或「非這樣做不可嗎？」或「我們

怎樣以不同的方式去做？」即使面對的是好幾個世紀都未曾改變的社會情況，一個人的心智有時也能夠改變整個社會的物質層面。

　　心對物質的改變能夠發生在非常細微的層次，例如原子和分子。將尺度放大，心也能在細胞、器官及身體層次改變物質。再放大來看，心還能改變社會，或甚至整個國家。歷史上不乏這樣的例子，人們先改變了自己的心智，進而衝擊並形塑了整個世界。下面我們會檢視其中幾個例子，看看個人的心智改變如何能放大並製造出巨大的社會變遷。

## 心念的改變，解除了傳染病危機

　　約瑟芬・貝克（Josephine Baker）是紐約大學第一位獲得公衛博士的女畢業生，一九○八年出任紐約市新設的兒童衛生局（Bureau of Child Hygiene）局長。

　　她了解貧窮與疾病息息相關，心中只有一個強烈渴望，就是要消除人類的苦難。她在紐約市提出了許多前所未有的改革 [30]。

　　貝克創辦了一個名為「小媽媽聯盟」（Little Mothers' League）的專案，讓十二歲以上的女孩接受基本的嬰幼兒照護訓練。在那個父母通常都需要外出工作的年代，這個措施可以改善嬰幼兒的健康。

約瑟芬・貝克（Josephine Baker）

此外，貝克還將預防梅毒而施用於新生兒的硝酸銀眼藥水的劑量標準化。在此之前，硝酸銀沒有標準化的劑量，因此有些嬰兒因為使用了太多的劑量而失明。

她也為牛奶的品質建立標準。當時給多數孩童食用的牛乳都會加水稀釋並混合麵粉、澱粉或白堊粉等其他材料，以便看起來更像真的牛奶。

十九世紀的諷刺畫，描繪的是受到汙染的牛奶帶來的健康風險。

在一次世界大戰中期，貝克在《紐約時報》發表了一則社論，她提到紐約市兒童的死亡率甚至比西線戰場上的士兵還要高。此文引發輿論風暴，也突顯出公共衛生需要進行改革[31]。

當時傷寒是成人與孩童最大的奪命殺手之一，貝克決心控制傷寒的擴散。傷寒曾經奪走了她父親的性命，這是她選擇了這個職業的原因之一。在同事喬治・索帕（George Soper）醫生的協助之下，她開始標示並記錄紐約市出現傷寒爆發的地區。雖然當時細菌理論尚未全面獲得接受，但是她的團隊還是找出了位於每個爆發震央的帶原者。

傷寒病菌

# 傷寒瑪麗，引爆公共衛生的地雷

　　瑪麗·馬龍（Mary Mallon）就是其中一位傷寒帶原者，她是來自愛爾蘭泰隆郡（County Tyrone）的移民，在紐約多個富裕人家擔任廚師。約瑟芬·貝克與喬治·索帕發現，無論瑪麗在何處工作，傷寒沒多久就會在該處爆發。在準備食物的同時，她也將傷寒病菌傳播給吃下食物的人。

　　瑪麗被帶走進行評估與檢驗，在她的血液中發現了大量的傷寒細菌。不過她本人沒有任何症狀，也不相信自己有病。

　　獲釋時，她答應不再從事與廚師相關的工作，但不久後她又重操舊業。約瑟芬·貝克再度追蹤到她，帶著警察前往她工作的人家敲門。

　　瑪麗從後門逃跑，甩掉警察。不過約瑟芬比員警更有決心，她在鄰居家的製陶小屋裡逮到她。瑪麗瑟縮在角落，約瑟芬則坐在瑪麗身上大聲求援，直到員警到來。傷寒瑪麗被強制隔離，從此不再向外傳播病菌。

　　不可避免的，約瑟芬·貝克的改革受到傳統醫療體系的嚴重抗拒。在她對抗傷寒的努力終於獲得成功後，一群布魯克林的小兒科醫師向市長請願要她去職。他們抱怨來看病的孩童越來越少。

傷寒瑪麗

　　國會舉行了聽證會要阻止她的改革，人們因為她是個女人而看不起她，批評者還宣稱她的努力會剝奪有潛力的年輕男性從事醫療工作的機會。儘管如此，她仍堅持下去，最終也獲得了勝利。等到她退休時，紐約的嬰兒死亡率在全美國最低。

　　貝克的改革迅速傳播開來。她所設下的標準獲得其他三十五州採用，在一九一二年更成為美國國家兒童局（Children's Bureau）的基礎。幾年內，包括天花、傷寒、痢疾等可怕的疾病幾乎完全絕跡，這是心靈改變發生在更大的社會尺度中所具有的力量。來看看據說是人類學家瑪格麗特・米德（Margaret Mead）說過的名言：「別懷疑，一小群深思熟慮、戮力從事的有心之士就能改變世界。事實上，改變世界的從來都是他們。」

## 想法具有不可思議的力量

　　一旦你改變想法，透過大腦的神經傳導路徑把新訊息傳送出去，就能

改變四周所有的能量場，與其他人的能量場互動，你完全無法預料效應會傳得多遠。

我們在廢奴制度等重大社會運動中，就可以得到印證。大約在五十年之間，蓄奴這個在人類初起時便已存在的體制就在全世界廢除了。女性的投票權與公民權，也循著相同的軌跡發生。

女性選舉權海報

偉大的社會運動是從少數人的意識開始的，一開始擴散得很緩慢，接著傳播速度劇增。如同法國小說家雨果所說的：「人們能抵抗軍隊的入侵，但抗拒不了思想的入侵。」[32]——或是，如同這句話最常見的詮釋：「沒有任何事物能比時機成熟的思想更強而有力。」

一個萌生於某個人心中的想法，就能席捲整個世界。所以，你每天用什麼想法來填滿自己的意識呢？

## 由內而外的創造

我的第一份工作是在出版業，這讓我有機會接觸到許多暢銷書作家。有天我問自己：「他們有什麼共同點？」深入挖掘這樣的一個問題，改變

了我人生的方向。

　　暢銷作家的共同點之一，就是專注於創作。讓他們更感興趣的是創造資訊，而不是汲取資訊。文字和圖像的流動經常是由內而外，而不是由外而內。這些暢銷書作家當然和我們一樣會看書、看影片，但他們經常花更多時間從自己的意識傾倒出資訊，而不是將資訊吸收進他們的意識。如果要在閱讀（流入）或書寫（流出）之間選擇，他們會選擇書寫。

　　多數人都是被動的，他們吸收資訊，聽收音機、看電影和電視，偶爾看點書。他們是資訊的消費者，不是生產者，而且經常受到自己消費的資訊所影響。

　　相反的，對暢銷書作家而言，資訊的流動通常是相反的方向。比起自己能消費的資訊，他們對於自己能生產的資訊更有興趣。他們是主動生產資訊，而不是被動消費資訊。


## 不要把你的資訊場變成垃圾場

　　我記得幾年前有次與一群朋友外出野餐，其中一位是五十多歲、名叫迪萊拉的女性；我和她已經幾年不見，過去我們曾經有過多次暖心的談話。她一直都很漂亮、聰明、健康，雖然財務無虞而不用工作，但在職業生涯上，她算是個滿成功的古典鋼琴家。

　　那是一個美好的春天，早上跳完團體自由舞之後，我們到公園的草坪上坐著。在我們的談話中，迪萊拉提到了她對世界局勢的憂心。

　　讓她苦惱的問題很多，包括某幾個地區的戰爭、難民、自然災害、汙染、地下水流失、大規模滅絕、海平面升高、政府治理效能低落，以及森林砍伐。

　　在我們的談話中，我能清楚看到資訊在迪萊拉的生命中流動。只要開車，她就會轉到新聞電台收聽；她每天會讀報紙、看電視新聞。請注意前面頻繁出現的**新聞**一詞。她從外在世界吸收所有資訊，將自己所有的時間都投入這個過程。

每天的新聞幾乎不曾帶給你快樂

　　這沒有為她帶來快樂，我注意到迪萊拉從我們上次見面後似乎更老了，也能感覺到她在描述填滿心中那些洪水般的問題時，能量有多沉重。即使她看起來健康、聰明、財務安全無虞，但是她的心仍然深受憂慮侵蝕。她將自己的意識校準在不好的事情上，像一台吸塵器一樣從新聞中吸收著垃圾。她的心中填滿了問題，導致心靈也充滿了垃圾。

　　迪萊拉的注意力聚焦之處，讓她沉浸於壞消息的能量場中。她的大腦受制於她的意識，忙著長出壓力的神經迴路。她的心引領著她的大腦去強化那些神經迴路，讓它們變得更大、更有效率地攜帶習慣性的訊號。隨著神經迴路能力的增加，她的心靈對壞消息更加敏銳。

　　迪萊拉相信自己在新聞中聽聞到的壞事就在「那裡」發生著，她信誓旦旦地宣稱，她用來填滿自己念頭的那些新聞報導都是客觀且真實的。

　　但事實是，透過自己所選擇的、讓注意力聚焦的方向，她正在創造自己充滿壓力的實相。專注於新聞報導觸發那些神經迴路產生新的神經元，進而創造出更強的電磁場，讓她對類似的訊號變得更敏銳。和她的壓力密切相關的，除了世界的客觀狀態外，還要加上她心靈的主觀創造。

## 慎選你所接收的訊息

　　如果你是資訊的消費者而非生產者，前述風險就會存在。如果資訊是

由外向內流動，那麼你就會讓自己的意識受到那些生產資訊者的意識所擺布。如果心這個容器正在由不快樂的輸入填滿，要維持快樂的狀態就很困難。如果你任由其他人填滿你的意識，你就會受到他們的意識所左右。

我的妻子克莉絲汀也是消費資訊的愛好者。不過，她選擇的是具有啟發性的資訊。她會在開車上班的長程路途聽她最喜歡的演講者談轉變，她會閱讀具有啟發性的書籍，觀看介紹大自然的電視節目，她經常往來的親朋好友會用電子郵件分享啟發性的話語。她確實讓自己的心沐浴在外來資訊中，但她挑選的是振奮心靈的材料，這讓她成為快樂又明智的存在。

這也成了她後來投入創作的狀態。她會侃侃而談她設計的某個令人興奮的新藝術計畫，或是某個她新近學到的強大新概念。這些都是充盈在她心靈的事物。

填滿你意識的想法、信念和觀念，會對你大腦之外的世界產生強大的影響。你總是不停在創造，你能運用力量來創造無形的事物，例如充滿養分的情緒環境；同樣的，你也能運用力量創造有形的物質條件。有許多改變的例子都是先萌發於像約瑟芬·貝克那樣的人心中，然後才慢慢擴大並改變全世界。

## 用心，讓太空夢成功化為現實

在科技領域，能以個人遠見重新形塑整個業界的人就是伊隆·馬斯克（Elon Musk）。

伊隆·馬斯克的名望來自他擔任幾個成功公司的創辦人，包括特斯拉（Tesla）汽車公司和太陽能發電公司太陽城（Solar City）。十二歲時，馬斯克就賣出了自己的第一項產品，是他自己編寫完成的一款名叫「宇宙爆炸」（Blastar）的電腦遊戲。

他在網景（Netscape）通訊公司的求職失敗後，從史丹佛大學輟

學，成立了一間名為 Zip2 的公司，後來被康柏電腦（Compaq）以三點七億美元收購。接著他與人合夥創辦的 PayPal 公司，又被 eBay 收購而大賺了一筆。

儘管馬斯克在商場得意，但個人生活卻頻生波折。他在故鄉南非度假時感染了致死率高達 20% 的腦性瘧疾，體重掉了近二十公斤，還經歷了瀕死經驗。兩年後，他的長子在十週大時夭折。

馬斯克在二〇〇二年創辦了他的第三家公司——太空探索科技公司（SpaceX），雄心壯志地要讓商業性太空飛行成為可能。

二〇〇六年第一枚 SpaceX 火箭發射，結果化為一團火球。燒掉的除了火箭外，還有馬斯克投入這次冒險的數百萬美元。不過他並未灰心喪志，後來更如此寫道：「SpaceX 這條漫漫長路一定要走到底，不管面對的是地獄或是滔天巨浪，我們都要讓這件事成功。」[33]

第二年，SpaceX 發射了第二枚火箭，因為引擎過早關閉而未能抵達航道，SpaceX 已無路可退，也讓創辦人幾乎燒光現金。

第三次發射在二〇〇八年進行，火箭的兩節在分離後相撞。火箭所載的貨物——包括馬斯克為美國太空總署攜帶的第一批貨物，以及

SpaceX 火箭發射

在《星艦迷航記》（*Star Trek*）中扮演總工程師史考提的影星詹姆斯・杜漢（James Doohan）的骨灰——最後落入海中。

此時馬斯克的資金完全用罄，瀕臨破產，拯救他的是來自不循常軌的億萬富翁彼得・提爾（Peter Thiel）在最後一刻的投資。

今日，馬斯克的公司——包括特斯拉汽車、太空探索科技公司以及太陽城——都非常成功，但是在走到這一步之前，你必須能挺過接二連三的失敗。無論面對任何挑戰，馬斯克的心態都無比正向。他強大的心靈，才是改變遊戲規則、創造物質實相的源頭。

## 你想用大腦形塑什麼樣的世界？

你的心中在想什麼？你或許能用它創造什麼樣的物質世界？

你有如此完美的大腦與心智，有能力為自己的人生與周遭人們的人生創造財富、快樂、健康及幸福。你的意識力量強大到不可限量，遠遠超過你所能想像的。

我們多數人都只用了自己能力的一小部分，甚至不了解心念的力量有多大，不了解自己的心靈能夠創造物質。在這本書中，我會說明如何有意識地運用自己的超能力來為自己和身邊的人創造美好的生活。事實上，你已經在將想法轉變為物質了，每天你都在無意識中這麼做；而現在你應該有系統地、有意圖地這麼做。

接下來，你會在書中遇到許多像約瑟芬・貝克、伊隆・馬斯克、洛林・史密斯及比爾・賓斯頓這樣的人，他們都是將想法轉變成現實的代表人物。訊息由他們向外流動到宇宙場中，而他們的意識也把四周的空間調整到能夠讓物質實相在其中創造及顯化。

心靈創造物質的概念並非形上學的命題，而是生物學命題。在後續章節，你會開始親身體驗你的大腦如何以神經元與突觸的形式來回應你的意

識，並創造出具體的物質。意識和物質會跟你四周的能量場互動，其結果就是物質實相。

你會開始刻意地使用自己的意識，透過由內向外流動的意圖來創造物質，而不是讓創造因為由外向內流動的事物而出乎意料發生。你會發現由一群有意識者所建立的社群，他們正在為整個星球最高、最美好的目的建構實相，然後你會發現自己也是這個巨大的、正在為良善而努力的創造性社群的一分子。歡迎來到心與物質的未來世界！

## 將這些概念付諸實踐

本週要練習的活動包括：

- 早上一醒來就將手放在心上並去感受愛。
- 買一本日誌本，將你的意圖寫成一份清單：想一想能改變你人生的十件事是什麼？
- 深呼吸並將治療意圖傳送給某個生病的人。
- 從下個月的薪水中抽出 10% 捐給致力於改變社會的慈善組織。

本章的延伸資源包括：

- 比爾・賓斯頓博士的訪談錄音
- 史丹佛棉花糖實驗的影片與完整故事
- 能量療法能夠改善的全部症狀（有完整清單）
- 出自自己的意圖而改變世界的女性們

延伸資源請上網連結 MindToMatter.club/Chapter1。

# 第 2 章

# 能量如何建構物質

## How Energy Builds Matter

割傷手指時，身體的電磁場會提供藍圖讓新細胞按圖索驥，長出與原來一樣的細胞來修復傷口。我們所有的器官及細胞都有這樣的能量場，會依據我們的心念及行為來回應；能量就是透過這種方式來組織及創造物質。

　　瞭望者大喊：「看到陸地了！」那是一五二二年九月六日，地點是在西班牙的桑盧卡爾德巴拉梅達（Sanlúcar de Barrameda）這個港口。那艘船是由胡安・塞巴斯提安・艾爾卡諾（Juan Sebastián de Elcano）船長領航的勝利號（Victory）。

　　勝利號是葡萄牙航海家斐迪南・麥哲倫（Ferdinand Magellan）帶領的五艘船中唯一的倖存者。他帶領裝備良好的艦隊在一五一九年九月二十日由西班牙出發，目標是經過香料群島環繞地球一圈。

　　麥哲倫首先向南駛向非洲，從非洲再穿過大西洋前往巴西。他沿著巴西海岸航行，想尋找能通往太平洋的海峽。航行過整個南美洲後，他在阿根廷南部的聖胡利安（Puerto San Julián）避風港內過冬，當地已接近大陸南端。

　　在復活節，他的船長們叛變，但是麥哲倫還能將叛亂壓下。他處決了一位叛亂者，將其中另一人流放。十月二十一日，他終於找到他在尋找的

斐迪南・麥哲倫（Ferdinand Magellan）

通道，如今稱為麥哲倫海峽（Strait of Magellan）。到了那時，已經有一艘船失事，另一艘船則已經背棄了船隊。

剩下的三艘船花了三十八天才繞過火地群島（Tierra del Fuego）當地危險難測的海岬。當麥哲倫在海峽另一端看到太平洋，他高興又激動地哭了。九十九天之後，他帶領船隊穿過寧靜的海峽，然後在關島登陸，那是一五二一年三月六日。他的船員挨著餓，為了活下去，他們已經在嚼食自己外衣的皮帶了。

倖存者在菲律賓群島重新進行補給。他們搭乘兩艘裝滿香料的船啟航返鄉。一艘船在海上沉沒，只剩勝利號孤零零地回到西班牙。原來的二百七十位船員只剩二十二位活了下來。

麥哲倫本人並非倖存者之一，他已在途中死去。四月二十七日，在與菲律賓宿霧島的酋長結盟對抗鄰近的麥克坦島上的另一部落時，麥哲倫中了毒箭。他的盟友撤退，留下他死去。

讓麥哲倫的航行得以發生的是一個重要的電磁發明：羅盤。它率先在中國出現，第一次提到羅盤的文字是西元一○四○年的一份手稿[1]，描述一隻「鐵魚」漂浮在水上，永遠指向南方。

宋朝學者沈括在西元一○八八年寫下另一段描述。他提到：「魔術師

十九世紀的中國羅盤

以磁石摩擦針的尖端，於是它便能指向南方……可以將它放置水面漂浮，但是這會有點不穩。最好的方法是使用新蠶絲的單一蠶繭纖維，用一點蠟綁在針的中央。接著，將它懸掛於無風之處，它將會永遠指向南方[*]。」的確，在電磁場尚未為人所知的十一世紀，這必定看似魔法。

在麥哲倫出航大約兩百年之前，第一個歐洲羅盤在義大利的阿瑪非（Amalfi）首度投入使用。航海國家（例如英國、法國、荷蘭、西班牙、葡萄牙）的航海家們看出這個科技奇蹟的重要性，於是發展並優化了羅盤的設計。

若是沒有羅盤，麥哲倫的航行創舉就不可能發生。無論羅盤處在地球上的什麼位置，一條懸在中央的纖細磁化金屬線總是指向地球的磁場北極。磁力線環繞在地球的四周，羅盤的指針則將它們一一偵測出來。

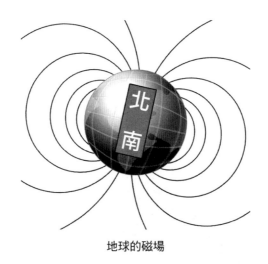

地球的磁場

恆星與行星等天體都有電磁場，水晶與石頭等小物體也有磁場；所有生物也一樣。你的身體四周也有個電磁場，向外延伸大約五公尺的範圍。

---

* 譯註：原文取自北宋《夢溪筆談》（卷二十四雜誌一）：「方家以磁石磨針鋒，則能指南……水浮多盪搖……不若縷懸為最善。其法取新纊中獨繭縷，以芥子許蠟，綴於針腰，無風處懸之，則針常指南。」

# 無所不在的美麗能量場

如今，已在越來越多的植物與動物四周量測到電磁場。《科學》期刊刊登過一份研究報告：一個研究團隊調查了花朵與為它們授粉的蜜蜂之間的電磁關係。

他們發現蜜蜂能偵測到花朵四周的電磁場，並運用此資訊來決定哪些花有最多的花蜜[2]。該研究的共同作者丹尼爾・羅伯（Daniel Robert）是布里斯托大學（University of Bristol）的生物學家，他說：「我們認為蜜蜂正是運用這種感知電磁場的能力來判定花朵最近是否被其他蜜蜂採過蜜，值不值得去探訪。」

生物周圍的電磁場，讓以物質導向的科學家大為震驚。康乃爾大學生物行為學家湯瑪斯・希利（Thomas Seeley）在閱讀該份研究後如此表示：「我們甚至不知道這種感知是存在的。」

一朵花的電磁場

目前，感知電磁場的能力已經在海藻、蟲、螞蟻、昆蟲、食蟻獸、鴨嘴獸、蜂鳥身上測量到。最近的研究也顯示，海豚也能偵測電磁場。圭亞那海豚（Guiana dolphin）這個物種生活在南美洲海岸外保護水域附近的河口，德國研究人員檢驗這些淡水海豚後，發現牠們甚至對非常微弱的電流都很敏感[3]。

接著研究人員調查海豚如何能偵測到這些電磁場，結果發現海豚的吻部附近分布著小毛囊，這些凹陷處的周圍有密布血管的神經端點，同時凹陷處也充滿了膠質。科學家相信這些是感覺器官，海豚能夠透過它們來偵測電磁場。

## 電磁場創造了分子的形狀

我清楚記得自己的電磁場初體驗。在小學一年級的科學課上，我們將鐵屑撒在一張紙上。當我們拿著磁鐵在紙張下面動來動去時，鐵屑也會隨之變換形狀。無須碰觸，甚至隔著一段距離，電磁場都能重新調整物質。這個簡單的實驗每年在全世界都會操作幾百萬次，因此我們很容易忘記這有多麼驚人。電磁場的存在以及塑造物質的能力被我們視為理所當然，但是在與日常物質生活的諸多挑戰奮鬥時，我們卻不知為何，總會忘記運用這個概念。無論我們拉大範圍——來到行星或銀河的尺度——或是縮小範圍到單一原子的尺度，我們都會發現電磁場。你身體的每個細胞都有各自獨一無二的電磁場，建構你細胞的原子也都有它們的電磁場。電磁力是生物進行各種生化過程的核心。

除了水之外，人體多數分子都是蛋白質。我們的身體會製造超過十萬

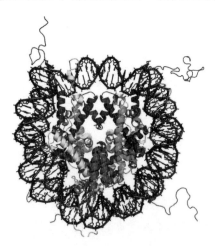

蛋白質分子有繁複的褶皺

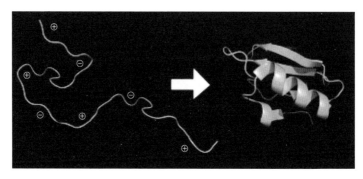

摺疊前後的蛋白質。分子不同端點的電荷，會決定要讓自己變成什麼形狀。

種不同的蛋白質，它們是巨大且複雜的分子，由原子構成的弦彼此摺疊來構成繁複的形狀。當細胞要同化某一蛋白質時，它會創造這些褶皺，用的正是我小學一年級科學課用來移動鐵屑的同一種方式。

　　構成蛋白質的分子弦，其每一部分都帶有自己的正電或負電。如果弦的兩部分都帶有負電荷就會彼此排斥，都是帶有正電荷的部分也如此。相反的，負電荷與正電荷會彼此吸引。這些吸引與排斥的力量，會將巨大而繁複的蛋白質弦塑造成它指定的型態。

## 追蹤野生的電磁場

　　威廉・埃因托芬（Willem Einthoven）一八六〇年生於荷蘭，是個古怪的醫師。在一八九〇年代晚期，他開始測量人類心臟的電磁場，同時還打造了一座稱為電流計（galvanometer）的設備。埃因托芬面臨許多的懷疑和反對聲浪，那些已經習於只看到物質的醫界同儕，對於肉眼看不見的能量場這種說法更是嗤之以鼻。

　　他最初的嘗試成效不彰。他的機器重達二百七十公斤，需要五個人才能操作，還需要有裝滿水的散熱系統才能冷卻機器所仰賴的強力電磁鐵。

　　努力工作數年後，埃因托芬發展出比當時任何可取得的儀器更敏感的電流計，可以連接患者並量測他們的心律。最終他建立一套可觀的理論來說明心臟的運作方式，並解釋心電圖讀數對診斷與治療的意義。

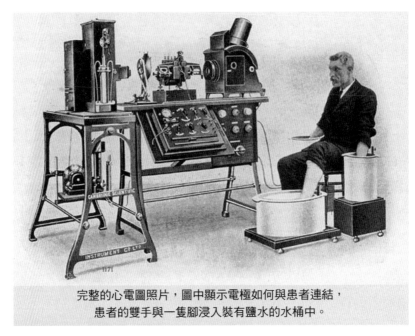

完整的心電圖照片，圖中顯示電極如何與患者連結，
患者的雙手與一隻腳浸入裝有鹽水的水桶中。

早期的心電圖儀器

　　至於他的批評者呢？埃因托芬成了最後的贏家，一九二四年獲頒諾貝
爾醫學獎，啟發人們去尋找大腦的電磁場，這樣的電磁場終於在一九二六
年被發現。後來的研究人員甚至能夠勾勒出單一細胞的電磁場。

早期的腦電圖紀錄，顯示出大腦的電磁活動。

## 電磁場的作用是什麼？

　　哈洛・薩克斯頓・布爾（Harold Saxton Burr）是一位有遠見的研究人
員，一九二九年獲聘為耶魯大學醫學院教授。他開始研究動物與植物四周
的能量場，測量有機體在發展與成長過程中，物質（原子、分子、細胞）
如何受到這些電磁場的安排。在一九四九年一份關鍵的論文中，他描繪出

哈洛・薩克斯頓・布爾（Harold Saxton Burr）

單一神經四周的電磁場。他謹慎測量顯示出的電磁場，非常類似我小學一年級科學課上分布於磁鐵四周的鐵屑圖案。越接近神經，電磁場越強大，離神經越遠，電磁場的力量會變弱[4]。

布爾的重要見解是，電磁場不只是由活的生物所**產生**，而且是電磁場**創造**了物質，並提供磁力線讓物質能根據這些線來將自己組織成原子、分子及細胞。

在他一九七三年出版的《生命場》（*The Fields of Life*）一書中，布爾用我小時候玩過的鐵屑來比喻[5]。如果你將舊鐵屑倒掉，加入新的鐵屑，它們還是會自己排列成同樣的形狀，就和被倒掉的那些鐵屑一模一樣。所以是電磁場在排列那些鐵屑，而不是鐵屑製造出電磁場。

布爾寫道：「像這樣的事……也在人體內發生。人體的分子和細胞持續被拆解、重建，使用的是來自我們攝取的食物所提供的新鮮材料。但是，幸虧有了主控的〔生命〕場，新的分子和細胞被打造成和先前一樣，並且用和以前一樣的形狀來排列自己。」[6]

舉例來說，如果你割傷手指，皮膚正在重新生長，那麼是身體的電磁場提供藍圖讓新細胞能夠按圖索驥，長得與原細胞一模一樣。能量不是物質的附帶現象，而是能量**正在組織**著物質。

在他的許多實驗中，布爾使用的都是蠑螈。他測量蠑螈卵外膜的伏特

數，發現有個點的伏特數最高，同時該點一百八十度正對面的伏特數最低。他將這兩點標示出來。

當蠑螈長大成熟後，他發現原先蠑螈卵電磁場中最強的那個點變成了頭部，而電力活動最低的點都是尾巴。電磁場似乎在蠑螈成形與發育的階段，一直組織著蠑螈卵的物質層次。

此外，布爾也在實驗中使用老鼠來探索能量場是否在癌症中扮演了任何角色。他測量老鼠的能量場，並注意哪隻老鼠後來發展出了癌症。在進行超過一萬次測量後，他發現早在任何細胞惡化能被檢測出來之前，癌症的電磁標記就已在老鼠的能量場中出現了。

對正在做瑜伽的兩個人所進行的熱成像掃描

## 改變能量場，就能改變物質

在一九四七年的一項指標性研究中，布爾轉而關注人類的疾病，想看看自己的觀察是否有醫療價值。他和同事檢驗了罹患子宮癌的女性，發現這些女性的子宮有種電磁的電荷與健康子宮的電荷不一樣[7]。

接著布爾檢驗一群並未診斷出子宮癌的健康女性，其中有人出現子宮癌電磁訊號，這些女性即使表面看似健康，後來卻會發展出癌症。癌症先出現在**能量場**，然後才在**物質面的細胞**出現。布爾的研究顯示，並不是心臟與子宮等物質器官，或蠑螈與老鼠等有機體創造出能量場，而是能量場先建造了模板，物質才依據這些模板來聚合。所以改變能量場，你就能改

變物質。

　　儘管這類認知在現代科學中相對晚出，但是這其實並非全新的觀念。傳統中醫早已指出「心為君主之官」，控制著氣與血。古聖先賢所謂的「氣」指的就是生命能量，而所謂的「血」則是身體的物質層面。換句話說，物質跟著能量走。

## 水，究竟是什麼？

　　水是我們很熟悉的東西，許多人都視之為理所當然。水構成人體質量的 70%，在地球表面所占的比例也大約如此。我們每天飲水、洗浴，都不曾細想過水。雖然除了化學家之外，沒有人會特意去記住任何分子的化學式，但是幾乎每個人都知道水的化學式是 $H_2O$。但事實上，這個最平常不過的物質，卻能在能量與物質的關係中，為我們帶來最寶貴的一課。

　　如果我問你：「什麼是 $H_2O$？」你可能會回答：「水。」當然，如果我端給你一杯室溫的 $H_2O$，也是水。如果我將水放在爐子上增加能量，它就會變成水蒸氣，但它還是 $H_2O$，只不過因為能量增加而完全改變了它的物質型態。

$H_2O$ 能以許多不同狀態存在，但本質仍舊是水。

如果我將同樣的 $H_2O$ 放進冷凍櫃，把能量抽取出來，那麼物質會再次改變型態而變成冰。能量的減少，再次完全改變了水的型態。哈佛大學醫學院的艾瑞克・列茲科維（Eric Leskowitz）是我的同事，也是個針灸能量專家，他使用了水這個類比來解釋能量對物質的效應。能量會以類似方式影響物質，做出千變萬化的各種型態，而我們通常不會注意到。

## 水與療癒

透過在麥基爾大學（McGill University）所進行的一連串重大實驗，研究人員伯納・葛瑞德（Bernard Grad）探討了治療能量對動物與植物的效應。

此研究的治療師是匈牙利退役騎兵軍官奧斯卡・艾斯特巴尼（Oskar Estebany），他能透過雙手投射出能量來治療病人。他是在幫馬匹按摩時意外發現到自己的這項天賦，之前未曾接受過任何訓練。他相信這個能量的本質是電磁力，也相信這是人類自然的能力。葛瑞德首先在老鼠身上測試艾斯特巴尼的治療能力，老鼠背上有四排細小的穿刺傷，艾斯特巴尼被指示只能「治療」中間的兩排傷口。結果那兩排傷口的確比外面兩排好得更快。艾斯特巴尼對老鼠的治療速度，比起學生組明顯快得多。

接著葛瑞德還測試加上治療能量的水，是否可以影響大麥種子的生長速度。他讓艾斯特巴尼握持三十分鐘的水之後，有更多的種子發芽，後來長成的作物也更高大。它們的葉綠素成分增加了，葉片也明顯更為強韌[8]。其他研究人員也發現，被治療師加持過的植物，不論是生長或是種子發芽的情況都有顯著的改善[9, 10]。

還有一份嚴謹的研究檢測了觸療者處理過的水[11]。我們都知道水分子有兩個氫原子及一個氧原子，原子之間的鍵角可以測量得出來，就像你能稍微打開鉸鏈來測量它所形成的角度一樣。一般水分子的鍵結角度是104.5 度。

經過四十五分鐘的觸療之後，結果顯示，這些水在紅外線的吸收上有

顯著的改變，這代表氧原子和兩個氫原子之間的鍵角因為觸療而發生改變。此一實驗是一個非常嚴謹的雙盲對照組實驗。其他研究人員也發現，經過治療師處理過的水，分子結構會發生變化 [12, 13]。

賓州大學材料科學教授洛斯敦・洛伊（Rustum Roy）曾就水的結構進行許多研究。他發現水分子有許多可能的鍵結方式，而在水中傳導某種特定音頻會改變這些鍵結方式。水會與這些頻率共鳴，經過這樣子處理過的水帶有治療能量 [14]。

中國氣功大師嚴新也曾經做過改變水分子結構的實驗，這次戲劇化的改變，甚至是站在一段距離之外。中國科學院的研究人員與嚴新先後進行了十次實驗，第一次他站在水的附近，其他九次分別站在七公里到一千九百公里不等的距離處。但每一次，他都能讓水分子發生明顯的結構改變，而對照組的水則沒有任何變化。

比爾・賓斯頓在以能量來治療老鼠癌症所做的那些研究，也注意到治療師握持過的水，在吸收紅外線方面也出現類似的改變 [15]。此外，在他的一項回顧研究中，也顯示治療師雙手的能量場可以改變細胞酵素的催化速度，同時提高紅血球內的血紅素含量（血紅素是生物體內負責運載氧氣的一種蛋白質）。

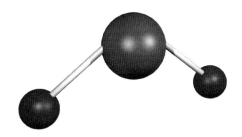

$H_2O$（水）是由一個氧原子與兩個氫原子鍵結而成，鍵結角度一般是 104.5 度。

## 愛德琳與療癒之星

　　一九八〇年代初期，我曾訪問過一位名叫愛德琳的癌症倖存者。我那時正在進行一項自發性復原的研究計畫，在我聽到的許多故事中，她的故事讓我印象最為深刻。

　　愛德琳當年才三十出頭，被確診出子宮癌時，癌症已經擴散到全身。愛德琳的醫師群建議愛德琳進行手術，並配合化療與放療。但她生存的機率並不高。

　　愛德琳不願身體再受到治療摧殘，決定要讓最後這幾個月的日子盡可能平和安詳地度過。

　　愛德琳開始在自己居住的北卡羅萊納州的紅杉林做長途散步，每天也會長時間泡澡，在水溫逐漸下降後再換熱水做最完美的結束。當她躺在浴缸時、在林間漫步時，都會想像有細小、閃亮的療癒之星由天上撒落。它們穿過她的身體，只要星芒碰觸到一個癌細胞，她就想像癌細胞會像針刺到氣球一樣破掉。

　　愛德琳盡可能吃最健康的食物，每天靜心冥想，閱讀勵志書籍，並與那些相處時會感到不快的人不再往來。除了少數密友之外，她大多數時間都是獨自一人。

　　她散步的時間越來越長，更發現自己的身體情況從沒有這麼好過。

　　九個月後，等她到醫院回診時，愛德琳的醫師們在她身上再也找不到一絲的癌症痕跡。

　　愛德琳以每種可能的方式改變自己的能量，她把自己放逐在大自然中，改變自己物質環境的能量。她的心中充滿了正向且明確的意圖（例如想像療癒之星前來治療她的疾病），而正向的勵志書籍則為她帶來提升的能量。她攝取的所有食物，也都含有提升的能量訊號。她消除了不快樂的朋友帶來的負面能量；她每天洗澡，讓身體充滿電離

子來對抗自由基，而自由基正是氧化壓力與細胞衰敗的主要原因。

　　在這個正向、由意識所引導、充滿療癒能量的環境中，愛德琳身體的物質層面開始改變。她的細胞有了回應，身體開始掃除功能異常的癌症組織。她運用能量來療癒自己的物質身體，也徹底戒除了昔日的不良習慣。

　　愛德琳已習慣了去感受生活中的美好，這成了她新生活的常態。當我在七年後再次訪問她時，她還在做靜心冥想、攝取純淨的食物、過著低壓力的生活，而且癌症一直沒有復發。

　　從愛德琳的故事可以知道，不只是像奧斯卡・艾斯特巴尼這樣有天賦的治療師才有能力使用能量來治療。只要將自己的意識校準到治療的頻率，我們也能自我治療。細胞的物質層面會回應意識的能量。

　　我們都很熟悉演唱家靠唱破玻璃酒杯來引人注意的小把戲，隨著歌手聲音的頻率，把酒杯分子的能量提升到臨界點，然後分子就被震碎了。這個大家都知道的例子，卻描繪了一個鮮為人知的研究領域——顯波學，這是研究聲音如何影響物質的一門科學。深入研究顯波學，我們將會發現聲音和水一樣，都充滿了讓人震驚的特性。

聲音振動引起的共鳴頻率能夠讓酒杯破碎

# 顯波學（Cymatics）：頻率如何改變物質

　　恩斯特・克拉尼（Ernst Chladni）是十九世紀的德國物理學家及音樂家，他對聲音所進行的開創性實驗讓人們尊他為聲學之父。他有個重視紀律的嚴厲父親，除非他完成了當天各種嚴苛的學習，否則不允許年少的克拉尼出門玩。

　　克拉尼有非常敏銳的音樂之耳，能分辨頻率之間非常細微的差異。在取得法律與哲學兩個學位後，克拉尼開始對聲音的研究感到興趣。從其他能夠讓能量場變得可見的科學家身上，克拉尼獲得了啟發，發展出了一項新設備。

　　他將細砂撒在一片薄金屬板上，把琴弓沿著金屬板的邊緣拉動，讓板子開始振動。不同的振動頻率，讓細砂產生不同圖案。

克拉尼板

　　克拉尼因為公開示範這個操作而名聲鵲起，年復一年地前往歐洲各地，進而接觸到許多科學家並逐步發展出自己的想法。他的重要著作《聲學》（*Acoustics*）在一八〇二年出版，開創了一個新的科學領域。

　　研究聲音如何影響物質的學問，稱為顯波學。科學家們依據克拉尼開

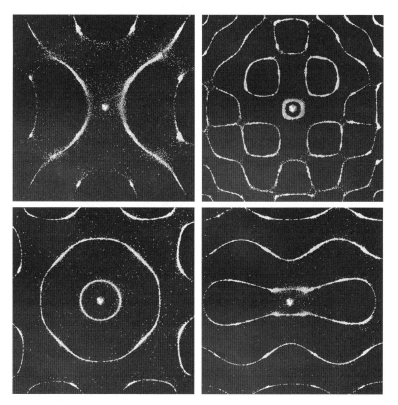

穿行過克拉尼板的聲音頻率會產生不同的圖案，上排分別為 1305 赫茲及
5065 赫茲；下排分別為 2076 赫茲及 2277 赫茲。

創性的著作，持續檢視振動聲調對不同物質的影響。振動可以劇烈且立即
地改變物質事物的結構。

　　現代的克拉尼板會連接在一個稱為振動產生器的科學儀器上，調整頻
率會讓金屬板以不同頻率振動。如果把白沙等對比色的東西撒在金屬板
上，圖案就清楚可見。一旦特定頻率通過分子，這些頻率就會製造出特定
的圖形。一般來說，頻率越高，所製造出來的圖案就越複雜。

　　使用不同種類的物質，可以清楚看出能量通過克拉尼板所產生的效
應。鹽巴與沙子是最常使用的媒材，其他諸如種子等有生命的有機體也會
回應。

　　克拉尼板與振動產生器是高中科學課最受歡迎的物件，可以在網路上
購買或在家裡用簡單的材料輕鬆製作。由克拉尼板可以看出能量如何組織

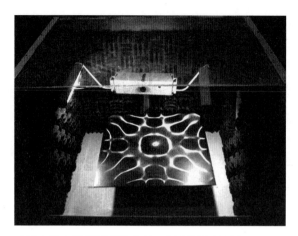

哈佛大學自然科學實驗室的一組大型克拉尼板

物質，這類設備強而有力地提醒我們，穿流過我們身體與心靈的每種頻率都在重新組織著我們身體的分子。

## 聲音振動創造出正方形的水

水也會因為振動而被迫改變形狀。從水管流出來的水流是圓形的，不過如果附近有其他頻率，水會改變它一般的型態，變成一連串的直角或螺旋形狀。

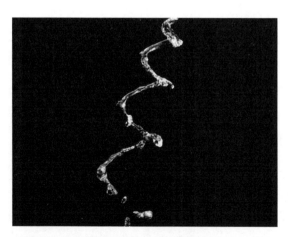

水流因為喇叭傳出的聲音振動而改變形狀

　　另一種把能量頻率作用於物質具象化的方式，就是讓聲波經過裝著水的碟子。隨著頻率改變，水紋形成的圖案也會隨之改變。優美的古典樂會創造出繁複的美麗水紋，而吵雜的其他音樂則會製造出一團混亂、失序的聲波形狀。

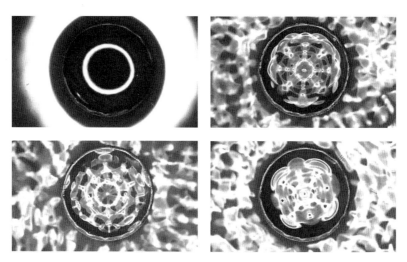

玻璃盤的水面會隨著不同能量的頻率而改變形狀

## 從一滴水看你的個性

　　位於德國斯圖加特（Stuttgart）的航空結構靜力及動力研究所（Institute for Static and Dynamics for Aerospace Constructions）以水為媒介進行了一連串有趣的實驗。這些研究由教授柯洛普林（Bernd-Helmut Kröplin）博士主持，測量不同的人對水的影響。

　　一大群學生參與其中的一項實驗，每個人用皮下注射器吸一管水，然後在顯微鏡的載玻片上滴一組水滴。接著，柯洛普林的研究團隊再分別為這些水滴照相。

　　他們發現每個人的水滴看起來都跟其他人非常不同，但是同一人所滴下的水滴卻幾乎一模一樣。即使這個人擠出二十滴的水滴，都可以從中找出類似的形狀，但是又跟其他人的水滴完全不同。似乎只要經過每個人的

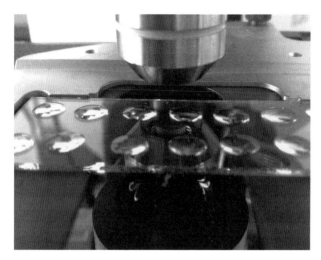

受試者在載玻片上製造出的一系列水滴

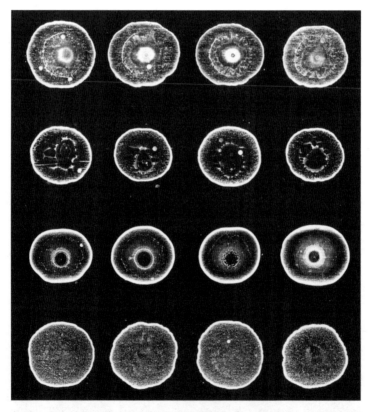

無論一個人擠壓出多少滴的水滴，它們看起來全都類似，但是又和其
他人所擠壓出的一組水滴完全不同。

能量場，就會對物質產生無法抹滅的一致影響，這一點就反映在他們各自經手過的水的圖案上面。

　　就像地球上的八十億人口都有獨特的指紋一樣，每個人的能量場也是獨一無二的。當水通過某個人的能量場，所形成的型態永遠都會一樣，但又同時與另一個人所產生的型態不同。柯洛普林和他的同事瑞琴・漢雪爾（Regine Henschel）在合著的《水及其記憶》（*Water and its Memory*）一書中描述他們最新的研究：「讓我們驚訝的是，我們能證明水滴圖案在實驗者附近會因為他或她的獨特能量場而改變。每個實驗者都能創造出獨特的、可複製的一組水滴圖案，無須特殊的心智或思維活動。」[16]

　　位於加州佩塔盧馬（Petaluma）的思維科學研究所（Institute of Noetic Sciences，簡稱 IONS），其研究團隊針對遠距離意圖對水產生的效應進行了另一項研究。

　　研究所內有一個外罩電磁防護的房間，這樣的房間又稱為法拉第籠（Faraday cage），這是以鉛為襯的房間，可以屏蔽所有已知的輻射。房間內的儀器透過光纖網路與外頭的實驗室連結，如此一來，連傳統的電磁場都能屏蔽掉。房間裡面擺了實驗用的水樣本，讓東京一個兩千人的團體將正向意圖聚焦於此。

　　不過，東京這群心念專注的人並不知道，其他地方也放了同樣的水當作對照組。

　　接著，由一百位客觀的獨立評審觀看由這兩組水所形成的冰晶。他們發現經由意念加持過的水，冰晶形狀比起未加持過的水更為美麗[17]。

暴露於莫札特音樂中的水　　暴露於韋瓦第音樂中的水　　暴露於重金屬音樂中的水

　　你的身體有七成是水。那些水正在回應四周的振動，就像克拉尼板上的分子或柯洛普林的載玻片上的水滴。如果你用治療能量的振動來沖刷過身體的水分子，就是以健康的共鳴來包覆它們。反之，不和諧的振動則出現完全相反的效果。如果你的心能完全沉浸於正向的能量中，你的身體至少有七成的物質會和那種揚升狀態同步。

# 聲音如何治癒吉姆的酗酒毛病及心臟病？

　　吉姆是四十歲的已婚男子，因為持續一個月出現間歇性心悸而來就醫。他表示心跳加速時，會感覺到焦慮、喘不過氣及胸口疼痛。

　　第一次問診時，醫師就讓他住院做徹底的心臟檢查，但沒有發現心肌梗塞或任何明確的心臟問題。吉姆結婚一年，兒子六個月大。他在急診室擔任全職的醫師助理，覺得自己的工作雖忙碌但有意義。

　　吉姆的家族有很長的酗酒歷史，他的父親一直對他、他的母親及同胞手足施加肢體虐待。吉姆以前曾經接受過治療來處理童年問題。

　　吉姆承認自己會用幽默及諷刺來隱藏、遮掩許多感覺。他擔心自己不能當個好父親、好丈夫，以及做好醫師助理的工作。在他自我懷疑的時候，會用酒精來安撫憂慮。他承認自己有飲酒問題，不過他已經盡量減少過度飲酒的次數。

　　吉姆是素食者，吃的都是妻子幫他準備的熱食。他表示婚後吃了太多乳製品和起司因而發胖，也認為自己需要多喝水，因為一天當中他有很長的時間沒有喝水，晚上還會跑去喝啤酒或雞尾酒。

　　經由能量檢測他的症狀，包括：

- 心緒不安
- 肝經、脾經、腎經能量失衡

- 世代傳承的酗酒問題
- 心輪問題（包括心理問題，以及與心臟、呼吸有關的生理病變）
- 恐懼感

第一次治療時，吉姆心悸發作，顯然很不舒服、很害怕。這次的治療策略是安定心神，讓心律和呼吸平緩下來，並強化腎臟能量來穩定心肺的針灸經脈能量。

治療的第一步是使用音叉來安定、集中及穩定腎經能量。把音叉逐步施用於穴位上有安神作用，還能滋養及平衡心的能量。

腎經穴位的安神治療在反覆施行後，吉姆表示自己感覺平靜多了，同時他還自訴心跳慢了下來，不再焦慮，治療期間也放鬆許多。

我使用特別的工具來處理跨世代的問題，提取它們與源頭最原始的連結，以便打開那些根深柢固的童年問題。我使用音叉組合來打破家庭問題。

療程結束前，我最後選用足部的腎經穴位進行額外的安神治療。吉姆表示自己已經平靜下來，而且人也精神多了。

我提供吉姆在食物、飲水及運動方面的一些建議。他表示第一次治療後，不再出現心悸或恐慌的症狀。

後續治療聚焦在滋養腎經能量、平衡神經系統，以及持續處理家族模式並給予撫慰。

我增加了高八度音叉，放在身體上方發出聲音，藉此淨化並療癒身體的精微能量場。

一組治療做下來，結尾使用的都是足部的腎經穴道，以便讓能量的轉換能夠安穩下來。

吉姆自訴，在第一次治療後，他的心悸就不再發作了。儘管偶爾仍然會感受到壓力和焦慮，但是他已經感覺好受多了。他繼續注意自

己的日常飲食並堅持戒酒，也正在考慮一個門診的復健方案以及接受
後續的治療。

本文作者是法蘭西絲・達雪列（Frances Dachelet）

護理師、註冊針灸師及經脈音療（acutonics）的治療師

## 能量沿著經脈運行

　　中國傳統針灸使用的經脈，比如在吉姆療程中使用到的腎經、肝經及
脾經，已經有數千年的歷史。《黃帝內經》這本兩千多年前成書的中醫典
籍，已經辨認出人體的所有經脈與穴位。

　　歐洲也有經脈一說。一九九一年在阿爾卑斯山上發現的一具木乃伊化
的屍身上有六十一個刺青，鼻中有些刺青看起來像十字或標靶。科學家在
徹底研究這個稱為「冰人奧茨」（Ötzi）的木乃伊後，辨認出他罹患的疾
病，有些刺青的位置與治療這些症狀的穴位相呼應。奧茨的木乃伊屍身距
今有五千四百年左右，顯然說明人類對穴位與治療疾病之間的關係已經早
有認識了。

冰人奧茨身上有些刺青就位於針灸的穴位上

# 找出身上的針灸穴位

　　現在，使用手持式皮膚電流儀就能輕鬆找到身上的針灸穴位。這些穴位是絕佳的電流傳導體，阻抗只有周遭皮膚的兩千分之一。低電阻等於高傳導，就像電纜內部的電線一樣。如果這些低電阻的穴位受到刺激，能量就能輕易在其中流動。

　　在研習營現場，我通常會使用電流儀在自願者身上尋找穴位。這樣的直接操作，可以讓學員們清楚知道針灸穴位不是什麼古老的中國神話，而是真實且可測量的。能量治療時，若能應用穴位的傳導效果，很快就能改變體內的能量流動，達到治療的目的。

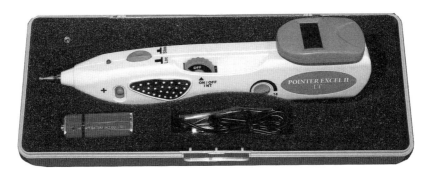

這種手持式皮膚電流儀，可以輕鬆找到針灸穴位。

　　EFT 情緒釋放技巧，是一套敲打穴位的能量心理學方法。在現存超過三十種不同的能量心理學方法中，這是最受歡迎的一種方法，全世界有兩千多萬人都在使用。它是透過指尖敲打來激發身體經脈上的穴位，也因此，EFT 常常被簡稱為敲打操。過去二十年來，因為簡單易學、能很快上手且安全有效，受歡迎程度急速增加。我寫了最新版本的《EFT 使用手冊》（*The EFT Manual*）來介紹這個方法，希望能被更廣泛以及更方便取得[18]。

　　這套立基於實證的方法稱為「臨床情緒釋放技巧」，如今已經有超過一百份的臨床實驗發表於同儕審查的心理學及醫學期刊證實其效用。針對

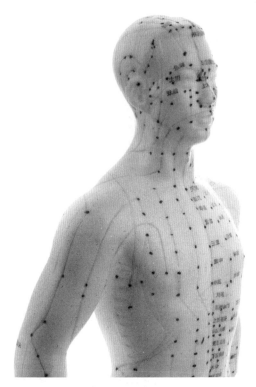

人體上半身的針灸穴位與經脈

EFT 對憂鬱症、焦慮、創傷後壓力症候群療效的整合分析，顯示其治療效果遠遠超過藥物或談話療法。

　　EFT 使用了部分談話療法的簡單元素，又添加了敲打穴位的操作。全部敲打完一遍不用一分鐘，而心理不適通常會立刻消失。

　　我在許多醫學與心理學的研討會發表過 EFT 的效果，發現醫師通常都很樂於接受 EFT，他們很清楚壓力會引發生理疾病。有許多醫師告訴我，在穴位敲打後，有些患者的毛病竟然消失了，無須再進行傳統對抗式的治療。下文中提到的查克・葛伯哈特（Chuck Gebhardt）醫師，他在親眼看到穴位敲打後立即消腫的效果，就提出了以下的觀察：「我接受的傳統醫學訓練，包括解剖學、生理學或病理學，全都不曾提到此刻我正在見證的事。」

# EFT 成功處理打針部位的紅腫熱痛

我是接受傳統醫學訓練的美國醫師，已使用調整過的 EFT 大約有六個月。如同讀者所預期的，我看到了很多成功的案例，以及 EFT 為患者帶來的巨大好處。我的專業是內科，是喬治亞州西南部一家私人診所的六位醫師之一。

一直以來，我都採用慣常的方式去治療患者，不過患者如果在診療過程出現急性的不適感，我會試圖透過敲打或按壓穴位（如果情況許可的話）來嘗試處理他們的不適感。但是，在我引入 EFT 這個技術之前，我還是會先以平常方式檢驗、診斷及治療所有重大的問題，也包括患者的急症，然後在傳統醫療工作完成後才以非典型的新療法介入處理。以下進入故事正題。

比爾是六十歲的老紳士，我為他治療高血壓和高膽固醇。除此之外，他身體健康，生活平衡又務實，沒有任何的心理問題。我能幹的助手為比爾打針治療感冒，剛開始沒有任何問題。

第二天清晨，他打電話過來，說他打完針後幾小時，左手臂開始抽痛並腫脹……在我的診間，我查看腫脹部位大約是水煮蛋的一半大小（確實腫得很厲害）。打針處紅腫、熱度高、會搏動且非常疼痛，連襯衫袖子碰到都無法忍受。比爾的體溫大約是攝氏三十八度，前額冒著冷汗。

我開的處方是抗組織胺、止痛藥以及類固醇，要他立即服下，同時我還提醒他如果有呼吸困難或快昏倒的現象必須立即來電。就在他一手拿著處方箋準備起身離開時，我決定試試 EFT 情緒釋放技巧，敲打部位包括頭部、左肩及右手臂的某些經絡，看看能否稍微緩解他的不適，讓藥物有時間發揮功效。

敲打這幾個穴點似乎有幫助，但是當我敲打到左手肘內側、針灸

師稱為 L5 的那一點時，他說：「哇！這很有幫助。」接下來三十秒，我持續敲打 L5，發炎腫脹的那一塊逐漸縮小到原來的十分之一大小，紅腫消退了，疼痛也止息了。

他的輕微發燒和發汗同時獲得緩解，不適感也消失了。這種反應讓我們兩人都非常驚訝，比爾甚至握拳搥打先前一碰就痛的部位，讓我知道現在那個部位的感覺有多好。他咧開嘴笑得很歡。一個月後，我再次看到他時，他說疼痛和腫脹都完全好了，所以他認為沒必要再使用處方箋領藥了。

這是我親眼見證穴位刺激療法最戲劇化的反應之一，但這只不過是我每天執業所看到的許多案例之一。

我接受的傳統醫學訓練，包括解剖學、生理學或病理學，全都不曾提及此刻我正在見證的事。凡是看過這些戲劇化改善的人都會立刻了解，我們過去對自己身體和心靈如何運作的認知都需要大幅修改，並調整研究方向。這真的令人相當興奮。

　　　　　　　　　　　　　　　　　本文作者是查克・葛伯哈特醫師

葛伯哈特醫師只是使用 EFT 情緒釋放技巧來處理生理病痛的許多醫師之一。在一次研討會中，有位醫師朝我走過來，抓住我的雙手，表達他的感激。他說兩年前在同一個研討會上，他學會了我所教授的 EFT 敲打操。他說在他的診所，每位新病患在問診前都會被要求接受 EFT。這樣做，通常會清除患者主訴的情緒問題，接著醫師就能處理剩下來的部分——患者健康問題中真正屬於醫學層面的部分。

# 非何杰金氏淋巴瘤的能量治療

提姆‧嘉頓（Tim Garton）是世界游泳冠軍，一九八九年經確診為非何杰金氏淋巴瘤第二期。當時他四十九歲，腹部腫瘤大約有足球那麼大。他接受手術治療及後續十二週的四次化學治療，之後又接受八週的腹部放射線治療。最初他擔心癌症已惡化到不可收拾，但治療結果相當成功，到了一九九〇年提姆被告知病情已獲得緩解，而他也知道自己再也無法參與國家級或世界級的競賽。但是，一九九二年提姆重回游泳競賽場，並贏得一百公尺自由式世界冠軍。

一九九七年七月初，他又被診斷出攝護腺癌。七月底進行攝護腺切除手術時，顯示癌細胞已經擴散，無法簡單以手術方式清除。再一次，他得每週接受腹部的放射線治療。為期八週的治療過後，體內的癌細胞已經清除乾淨了。

二〇〇一年，提姆的淋巴癌復發，這次部位在頸部。他進行手術清除，並再次接受放射線治療，頸部留下嚴重的灼傷痕跡。第二年，頸部的另一側出現細胞增生並擴散到氣管，診斷是快速生長的淋巴癌，需要緊急動手術。

醫師告訴他癌細胞已經擴散，自體骨髓與幹細胞移植都沒能成功，院方擔心腫瘤會轉移到胃部。此時，他的醫師已經束手無策，僅剩的唯一選項就是高度實驗性的藥物治療，但也不太樂觀。他注射了單株抗體利妥昔（Rituxan），這是獲得低劑量許可、用於處理低惡度淋巴癌復發的一種療法。利妥昔的抗癌機轉是利用患者體內的免疫系統，去攻擊被標記的癌細胞。

這個時候，提姆另外請來了能量醫療治療師金‧韋德曼（Kim Wedman）提供協助，韋德曼是唐娜‧伊頓所訓練出來的。在提姆夫婦前往巴哈馬時，韋德曼也跟著去。她每天提供一個半小時的療程，

包括基本的能量平衡練習、經脈疏通、脈輪淨化，以及按壓神經淋巴和神經血管等穴位。

此外，韋德曼還指導提姆夫婦練習一套二十分鐘、每日兩次的能量療法。夫婦倆在巴哈馬待了三個禮拜，除了第一週由韋德曼伴隨練習之外，其他兩週也持續認真練習。這套療法包括基本的能量平衡例行活動，以及用於疏通能量通道的一些特定方式，不僅能刺激免疫系統，還能將能量輸往胃部、腎臟及膀胱。

回到科羅拉多州丹佛市（Denver）的住家後，提姆去了醫院回診，又見到了當初判定所有治療都沒有用的腫瘤科醫師，經過一番重新檢驗後，結果讓所有人都大吃一驚：提姆的惡性腫瘤不見了。在本書寫作的四年期間，提姆的癌症一直都沒有復發。他每年都會接受正電子掃描（PET），也沒有再偵測到癌細胞。

# 心是無限的，可供你自由打造物質世界

以上這些案例及研究都在告訴你一個事實：能量創造物質。我們知道自己被籠罩於能量場中，其中包括地球的磁場，以及我們最親近的人所製造的能量場。我們知道自己的器官及細胞都有能量場，而且會回應治療師投注的心念及行為，並隨之改變。重要的一點是，我們也可以是自己的治療師。

我們已知道疾病在具體顯現於物質層次之前，先會萌發於能量場，也知道我們身體的水對周遭的能量場相當敏感。此外，我們還知道聲音的頻率可以改變物質，甚至連觀察次原子粒子都能改變它們的行為。

最後，我們看到許多證據都顯示，若是帶著療癒意圖來施加能量，物質通常也會臣服。古老的醫療系統（例如針灸）及它們的現代版本（例如EFT 情緒釋放技巧），全都顯現出能量可以影響到細胞層次。有超過一

千份與能量治療有關的研究報告，指出能量治療對心理狀況（例如焦慮和憂鬱）及生理症狀（例如疼痛與自體免疫疾病）都同樣有效。

　　儘管過去的科學家把能量場視為物質的附帶現象，但現在的證據已經顯示物質才是能量的附帶現象。對治療而言，這意味著一旦我們改變自己的能量場，物質身體的細胞也會隨之回應。

　　愛因斯坦了解能量與物質的密切關係，在他著名的質能轉換方程式 $E=MC^2$ 中，E 代表能量、M 代表物質，兩者在等式的兩邊達成平衡。他寫道：「我們所謂的**物質**其實是**能量**，是能量的振動降低到了某種可以被感知到的程度。其實根本就沒有物質。」

　　我們可以選擇繼續當個物質主義者，在面對人生的失衡、情緒的干擾、身體的病痛時，尋求物質性的解決方法，比如藥物或手術或娛樂性用藥來讓自己好過點。

　　當然，我們也可以選擇走能量那一條路。只要能量一發生改變，物質也會隨之改變。面對身為人類難以避免的那些挑戰，我們可以採納愛因斯坦的建議，並改變等式另一邊的 E（能量）。在能量層次上運作其實很簡單，而且作用廣泛有效，還能保持優雅，讓我們從物質暴政中獲得自由。我們是從根本層次去處理自己的問題，而不是只治標不治本。

　　一旦將自己的注意力從物質的執著中解放出來，我們就會察覺到能量中固有的智慧。轉換到不拘泥的超然境界，抱持開放的心態，去接受無限智能的能量場所蘊含的無限可能。

　　當我們與宇宙的非局域場協調一致並進行創造時，我們就觸及到了無限可能性的場域，而不再受制於物質所提供的有限可能性。這樣的互動模式會銘刻進我們的細胞，從水分子到神經元，無所不在，並依據無限智能場域中的無限可能性來校準我們的物質形式。如果我們讓自己習慣於生活在這種狀態下，就會創造出全然不同的人生，那是受制於物質思考的人所想像不到的。

# 將這些概念付諸實踐

本週要練習的活動包括：

- 在每天獨處時，至少撥出幾分鐘唱個歌。
- 進一步去感受水，可以到有水的地方散步、泡個澡，或站在噴泉旁讓水花飛濺到身上。注意看漣漪和水面的映射。
- 在你喝水前，先將水杯放到心臟前，對它傳送祝福。
- 有意識地運用聲音蘊含的力量。一整個星期除了冥想音樂，不聽其他任何音樂。
- 觀察你對水及聲音的親身體驗，並記錄下來。


本章的延伸資源包括：

- 能夠偵測到電磁場的生物研究
- 最佳的顯波學影片
- 聲學之父克拉尼的聲音圖案
- 聲音療癒的案例
- 道森的電流儀影片
- 水的記憶影片
- 洛斯敦・洛伊教授關於水特質改變的簡報


延伸資源請上網連結 MindToMatter.club/Chapter2。

# 第 3 章

# 情緒威力強大，
# 決定你過得好不好

How Our Emotions Organize Our Environment

境由心生，當心智融入宇宙的非局域心，就能取用無限的資源創造各種可能性。現代科技提供我們改變腦波的一些技巧，透過科學化訓練來開發我們內在巨大的能量與力量，走向完整的自己，重新形塑我們周遭的世界。

　　一八九二年一個晴朗的春天早晨，名叫漢斯・伯格（Hans Berger）的年輕德國士兵興致高昂地騎著馬。他正在參與符茲堡鎮（Würzburg）的軍事演習，而他的單位正在驅使馬匹將大炮拉至定位。

　　突然間，伯格騎的馬前腳立了起來，把他摔到地上，就摔在馬車的車輪前面。千鈞一髮之際，伯格焦急的同伴們在大炮向伯格壓下前止住了它的落勢。伯格撿回一條命，只弄髒了制服。

　　那天傍晚，他收到來自科堡（Coburg）的父親發來的電報，想知道他好不好。父親從來沒發過電報給他，當天早晨，伯格的大姊「內心非常不安……相信他一定發生了什麼可怕的事」，因此請求父親發電報問問。

　　伯格試著去理解自己的恐懼如何能傳達給一百公里外的姊姊。一直以來，太空人是他努力奔赴的目標，但如今他改變了心意，退伍之後他成了精神科醫師，專門研究大腦的運作[1]。

　　一九二四年六月，他有機會研究一名十七歲男孩的大腦，男孩曾開刀取出腦部腫瘤而在腦袋上留下一個開口。伯格想了解是否能量測到大腦的活動。好幾個禮拜下來，因為幾次不成功的讀數而調整了設備之後，伯格驚喜地發現自己終於觀察到「電流計持續的振盪」。

　　他在日誌上寫道：「有沒有可能我即將實現自己懷抱了二十多年的計畫，甚至還能創造出某種大腦鏡：腦電圖！」[2]

發明腦電圖（EEG）的德國生理學家漢斯・伯格（Hans Berger）

一九二九年，在改善自己的設備與技能之後，伯格描述了人類最初發現的兩種腦電波：α 波與 β 波。遺憾的是，伯格的研究違背了當時醫學主流的大腦理論，因此他的成果遭到多數同僚的否定。英國和美國科學家認為他所測量到的是電流設備所造成的結果，當時還有人寫道：「高度懷疑是否能由大腦表面記錄到任何有意義的東西。」

伯格被迫從大學教職退休，健康也日益惡化。他深陷憂鬱，最終在一九四一年自殺。直到一九六〇年代研究意識的人才開始探索心智與大腦之間的連結，腦電圖也才開始獲得廣泛運用。如今腦電圖被用於描繪意識狀態與大腦功能，而諸如 γ（gamma）波等新的腦波也持續被發現[3]。

## 腦波互動，連鼓掌都能同步

我時常前往紐約，喜歡去看百老匯音樂劇。《摩門之書》（*The Book of Mormon*）開演時，我是第一批買票的人之一。開演後，全場觀眾從頭笑到尾，最後還全場起立鼓掌。

突然間，掌聲有了變化，不再是一千人此起彼落的掌聲，而是所有人開始有節奏地鼓掌。啪、啪、啪、啪……有節奏的掌聲變得如此執著，讓演員們再一次上台謝幕。掌聲向表演者傳達了肯定，而表演者則多唱一首歌來回應。

你大腦的神經元也會做類似的事。它們會以有節奏的模式同時放電，跨越整個腦部彼此溝通。這些模式的測量單位是每秒的週期數，或稱為「赫茲」（Hertz，縮寫為 Hz）。想像一群觀眾一同緩慢鼓掌，就同緩慢的腦波，有數百萬個神經元緩慢一起放電一樣。再想像一群觀眾快速鼓掌，那就如同快速的腦波，有數百萬個神經元一起快速放電。

現代的腦電圖會從大腦許多不同部位計算腦波模式，通常是使用十九個電極連接到頭皮表面。

有一個研究團隊的觀察如下：「如今的科學家已經如此習慣於這些腦電圖與大腦狀態的相應關係，因此可能遺忘了它們是多麼不可思議……平

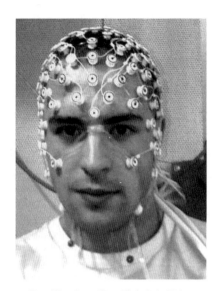

腦電圖描記儀通常配備十九個電極

均下來，一個電極所提供的突觸活動估算，涵蓋了大約一億到十億個神經元的組織區塊。」[4] 如果腦電圖上的腦波出現變化，這就代表我們大腦有數億個神經元的放電模式也正在改變。

## 腦波是什麼？有什麼功能？

現代的腦電圖能測量到五種基本腦波。γ 波是最高的腦波頻率（40 到 100 赫茲）。當大腦在學習、在現象之間進行連結以及由大腦許多不同部位進行資訊整合時，此時 γ 波為優勢腦波。

製造大量 γ 波的大腦，反映的是複雜的神經組織及更高的覺知。當僧侶被要求以慈悲心進行靜心冥想時，他們的腦部會出現大量的 γ 波[5]。

對照組是初學冥想的人，他們在前一星期每天靜心冥想一小時。初學者的腦部活動和僧侶類似，但是當僧侶們按要求召喚出慈悲心時，他們的大腦開始節律性地同步放電，就像在《摩門之書》音樂劇那些鼓掌的觀眾一樣。

在他們腦中測量到的 γ 波規模是有紀錄以來最大的，而僧侶們表示他

們進入了某種狂喜狀態。與 γ 波有關的是高度的心智運作、創意、整合、高峰狀態，以及一種「心神合一」的感覺。γ 波由大腦前側向後側流動，每秒大約四十次[6]。研究人員把這種振盪波視為一種「意識的神經基礎」（neural correlate of consciousness，簡稱 NCC），這種狀態會連結大腦活動與意識的主觀經驗[7]。

　　大腦研究人員提到的腦波振幅，簡單說就是腦波有多大。高振幅 γ 波指的是巨大的 γ 波，而低振幅指的是小的腦波。腦波測量會呈現最高的波峰和最低的波谷，從波峰到波谷的距離就是振幅，其測量單位是微伏（microvolts）。腦波一般是在 10 至 100 微伏之間，速度快的腦波（比如 γ 波），振幅最低。

　　第二快的腦波是 β 波（12 到 40 赫茲）。β 波一般分成兩部分：高 β 波與低 β 波。高 β 波（15 到 40 赫茲）就是你如猴子般不安分的心，是有焦慮症、受挫、深受壓力的人最具代表性的腦波。

　　承受的壓力越大，大腦產生的 β 波振幅越高。諸如憤怒、恐懼、責怪、罪惡感、羞愧等負面情緒，也會造成腦電圖讀數的 β 波大量出現。

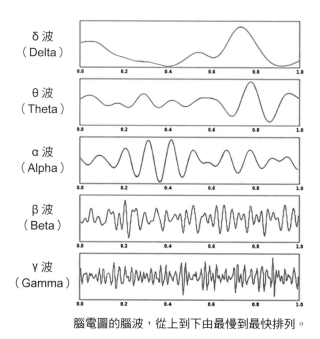

腦電圖的腦波，從上到下由最慢到最快排列。

　　這種情形下，會關閉大腦負責理性思考、決策、記憶、客觀評估的部位 [8]，流向前額葉皮質這所謂「思維腦」的血液最高會減少到八成。缺乏氧氣和養分，會讓我們大腦的思考能力急遽降低。

　　低 β 波的這個頻帶會讓身體的自發性功能同步化，所以低 β 波也稱為「感覺運動節律頻率」（sensorimotor rhythm frequency，簡稱 SMR，12 到 15 赫茲）。

　　我們需要 β 波來處理資訊並進行線性思考，所以平常程度的 β 波是沒有問題的。當你專注於解決問題、創作詩歌、評估到達目的地的最佳路線或是計算收支平衡，這時 β 波就是你的朋友。SMR 代表平靜、專注的心理狀態。壓力則會產生高 β 波，尤其是高於 25 赫茲的腦波。

　　α 波（8 到 12 赫茲）是放鬆式警覺（意識清醒，但身體放鬆）的最佳狀態。α 波是意識與潛意識之間的橋梁，一端是較高的腦波頻率——有意識思考的 β 波，以及聯想性思考的 γ 波，另一端是兩個頻率最低的腦波，亦即 θ 波（4 到 8 赫茲）與 δ 波（0 到 4 赫茲）。

　　θ（Theta）波是典型的淺眠狀態。夢境生動鮮明時，眼球會快速移動，也就是所謂的「快速動眼期」（rapid eye movement，簡稱 REM），此時大腦的優勢腦波就是 θ 波。此外，進入催眠狀態、狂喜狀態、靈感湧現的人以及治療師，主要腦波也是 θ 波 [9]。回想起情緒性經驗，無論是好是壞，都會觸發 θ 波。

　　頻率最慢的是 δ（Delta）波，是進入深度睡眠的特徵。進入非局域心＊的人也會出現振幅非常高的 δ 波，即使是在非常清醒的時候也一樣。冥想者、直覺者、治療師的大腦都比平常人有更多的 δ 波。

　　進入深度無夢睡眠的人，眼球不會移動，處在這種稱為「非快速動眼」（non–rapid eye movement，簡稱 NREM）睡眠的週期時，δ 波也是最主要的腦波。

---

＊ 編按：所謂非局域性（nonlocal）是指超越時空的限制，例如量子纏結，同屬一個系統的物體彼此有深層次的聯繫，即便相隔遙遠仍會相互牽動，心靈感應就是其一。

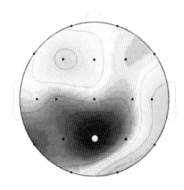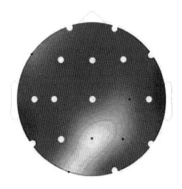

在 z 分數（z-score，即標準分數）這類圖表中，中央的陰影代表正常活動，兩個越來越淡的陰影代表逐漸降低的活動；而兩個較深的陰影則代表增加的活動。左側腦顯示的是各種不同的活動，右側腦中央的 θ 波頻率特別活躍，這是有經驗的治療師常見的腦波模式。

## 從日常實相中覺醒

　　腦電圖研究鼻祖麥斯威爾・卡德（Maxwell Cade）發現，落在頻率範圍中央的 α 波，形成了高低頻率之間的橋梁，一端是高頻率的 β 波與 γ 波，另一端是低頻率的 θ 波與 δ 波[10]。生物回饋與神經回饋等腦波訓練，在於教人們如何進入 α 波的狀態，而理想的狀態是有足夠的 α 波來連結其他所有的大腦節奏。透過調節 α 波可以影響腦波型態：把高 β 波最小

英國科學家麥斯威爾・卡德（Maxwell Cade）

化，猴子般躁動的心與焦慮感就能降到最低；γ波與θ波的數量達到平衡，並有大量的δ波作為基礎。

卡德是生物物理學家，原先為英國政府研究雷達，後來將注意力轉向測量人類的意識狀態。一九七六年，他發展出一種稱為「心鏡」（mind mirror）的腦波儀，從腦電圖可以看出，這個儀器的獨特之處在於能提供清楚的腦波視覺快照。

他的學生安娜‧懷斯（Anna Wise）如此描述這個儀器：「『心鏡』與其他腦電圖的不同之處，在於研發者的興趣不是病理學（這是醫療儀器的目的），而是一種稱為『覺醒之心』（awakened mind）的最佳狀態。心鏡的發明者不是要測量身心有問題的患者，而是盡可能去尋找發展程度最高、最具靈性意識的人。從他們腦波的閃爍中找出共通的模式，無論受測者是瑜伽士、禪修大師或是治療師。」

## 修行者的腦波模式

運用心鏡超過二十多年，卡德記錄了超過四千名堅定從事靈性修持者的腦波模式。他發現「覺醒之心」這個狀態是這群人共有的特徵，同時也注意到還有另一個相似之處：他們全都有大量的α波。

如前所述，α波落在腦波頻譜的中央，上方為β波與γ波，下方為θ波與δ波。一旦處於覺醒之心的狀態時，會產生大量的α波，並在上方的高頻腦波與下方的低頻腦波之間創造連結。卡德將這個連結稱為α橋（alpha bridge），因為它會居中銜接β波這個意識心的頻率與θ波、δ波這兩個潛意識與無意識心的頻率。這樣一來，意識就可以暢通流動，整合心靈的所有層次。

卡德寫道：「就如同逐漸由睡眠中甦醒一樣，你會越來越清晰地覺知日常的實相，只不過意識的覺醒是從日常的實相中甦醒！」[11]

我開發了一套稱為「精簡靜心」（EcoMeditation）的冥想方法，非常簡單，可以持續又自然地帶領人們進入覺醒之心的腦電圖模式。精簡靜心

麥斯威爾‧卡德和一九七〇年代早期的心鏡版本

運用 EFT 情緒釋放技巧來清理阻礙身心放鬆的干擾。接著，它會帶你進行一連串簡單的生理放鬆練習，向大腦和身體傳送安全訊號。這套方法靠的不是信仰也不是哲學，而是向身體傳送生理訊號，藉此自然地產生深度放鬆的狀態。這套冥想方法可以參閱本書附錄。

在精簡靜心的過程中，我們也會看到大量的 δ 波。在 δ 波狀態，我們會與超越局域性 * 自我的許多資源連結。如前所述，處於狂喜狀態的人，以及治療師、藝術家、音樂家及直覺者，腦中通常會有大量的 δ 波。

處於創造性入神狀態下，例如作曲中的音樂家或玩耍中的孩童，通常會有大量的 δ 波。一旦他們沉浸於自己的世界時，都會失去對外在世界的覺知。此時，他們腦中的優勢腦波是 δ 波，除此之外，還有一些 θ 波和 α 波，以及足以發揮作用的少量 β 波 [12]。

靜心冥想的人，大腦會呈現高振幅的 δ 波，我非常喜歡與他們說話。他們所描述的超然經驗，是一種天人合一的感覺，是一種獨特的和諧感與

---

* 編按：局域性又稱定域性，是指不同物體的相互作用只發生在一個有限的區域裡。換句話說，特定物體只能被周圍的力量所影響，反之亦然。

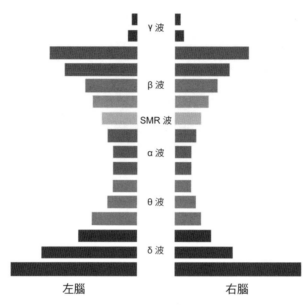

心鏡所顯示的畫面。正常的腦部功能：注意全部六個不同頻率的腦波都有，左右腦半球處於平衡狀態。

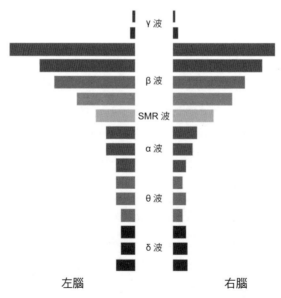

焦慮：焦慮的人會出現大量的高 β 波及些許的 α 波、θ 波或 δ 波。

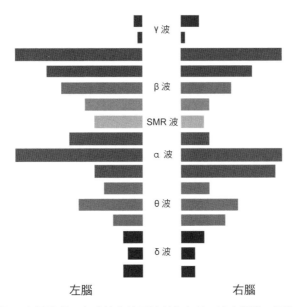

α 波活動增加：穿過障礙而完成整合的受試者會出現 α 波大爆發，不過焦慮還是很明顯（以 β 波形式出現）。θ 波也增加了，但這些腦波在左右腦半球並非處於平衡狀態。

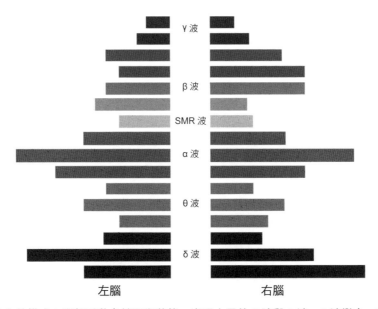

覺醒之心的模式：腦部活動處於平衡狀態。出現大量的 δ 波與 θ 波，β 波變少。有夠多的 α 波搭起了「α 橋」，連結意識心（β 波）與無意識、潛意識層次（θ 波與 δ 波）。

幸福感 [13]。愛因斯坦曾說，這是一種擴展的意識狀態，身處其中的我們「擁抱所有生命與萬事萬物」。科學家也能成為神祕主義者！

## 困在程式設計師體內的創意音樂家

在一次研習營的現場活動中，普雷姆跟著我學習精簡靜心。他四十二歲，是電腦程式設計師，焦慮程度中等，希望人生能有更多的創造力。普雷姆會彈吉他，這是他最喜愛的嗜好，卻幾乎找不出時間玩吉他。他說：「我就是撥不出時間給自己。」他的核心信念之一就是：「活著不容易，一切靠自己，哪有時間玩樂。」

開課時，普雷姆的腦電圖顯示大腦左右半球都有大量的 β 波，這是代表壓力的典型腦波。他的 α 波極少，而 α 波是最理想的腦波，代表放鬆式警覺的狀態，可以連結高頻與低頻的腦波。

普雷姆的腦電圖讀數顯示有大量的 θ 波與 δ 波，但是極少量的 α 波就像個瓶頸，讓他無法接觸到自己的創意層次。此外，高振幅的 β 波，也代表他有慢性焦慮、壓力大及過勞等現象 [14]。

等到普雷姆開始進入精簡靜心的課程後，大腦左右半球爆發大量的 α 波，尤其是右半球的增加幅度更高。原本代表焦慮、壓力的 β 波消失了，大腦開始製造 γ 波，這是他之前沒有出現的腦波。

普雷姆不是一個冥想靜坐的老手，他說自己曾經上過冥想課程，但是從來沒有成功建立規律的冥想習慣。即便如此，精簡靜心還是讓他很快就進入到深度冥想的狀態，腦波穩定保持在覺醒之心的模式。

在沒有壓力的狀態下，血液回流到他的前額葉皮質，於是思維變得清晰，能夠有效取得大腦這個執行中樞的生理與心智資產。

那次的研習營，我們在活動前後都測量了學員的生物反應及心理狀態。普雷姆的皮質醇濃度明顯下降，而皮質醇正是主要的壓力荷爾

蒙。一旦壓力程度降低，身體就會釋出供細胞修復、提高免疫力以及其他有益功能的生理資源。

　　這一點可以從普雷姆的唾液免疫球蛋白 A（salivary immunoglobulin A，簡稱 SIgA）的濃度變化得到證明。SIgA 是人體免疫力的關鍵指標，從活動開始到結束，普雷姆的 SIgA 濃度顯著上升，心率也從每分鐘 79 下降到 64 下（bpm），血壓則由 118 ／ 80 降到 108 ／ 70。所有這些指標都反映出他的大腦功能，已經達到全新的平衡。

　　類似的正面效應也在其他學員的身上出現。對所有的學員來說，平均皮質醇濃度下降了，而唾液免疫球蛋白 A 濃度上升，休息時的心率由 70 下降到 66 下 [15]。

　　等到我們以精簡靜心反轉壓力反應後，普雷姆開始看到了人生的光明面。血液開始回流到他的前腦，大腦硬碟重新上線。他感覺自己充滿了力量，知道自己擁有資源，也有能力工作與玩樂兼顧。他重新取回對生命的掌控權，充滿了希望、信心，整個人生都將隨之改變。

　　當時我還讓普雷姆重複說了一次他的開場白：「活著不容易……哪有時間玩樂。」他放聲大笑，表示：「聽起來這像是我老爸會說的話。」然後他皺起了眉頭，搖了搖手指頭，模仿起嚴父斥責貪玩孩子的樣子。

　　普雷姆在整個活動期間一直都在練習精簡靜心，到了活動結束，他已經能很快進入放鬆狀態了。同時，他也開始規畫時間彈吉他，發揮自己深具創意的那一面。

在研習營活動上，學員佩戴上腦電圖儀器。

## 意識改變，腦波也隨之改變

　　腦波的能量場和神經傳導物質持續跳著進化之舞。意識改變，腦波隨之改變，不同的神經傳導路徑就會發揮作用。

　　愛與恐懼是兩種不同的極端狀態。處於恐懼狀態下，我們的 α 橋會消失；或許還有 θ 波和 δ 波，但是缺了 α 橋，我們連接不上潛意識心的資源，和整個宇宙整體也會失去連結。

　　於是，β 波大舉湧入充滿恐懼的大腦：這就是所謂的生存模式。

　　當我們處在狂喜狀態下，大腦會顯現出覺醒之心的模式。再進一步，大腦還能進入一種卡德稱之為「進化之心」（Evolved Mind）的對稱模式。一旦意識中充滿了愛，大腦的功能就會非常不同，除了出現大量的 θ 波和 δ 波，還有 α 橋來連結我們的意識心與潛意識心。

　　我們的情緒會創造出不同的大腦狀態，從腦波模式可以看出意識所生成的能量場，愛、喜樂及和諧所搭建的神經束會傳送訊號，創造出特有的能量場[16]。腦電圖專家茱蒂絲·潘寧頓（Judith Pennington）觀察練習精

簡靜心的人，發現他們的腦電圖：「θ波和δ波的模式會由覺醒之心發展到進化之心的狀態。」

情緒也會製造以下的神經傳導物質：血清素（serotonin）、多巴胺（dopamine）、腦內啡（endorphins）、催產素（oxytocin）及大麻素（anandamide）等[17]。血清素與滿足感有關，多巴胺與追求獎勵有關，腦內啡會阻斷疼痛並增加快感；而催產素是「親密荷爾蒙」，會讓人從親密行為中獲得安全和信任感。至於大麻素，又稱為「極樂分子」，名字直接源自梵文 ananda（意思是無限的喜悅）。我們的大腦中有很多的大麻素受體，這些受體也會跟大麻的主要精神活性物質四氫大麻酚（THC）結合。我們常說「心轉則境轉」，關鍵就在於心念改變會創造以上這些神經傳導物質。當它們湧入大腦，我們就會感覺到滿足、安全、親密、喜樂、平靜與祥和。當我們的心進入揚升的情緒狀態時，會感受的一種如假包換、如同吸食致幻藥物的感覺，靠的就是身體所製造的這些化學物質。

## 腦波可以看出你的情緒

一份深具影響力的研究檢視了冥想者的腦波模式。這些冥想者來自五種不同的冥想傳統，其中包括氣功與禪修[18]。此一研究，比較了他們在一般意識狀態及靜坐冥想時的腦功能。

這類研究的其中一個挑戰，就是光一個受試者一個小時的腦電圖紀錄就提供了多達數百萬筆資料。它會一毫秒一毫秒地告訴你每個腦區的優勢頻率，而且這些頻率還會持續變化。詮釋如此巨量的資料不僅需要經驗，還需要一個模型來描述你在尋找的東西。

在建立好整個大腦如何運作的全貌之後，研究人員得到的結論是，能提供最多資訊的模型是比較β波與δ波。於是，他們測量冥想前、冥想期間與冥想後的β波與δ波比例。儘管冥想形式不同——從唱誦、流動冥想到靜坐——但都有一個共同點，也就是β波減少及δ波增加。

研究人員發現：「各腦區之間的相互依存性全面降低了」，而這種改

變暗示了孤立的局域性自我感消解了。這種低 β 波、高 δ 波的腦波模式，就是研究人員所謂的典型經驗：「不介入、不執著及放下的主觀經驗，以及萬有合一與小我消融的感受」，這時冥想者的意識會轉換成與非局域的宇宙場合而為一。

那正是我從數百名冥想者的腦電圖中所看到的腦波模式，此時他們所描述的狀態包括忘我、意識轉換、接通宇宙的非局域場，而局域性自我的圍牆也會在這樣的能量場中消解。

## 腦波的奇幻之旅

在某次的研習營活動中，我們幫大腦出現大量 δ 波的人全程錄影。我們問他們在冥想過程中體驗到了什麼，其中一位名叫茉莉的憂鬱症患者如此描述：

「剛開始，要求閉上眼睛讓我有點不爽。我感覺自己的每寸皮膚都在發癢，很想搔一搔。然後喉嚨也開始發癢，想要咳嗽。我聽得到隔壁那個傢伙的呼吸聲，那也很討厭。但是，接下來我就慢慢忘了這所有一切，我被一種平靜感籠罩了。

「我可以感覺空氣在身體進進出出，就像是河水在流動。我開始飄浮，就像變成了氫氣球那樣輕盈。

「我好像到了另一個地方，一個很美麗的地方。我能感覺到石頭、樹木、海洋，而我就是其中的一部分，就像我被吸入了這個宇宙中的一個完美所在。

「有四個巨大的藍色存在體向我飄過來，我感覺它們散發出不可置信的愛與連結。它們有著人類的輪廓，但全身透明，像是由美麗的藍色煙霧所組成，飄浮在近五公尺高的空中。

「最近我因為某些事一直很煩惱，但在其中一個存在體飄到我身邊後，我頓時安心了不少，就像她在告訴我一切都會沒事一樣。我的心中充滿了愛，我領悟到愛就是一切。

「她給了我一顆閃亮的鑽石形水晶，好提醒我她永遠都會陪著我。我將水晶放進心裡，它將永久居住在我的心中，把所有悲慘的、沮喪的痛苦融化，讓痛苦變成一滴滴水掉落地面。

「當你叫我們回到房間時，我感覺自己就像在百萬公里之外。我將那種平靜感帶回自己的身體。我真的捨不得回來，我發現有一部分的我一直都留在那裡。」

## 天人合一的神祕體驗

茉莉所描述的是典型的神祕經驗。人類從意識初啟之際便已開始擁有超然體驗，而茉莉的經驗和許多人的經驗有一些相似點：

- 全面的平靜感
- 憂慮和懷疑消散
- 感覺到抽離狹隘的自我，不再受到有形身體的限制
- 經驗到與非局域心，與大自然、宇宙及所有生命合而為一
- 遇見一個象徵性的引導者
- 接受帶有療癒力量的象徵性禮物
- 將禮物、身體及局域性自我整合在一起
- 存在感因為這個經驗而改變

與我合作的神經科學家會要求資深的冥想者，在冥想前先提供預先說定的信號，例如在產生天人合一感覺時敲食指三次，讓我們在腦電圖上標出這個時間點。這樣一來，我們就能把冥想者的內在經驗與大腦狀態連結在一起。

當他們的局域性自我拋下對身體的執著，並與非局域心融合時，我們會看到大量的 δ 波。一旦冥想者將這兩個狀態整合為一，例如茉莉與帶給她禮物的藍色存在體溝通時，高振幅的 δ 波就會穩定下來 [19]。

　　一旦我們開始將靜心冥想融入日常生活中，就能發展出比之前更高振幅的 α 波、θ 波及 δ 波。

　　歷史上的所有神祕經驗都表現出相似的特質，例如十七世紀的印度聖者圖克拉姆（Tukaram）所寫的〈當我在祢身上失去自我〉（When I Lose Myself in Thee）這首詩 [20]：

<blockquote>

當我如此在祢身上失去自我，我的神。
那時我才看見，也才知道，
整個宇宙都彰顯了祢的美好，
所有的生物，以及所有沒有生命的東西
都透過祢而存在。


這整個廣大的世界只是形式，
祢藉此向我們展示了祢自己，
只是聲音，
祢對我們所說的都是祢自己。


何須言語？
來，師父，來吧，
完全用祢的聲音填滿我。

</blockquote>

　　在圖克拉姆的這首詩中，我們可以看到與茱莉的經驗有相似的特徵。他局域性的自我消融在非局域性的意識之中；有天人合一的經驗：感覺到宇宙與他溝通互動，無須任何言語。

　　雖然十七世紀沒有腦電圖可以用來描繪圖克拉姆這類神祕主義者的腦波，但是現在我們能透過檢視有類似經驗的人（例如茱莉）的腦波，藉此推測出早期神祕主義者大腦出現的神經訊號類型。

　　印度聖者拉瑪克里斯納（Ramakrishna，1836 ～ 1886）每次進入狂喜

印度聖者拉瑪克里斯納（Ramakrishna），他常常自發性地進入神祕經驗狀態。

的極樂狀態，都會持續數小時。當他完全沉浸於自己的超然經驗時，身體會變得僵硬，完全察覺不到周遭的環境。等他從冥想狀態回來後，常常有段時間無法開口說話。有一次，在他可以重新說話後，他描述自己看到了像數百萬顆太陽那麼亮的光，還有一個光體從光中顯現，化為人形後再次與光融合。

神學家休斯頓・史密士（Huston Smith）是《人的宗教：人類偉大的智慧傳統》（*The World's Religions*）一書的作者，也是擁有神祕經驗的宗教導師。他說天人合一的經驗是歷史上所有神祕主義者的共通特徵，這個經驗超越了時間及文化。神祕主義者的天人合一不是道聽塗說，而是他們的親身經驗[21]。

他們從山頂下來，將經驗與他人分享。受到啟發的聽眾不僅心悅誠服，甚至可能以他們為教祖創立宗教。然而，所有神祕主義者的中心思想都是指向直接的天人合一經驗，與一般宗教體系的神職人員所傳達的二手經驗是天差地別的。

神祕主義者不會彼此論戰，不會有宗教派系之爭，也不會有高人一等的門戶之見，因為他們的經驗大同小異。只有次等的宗教權威才會走向衝突一途。儘管存在著宗教派別，但神祕經驗卻是一以貫之的。史密士認為神祕經驗是人類意識的顛峰[22]。

現代科學的突破在於，我們如今能記錄神祕主義者大腦的資訊流，就像古代航海者描繪陌生海域一樣。科學正在以客觀方式向我們展現諸如史密士之類的神祕主義者的主觀經驗，這些經驗會在大腦中創造共通且可預測的模式。

大腦的右頂葉負責空間的感受能力，辨識身體在空間中的位置，以及劃清人我之間的界線。神經影像學研究顯示，在狂喜狀態下，大腦的右頂葉會下線[23]。當拉瑪克里斯納和其他神祕學者描述自己的局域性自我融入宇宙的無限意識時，他們大腦的客觀功能也呼應著這樣的經驗。隨著體內催產素的濃度升高，他們開始和宇宙連結；而隨著大麻素湧入大腦，他們進入了狂喜的極樂狀態。

# δ（Delta）波與超然經驗

我的朋友兼同事喬·迪斯本札博士多年來持續在冥想研習營收集腦部掃描，如今資料庫中已累積了超過一萬份的腦部掃描資料。研究這組心智圖的共通模式，讓我們對研習營學員的冥想體驗有了更加深刻的見解。

我們從喬所收集的資料中，看到了 θ 波與 δ 波這兩種腦波高到不尋常的人，這些冥想者大腦的 δ 波基線數量遠遠超過「正常」大腦[24]。冥想者的功課，就在於放下他們對局域心的執著，並尋求與非局域心合而為一的體驗。

反覆進行的冥想會讓腦部進入一個新功能區，也包括比過去正常狀態更多的 δ 波。當喬檢測了最初數百個人的腦部掃描以及後來數千人的腦部掃描後，他注意到這些人的大腦，處理訊息的方式和一般人的大腦非常不一樣[25]。

這些人的腦波活動幾乎都發生在紅色區塊，這代表與標準化心智圖資料庫的 δ 波數量相比，他們的 δ 波數量多了兩個平均差[26]。這個數據的意義在於，一般人中只有 2.5% 會出現我們在資深冥想者大腦看到的 δ 函數。在喬的進階研習營中量測腦波變化的神經科學家發現，在每次研習營

的四天活動中，大腦的基線 δ 波活動平均增加了 149%[27]。

　　δ 波從波峰到波谷的振幅大約是 100 到 200 微伏[28]，而在精簡靜心研習營的檢測中，我們通常可以看到振幅超過 1,000 微伏的學員，有時還會看到超過百萬微幅的突波。多數的腦電圖設備，甚至無法測量如此龐大的 δ 波。

　　不管是現代的茱莉，或是古代的圖克拉姆，他們所傳達的強大靈性經驗都與這種現象有關。數千年來，所有宗教的神祕主義者都曾經描述過這樣的體驗。我們無法客觀測量局域性自我與局域心消融於宇宙意識和宇宙心智的這種超然經驗，但是我們能夠測量擁有這種經驗的大腦如何處理訊息。它們的共同特徵，就是振幅龐大的 δ 波。與這種能量相符的因素，包括血清素、多巴胺、大麻素（極樂分子）及催產素（親密荷爾蒙）。這類體驗並非少數的例外，研究顯示有 40% 的美國人及 37% 的英國人至少有過一次走出局域心的超然經驗。他們通常會將這種經驗描述為一生中最重要的體驗，並形塑了後來發生的所有事件[29, 30]。

　　不過，公開與他人討論這種經驗的人畢竟不多。孩子不會告訴父母親，患者不會告訴醫師，妻子也不會告訴丈夫。由於這一類的對話不在一般的社交慣例之內，因此我們缺乏進行這類交談的共通語言或背景。

　　然而，這並不代表這些經驗沒有發生。一旦我們有心尋找，與宇宙非局域心的相遇就會隨處可見。

# θ（Theta）波與療癒

　　有時改變大腦的狀態，療癒會緊隨而來。在喬‧迪斯本札所主持的一場冥想研習營中，有位墨西哥男子（姑且稱他為荷西）就描述了類似的神祕體驗[31]。

　　荷西在參加研習營前剛被確診惡性腦癌，而且不久後就要接受可能有致命風險的手術。在一次冥想中，荷西和茱莉一樣，也看到不屬於這個世界的存在體，其中之一還把手伸向荷西的頭部，並往裡面掏了一段時間。

荷西有鮮明的身體感覺，他覺得頭皮被切開、腦部組織重新被排列。

　　四天研習營結束那天，荷西重新安排了行程，在回家之前，他先飛往休士頓，跑到著名的安德森癌症中心（MD Anderson）照了新的 X 光片。結果顯示，在研習營結束一天後，現在他的腦部掃描中已沒有任何的腫瘤痕跡了。

　　這樣強大的療癒經驗，通常腦電圖中會出現高振幅的 θ 波。θ 波已被視為能量療癒過程中最主要的腦波型態[32]。正在為他人進行治療的治療師，我們也會在他們身上看到大量的 θ 波，接著這種情況會出現在接受治療者的身上。這種轉換通常發生在治療師感覺自己的手變得溫熱時，這是能量流動的主觀經驗[33]。

　　有研究人員把治療師與求助的案主一起連接到腦電圖設備，治療師的腦電圖讀數顯示有十四個週期的穩定 θ 波，頻率正好是 7.81 赫茲。然後，案主的腦電圖也轉換到同樣的頻率，顯示出治療師與案主之間出現了同步現象[34]。

## 走出自我困境的醫者

　　在我的一場活動中，安妮絲這位厲害的醫師自動請纓，表示願意在所有人面前戴上腦電圖儀器，讓治療師解決她的問題。安妮絲是藥學博士，有正規的醫師執照。此外，她還擁有觸療及其他幾個另類療法的執照。

　　安妮絲十三年前被診斷出纖維肌疼痛，相關症狀有時發作起來會相當嚴重，包括關節痛、疲倦以及「腦霧」（brain fog）問題，但多數時候的身體情況還好。不過，最後她因為失能的情況太嚴重而無法再工作。

　　活動當天，她的疼痛指數已高達七分（總分十分），而且腦霧狀

態嚴重，根本無法理解講課內容，甚至無法好好走路，需要用三個枕頭來支撐才能舒坦到維持清醒狀態。

安妮絲十分沮喪，也很氣自己，因為她的先生達爾（陪著她一起來參加活動）現在必須一肩扛起家中的經濟重擔，他們還有兩個青春期的女兒。另外一個憤怒源頭則是以下的心聲：「儘管我接受過這些訓練，卻無法用來治療自己。」

雖然我們有時會在研習營中看到所謂的「一分鐘奇蹟」，但是安妮絲不是這樣的幸運兒。她經歷的是漫長且複雜的療程，因此很難對未來抱有願景，她已經無法想像自己能夠好轉。

完形治療師拜倫‧凱蒂（Byron Katie）會讓案主自問自答一些刺激性的問題，挑戰對自我與世界的認知。這些問題包括：「如果沒有發生這件事，我會成為什麼樣的人？」或是：「這樣的失能，對我的人生到底有何意義？」

我拿這個問題去問安妮絲。這個問題讓她想起她八歲時，遭受家人的情緒虐待。於是她生病了，生病成了她自我保護的盾牌。只要安妮絲臥病在床，就能躲在自己的房間裡，不用去理會虐待她的人。

在找出核心問題後（有時生病是偽裝成問題的答案），我們使用能量心理學的技巧來幫安妮絲釋出對童年迫害者的憤怒，目前，這個施虐者還沒有遠離她的生活。

她的痛苦指數下降到一分，臉上開始出現笑容，並為自己所創造出來的苦難哈哈大笑。「我的敵人從來沒有成功過。」她釋懷了，成年的她首度從那段關係中感受到力量。

她開始談到自己未來的可能性。有人提供她一份在巴西的好工作，但是她沒有考慮，除了擔心丟下自己在美國已有的資源，也顧慮身體可能負荷不了。如今那個可能性又再次向她招手了。她問先生：「要不要去？」達爾眼睛一亮：「我很樂意陪妳去。」

活動結束後，安妮絲站了起來，繞著房間走。她的疼痛完全消退了，已經能夠自如地揮舞四肢，做出各種動作。當天離開研習營後，她與達爾一起去吃晚餐，討論他們的光明未來。除了意識轉化，她的身體也戲劇性地得到了自由。

## 心智健身房，卓越表現靠大腦

在為案主做腦電波圖時，一開始我們通常會看到有許多的高 β 波，這代表憂慮和壓力；而且 α 波、γ 波或 θ 波並不多。缺乏 α 波，意味著案主無法觸及到自己的意識心（β 波）、創造力及直覺，也無法與宇宙場（θ 波與 δ 波）連結。

當案主體驗到靈光一現的瞬間，我們會看到大腦左右半球出現大量的 α 波。以安妮絲為例，當她領悟到折磨自己的人成就遠不如她的那個瞬間，她的 α 波大量爆發，甚至超過了腦電圖設備所能測量的極限。

在活動快結束時，我們在安妮絲的大腦看到了典型的覺醒之心模式。她有少量的高 β 波，說明她的批判思維能力上線了。但是她有更多的 SMR 波（低 β 波），可以抑制多餘或不相關的體感訊息。她還有大量的 θ 波，以及振幅更高的 δ 波，說明她已連結到自己的創造力、直覺及宇宙訊息場。她的 γ 波也增加了，顯示她更有能力去連結其他大腦部位，並能以整合方式來處理訊息。

她心理層面的大突破，即時反映在腦電圖的讀數上。她不只是經驗到心理的變化，大腦處理訊息的方式也發生了變化。

這不只是心念的改變，也是大腦本身的改變，因為有新的神經束彼此連結。終其一生，我們的大腦會不斷形成新的神經束，老舊的神經束則會被修剪 [35]。

冥想、EFT 情緒釋放技巧、其他形式的能量心理技巧，或是以某種

方式來轉化我們的意識，大腦都會很快發生變化。大腦能透過心智做有意識的改變，尤其是透過所謂的專注力訓練[36]。真正的轉變會重新組裝神經傳導路徑。最後，整個大腦的狀態都會轉變，並重新建立起一種有利健康的恆定性。

有個研究團隊發現「在神經影像學的文獻中，支持以下論證的研究日漸增加……經由適當的訓練與努力，人們能夠系統性地改變特定的神經迴路，這些迴路顯然與各種病理性的心理和生理狀態有關」[37]。簡言之，我們有能力處理自己失能的腦部網絡，並以我們的心智去改變它們。

不是只有處在狂喜狀態的神祕主義者或治療師，才會製造大量的 α 橋及 θ 波。重視效率及績效的團體也發現，以這種方式來調校大腦可以激發出大躍進的效果。美國海軍的海豹突擊隊需要面對瞬息萬變的戰爭情境，他們在維吉尼亞州的諾福克（Norfolk）打造了一間「心智健身房」（Mind Gym），裡面有價值數百萬美元的進階腦電圖設備，學習如何進入所謂渾然忘我的「入神狀態」（ecstasis）[38]。大腦一旦成功進入這種狀態，就會產生一種稱為「心流」（flow）的極度專注感與興奮感，在這個經過轉換的時空中，通常可以有超常表現。其他例子還包括法庭中的菁英律師、奧林匹克運動員以及 Google 的高階主管，全都能訓練自己進入這種心流狀態，讓自己的表現能更淋漓盡致。

心流狀態的所有特徵在《盜火》（*Stealing Fire*）一書中，作者有特別描述[39]。這些特徵，包括渾然忘我、喪失時間感（無視時間的流逝）等等。處在入神狀態的人已經越過了局域心的界線，腦電圖讀數顯示他們大腦的前額葉皮質（與自我感有關）會關閉。β 波的內在碎碎念停止了，並與局域心的焦慮與執著保持距離。同時內分泌也改變了，因為「自我感覺良好」的神經傳導物質——例如血清素、多巴胺、大麻素、催產素——會湧入大腦。

在這個狀態下，他們會得到非局域性的觀點，能夠大開大放地接受無限可能的選擇與結果。自我不再受困於有限的、固定的局域性實相，而能嘗試不同的可能性。這種「把我們通常用來過濾輸入訊息的濾網一腳踢

開」，會帶來關聯性的大躍進，有助於解決問題並帶來超高的創造力。《盜火》一書回顧了許多因為腦波狀態改變而提升表現的研究，其中包括 490% 的注意力提升、創造力加倍，以及 500% 的生產力提升[40]。

在入神狀態下，無論是圖克拉姆、茱莉或海豹突擊隊，都有共通的經驗。這些經驗與以下的神經傳導物質有關：進入狂喜狀態（大麻素）、感覺脫離了局域性自我的身體（腦內啡）、局域性自我與無限宇宙意識的融合（催產素）、平靜沉穩（血清素），以及因為這個經驗而得到的獎勵（多巴胺）。

這些是心智升級的特徵，而且我們現在有腦電圖及神經傳導物質測定，可以實際測量在物質層次上所造成的改變。過去，狂喜的極樂狀態只有神祕主義者才能做到，必須有數十年的修持及靈性的啟蒙。但現在，「我們已經知道如何精細調控身體與大腦來重現這些經驗」，現代科技提供了我們「簡明的教材……讓我們知道如何與神性相遇」[41]。不論是運動場、商業界、戰場、科學、冥想或藝術圈子，都有表現超凡的人經常啟動這種狀態。假以時日，當我們掌握了這些狀態的生理要素，並將之轉變成可供學習的技巧，每個人都能使用這種入神狀態來提高自我表現。

## 突破信念，從不擅長畫畫到舉辦個展

我的藝術家生涯從五歲開始，起頭糟糕透頂。

那時我的家人剛移居到美國的科羅拉多州，而我發現自己非常不適應被關在科羅拉多泉（Colorado Springs）的霍華德小學。我的英國腔不討老師的歡心，他們安排我去上發音補救課程，於是我有了語言障礙，說起話來開始結巴。

有一天，我帶了美術課作業回家。就和其他同學一樣，我被指定要畫牛仔。我盡了全力，老師說我畫得很好，因為這個難得的稱讚，

我非常興奮，將這張畫帶回家給媽媽看。

媽媽一看到我的畫，就放聲大笑，還開始批評。她繞著餐廳跳舞、尖叫，擺出我畫中牛仔那種不精確的手腳角度。我很傷心，躲到和妹妹共用的封閉門廊裡的行軍床上。此後，我再也不畫人物畫了，塗鴉的主題僅限於船和飛機。

直到我四十五歲。

我開始每天冥想和做 EFT 情緒釋放技巧。我一一檢視自己的核心信念，其中之一就是「我不擅長畫畫」。

「那是真的嗎？」我捫心自問。當時我有位女性好友，剛好是畫廊老闆，我們一起在本地學院報名了一日水彩課。

拿起畫筆的那一刻，我感覺畫筆在手中活了起來。我進入無須費力的心流狀態，彷彿我已經畫了一個世紀。就在那一天，我就像海綿一樣吸收新知識，學習老師教授的每一個技巧。我那個愛好藝術的女性好友不相信我是新手，還懷疑我偷偷去拿了個藝術文憑。

接下來，我報名了兩日的學習課程，學習用水彩畫人臉。我再次

水彩 13 號：命運天使

將老師榨乾,堅持要在第一天結束前了解她所有的進階技巧。

　　然後我開始大量畫畫,每幅畫都沒有名字,只是依照完成的順序一一編號——一號、二號、三號……這些畫作多半都是人臉,描繪的是我的愛、我的迷惑,以及我的痛苦。

　　等我完成了八幅作品後,我挑出最好的四幅畫帶到附近的咖啡店兼畫廊。老闆很喜歡,為我預約了一場個展。開幕時間是六星期後。「前一天要把三十六幅作品帶過來。」他跟我這麼說。

　　走出門時我一副無所謂的樣子,但內心卻在顫抖。三十六件!他不知道我活到四十五歲,除了那幅牛仔,我只畫了八幅作品。現在我得在六週內生出近三十幅作品出來,而我每週得工作六十個小時,還要獨自照顧我的兩個小孩!

　　於是,在工作日的休息時間,我開始用盡各種方法畫畫。我知道只要我採取亨利・福特(Henry Ford)的方法,以生產線方式來畫畫,就能及時完成。雖然很不藝術,但非如此不可。

　　我將三組畫架排成一列。每層水彩渲染需要約十分鐘風乾,才能畫下一層。所以我會先在一組畫架上畫第一層,接著畫下一組畫架,然後再畫下一組。等到輪回第一幅畫,渲染已經乾了,就能繼續畫第二層,以此類推。

　　水彩是要求很高的媒材。顏料是透明的,一旦畫錯,無法像使用油彩或壓克力等不透明媒材那樣去覆蓋。如果出錯或是畫布上出現一滴錯誤的顏色,整幅畫就毀了。我的壓力在於要如期完成三十幅畫並裱框。所幸,一旦進入心流狀態,我就能毫不遲疑地按照心中的規畫走,還能不費力地完成上色。

　　我如期交了三十六幅作品,我人生的第一場畫展順利開幕了。參觀的人都很喜歡這些畫,我賣了不少作品。然後我一鼓作氣聯繫了本地最高檔的場地——市政廳,他們每隔幾週會展出本地藝術家的作

品。再一次的，經理立刻為我安排了一場個展。同樣的，我再次及時地完成了所有新畫作，並享受展出的過程。

接著機會出現了，我與恩師諾曼‧席利共同撰寫了《靈魂醫療》（*Soul Medicine*）這本書。我決定將自己的能量和有限的時間投入寫作，而不是繪畫。就在一幅尺寸最大、企圖心也最大的作品畫到一半時，我永遠擱下畫筆，轉換跑道開始寫作。

畫展邀請函

這個經驗給了我許多啟發。其一，我們腦袋裡充滿不真實的信念，以我為例就是「我不擅長畫畫」這個錯誤的核心信念。其次，這些核心信念都是來自早期的童年經驗。它們形塑了我們的一生，而且除非去挑戰它們，否則我們可能一生都在彰顯我們小時候被告知的謊言。我後續生涯的多數時間，都是用來幫助他人辨認並挑戰限制他們的核心信念。

我的一位女性友人愛麗絲也參加了我在市政廳畫展的盛大開幕典禮。她是熔接玻璃藝術家，多年來一直很辛苦地靠自己的手藝賺錢。愛麗絲對我說：「我好羨慕你喔，要辦個展很不容易，我從來都做不

到。」我沒有回話，只是在腦海中擦去了滿頭的汗水，心想：「天啊，我很高興自己事先不知道這件事，我才辦過兩次畫展，根本不知道辦個展有那麼困難。」

另一位開幕嘉賓是專門畫風景的水彩畫家，她驚呼：「你畫的是人物畫，人臉是最難畫的水彩畫主題！」我的內心獨白是：「我可不知道……幸好又閃過了另一顆信念子彈。」

破解了一項信念後，我會再繼續破解其他的信念。我開始質疑所有讓自己顯得渺小、受限的信念。那些因為父母、師長、伴侶、朋友的否定而拋棄的自我部分，我一一重新撿回來。我逐漸發現自己真正的樣貌，並成為那樣的人，不再依據身邊人所加諸給我的局限來束縛自己。

這就是人類潛能運動的目標。我們內在有巨大的能力、力量及洞見，它們或許會被我們身邊人的盲目與主觀偏見所局限，不過它們不會消失。我們比自己所相信的要更偉大。一旦我們摘下眼罩，開始走向完整的自己，就會重新形塑我們周遭的世界，而不再是反映過去的局限與不足。

水彩 21 號：心太大

　　每個瞬間你都能為自己選擇：我能不能成為完整的人？或者我要繼續假裝我比所認知到的自己更為不如？

　　想像一下，如果我照舊打安全牌，固守我所信賴、行之有年的「我不擅長畫畫」的核心信念。想像一下，假如我事先求教於經驗豐富的友人並發現開畫展的機會非常難取得，或是發現人臉是最難畫的主題。那麼，結果應該就是沒有上繪畫課、沒有個展、沒有創作，或許也沒有出書機會、不會寫作和做研究，於是改變一生的事業也當然不可能出現了。這就是活在舊信念框架下的後果：心沒有變，新機會就不會到來，也就無法生活在一個開放的、全新的物質世界中。

　　現在做個想法實驗：想像你後半生繼續保持你現在對自己所抱持的觀點，那是前方岔路的選擇之一。如果你想要在岔路口選擇另一個方向，就得挑戰大腦中每個自限性的信念，並且向前方遙遠處探索自己的潛能。有時你會成功，有時你會失敗，但無論如何你都會成長。你會開始發現自己真正的界線，而不是你的師長或父母幫你畫定的界線。你新的心智，會顯化成新的物質。

　　此時此刻，你確實就處在十字路口。你要選擇什麼方向？本書的任務就是鼓勵你說出：「我知道自己的內在有多浩瀚無邊，而且我決定要完整地表達出來。」

　　以前的社會科學家相信我們的人格在生命早期就已定型，活得時間再長也不太會改變。一九八九年《紐約時報》的頭條曾如此宣告：「人格：主要特徵一經確立就定終生。」[42] 報導中提到了一份研究，該研究指出人的核心特質——焦慮、友善、對新經驗的渴望——都是固定不變的。

　　不過，一份最長期的人格研究顯示，我們的人格在一生中會改變到難以辨認的程度[43]。該研究從一九五〇年開始針對一二〇八名十四歲少年追蹤調查，他們的老師使用六種問卷來評估六種人格特質。

六十年後，研究人員追蹤了最初的回覆者，如今他們的平均年齡都已七十七歲了。結果發現，這些人與少年時期的人格幾乎沒有重疊之處。雖然研究人員預期會找到許多穩定不變的人格特質，卻驚訝地一無所獲，其中一個研究人員還說：「兩者之間幾乎不存在任何關係。」[44]

我們不用被童年的信念與性格挾持一輩子。一旦負起改變的責任，穩定練習想要的新習慣，我們就能戲劇性地翻轉。改變或許不會在一週或一個月內就有成效，但是長時間的規律練習能讓你轉變成徹底不同的人。

## 情緒形塑了我們的世界

一直以來，我們都認為自己是孤立的個體，做自己的決定，過自己的生活。事實上，我們是繁複連結的一部分，透過自己的神經網絡以及不可見的能量場彼此連結。

我們的想法和情緒並非局限於我們的心智與身體之內，它們會影響我們周遭的人，而我們通常意識不到這些影響。同樣的，他人的想法和情緒也會在潛意識及無意識層次影響我們。

先前的研究已顯示，分享訊息時大腦之間會同步。比如說，一人說話，另一人傾聽，說話者活躍的腦區也會點亮聽者同樣的大腦部位。

卓克索大學（Drexel University）的生物醫學工程師與普林斯頓大學的心理學家合作，他們發展出穿戴式的大腦造影頭帶來測量這個現象[45]，也就是運用功能性磁振造影（functional magnetic resonance imaging，簡稱 fMRI）來檢視大腦語言區的活動。特別是在說話者正在生動地描述情緒性經驗時，傾聽者的大腦活動也會同步反映出說話者的大腦活動。

研究人員讓說英語的受試者與兩位說土耳其語的受試者描述一則真實故事並同時錄音。說話時，他們的大腦也同時接受掃描。接著，研究人員把這段錄音播放給十五名只會說英語的人聽，同時測量他們大腦頂葉與前額葉部位的活動；這兩個部位跟我們分辨他人的目標、欲望、信念的能力有關。當聽者聽到英文版本的故事時，這兩個大腦部位都亮了起來，但是

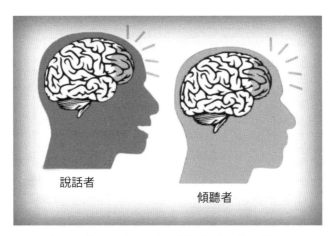

說話者

傾聽者

溝通過程中腦與腦的神經耦合，放電部位一模一樣。

聽土耳其文版本時卻沒有。研究人員還發現聽者與說話者之間的大腦「耦合」（coupling）程度越大 [*]，理解的程度就越高。這顯示我們的大腦越能反映他人的經驗，就越能用同理心去了解他人。

## 遠距離的能量場

　　能量場也能遠距離影響他人。二〇〇七年，哈佛醫學院附設史波丁復健醫院（Spaulding Rehabilitation Hospital）的精神科醫師艾瑞克・列茲科維造訪位於加州博德溪（Boulder Creek）的非營利組織「心能商數學會」（HeartMath Institute）。在戴上眼罩冥想時，實驗室技術人員持續監測他的心律及心腦諧振（heart coherence）。

　　心腦諧振與大腦 α 波活動增加有關。在這種狀態下，心跳之間的間隔是規律且穩定的。這是由愛與慈悲等正向情緒所產生的，而負面情緒則會打亂心腦諧振。

　　在列茲科維不知情的隨機區間，站在他身後的專家級冥想者們會收到

---

[*] 編按：耦合（coupling）：這裡指的是「神經耦合」，也就是在有效的口語溝通上，說話者與聽者大腦中的神經放電型態一樣。

訊號並讓自己進入心腦諧振狀態。在他們這麼做的同時，列茲科維的心腦諧振也提高了[46]。這意味著，在沒有碰觸到他本人的情況下，也能夠轉變他的心腦功能。

一項追蹤研究在一四八次、每次十分鐘的實驗中，於二十五位自願者身上測量到同樣的效應，而且這項研究還發現遠距離同樣出現了心腦諧振的現象[47]。作者說：「一小群參與者的意圖能夠產生及／或強化一個諧振的能量場……參與者之間出現心率同步的證據，支持心與心之間能進行生物通訊的可能性。」

我們的身體和大腦時時都在與周遭的人同步。當我們看到其他人被碰觸，我們的大腦會以同樣的方式亮起來，就彷彿自己也被碰觸一樣[48]。這是因為我們的大腦中有鏡像神經元，它們會讓我們理解別人的行為及企圖，並呼應我們正在觀察的感覺。這些鏡像神經元甚至會對面部表情及音調產生共情作用，這代表我們對身邊人所提供的語言及非語言的情緒訊號非常敏感。

在人與人之間傳遞的不只是正向情緒，我們的大腦也會與他人的疼痛同頻。英國伯明罕的研究人員給大學生看一些照片，照片中的人因為運動傷害或打針而露出疼痛的表情，幾乎有三分之一的學生在看到照片時，身體的同樣部位也會感到疼痛。

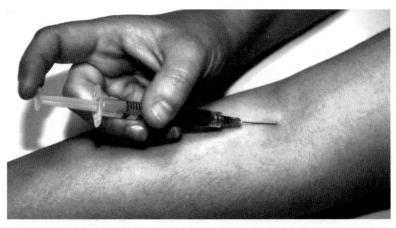

看到別人因為打針而疼痛時，自己身體的同樣部位也可能有痛感。

　　研究人員接下來使用 fMRI，來比較十位只對影像產生情緒反應的學生，以及十位確實感受到身體疼痛的學生。這二十名學生全都在處理情緒的腦區出現活動增加的現象，只不過，只有確實感受到生理疼痛的人，大腦處理疼痛的部位才會有反應[49]。

　　一個例子：嬰兒不僅會因為感受到家人的哀傷而哭，甚至也會因為陌生人難過而哭[50]。他們的神經系統與身邊的人高度同步，腦部處理情緒的部位會因為回應他人的情緒而發亮。

# 不僅打哈欠會傳染，情緒也會傳染

　　情緒會傳染[51]。你的好朋友笑了，你很可能會跟她一起笑。如果她心情沮喪，你可能也會高興不起來。就像你走進一間全班都感冒的教室，你可能會傳染上感冒一樣，你也會被身邊人的情緒感染。當你聽見孩子們因為一個笑話而哄堂大笑時，你的心情也會跟著快樂起來。情緒就像傳染病，也具有傳染性。不僅恐懼、壓力、悲傷等負面情緒會傳染，喜悅和滿足感也一樣[52]。

弗雷明翰（Framingham）鎮上的公共廣場

弗雷明翰（Framingham）是美國麻州一個迷人的新英格蘭小鎮，距離波士頓約三十公里。這裡目前有一萬七千戶人家，最初的定居者始於一六〇〇年代中期。在那個世紀晚期，弗雷明翰還接收了一批為了逃離女巫審判而舉家搬遷的塞勒姆鎮居民，如今弗雷明翰的一部分仍稱為塞勒姆角（Salem's End）。

在醫學文獻中，弗雷明翰之所以出名是因為「弗雷明翰心臟病研究」（Framingham Heart Study）。一九四八年，美國國家衛生研究院一群有遠見的研究人員規畫了這個非常有企圖心的世代醫學研究專案，以期能找到二十世紀前半日益嚴重的心臟病和中風的成因。

他們一共招募了五二〇九名弗雷明翰三十到六十二歲的居民，為他們做了詳盡的各式心理與生理檢測。受試者每兩年要回來複檢。一九七一年這項研究招募了第二代，包括原始學員的五一二四名兒女及他們的配偶，時至今日，原始學員的第三代仍然參與這項研究。

此研究收集到的資料，除了心臟病之外，也讓研究人員得以進行其他研究。例如，一項為期二十年包括四七三九名受試者的子研究，焦點則放在探討快樂程度以及這些程度如何影響身邊的人[53]。

這項研究發現，一個人的快樂可以讓另一個人變得更快樂，時間可以長達一年。在弗雷明翰社交網絡上的某個人快樂時，那個人的鄰居、配偶、兒女或是朋友，會變快樂的機率最高可以增加到 34%。住在快樂朋友方圓一點六公里之內，快樂的機率會提高 25%。

「你以為自己的情緒狀態，取決於自己的選擇、行動及經驗，」該研究報告的共同作者、哈佛大學醫學社會學家古樂朋（Nicholas Christakis）說道：「但是，快樂也取決於其他人的選擇、行動及經驗，包括那些跟你沒有直接連結的人。快樂是會傳染的。」《愛是正能量》（Love 2.0）一書的作者芭芭拉‧佛列德里克森（Barbara L. Fredrickson）將這種現象稱為「正向共鳴」[54]。如果我們意識的頻率是愛，自然會與能夠回應並共享這種能量場的其他人連結。

# 快樂的漣漪效應

　　快樂的人不僅會影響周遭的人，也會展現出漣漪效應。即使不在三度分隔*之內，快樂也會相互傳染。如果你有朋友認識快樂的人，會讓你變快樂的機率提高到 15%，甚至在第二層關係之外，可能性還有 6%。

　　同樣的，負面情緒也會傳染，但機率沒那麼高。不快樂的連結會讓不快樂的機率平均提高 7%，相對的，快樂情緒的感染機率平均會提高 9%。

　　情緒感染也出現在同一個團體中 [55]。這會左右團體的動能，讓合作更緊密、減少衝突，以及任務表現得更好。希格・巴薩德（Sigal Barsade）是情緒感染研究頗受好評的作家，她說：「情緒感染，透過對受雇者及工作團隊情緒的直接影響，能夠在團體和組織中造成精細但重要的漣漪效應。」團隊成員，特別是領導者，具備正向的情緒和心態可以強化整個團隊的表現。相反的，承受壓力的領導者將會降低身邊每個人的表現。

## 情緒感染如何侵蝕組織文化

　　我們公司生產特殊的營造設備，專注於成長的出色表現令同行欽羨又眼紅。

　　最近營造業的表現不弱，也帶動了我們的業績。很快的，公司增聘了不少新人，威瑪就是新人之一，她是我轄下的資深業務員。履歷看來很完美，也高分通過面試。

　　工作三個月後，威瑪的表現不錯，也開始跟我分享她對許多計畫與人員的憂慮，比如有些業務員經常提早下班、其他部門超支預算，以及負責專利資訊的工程師在競爭對手公司有認識的朋友等等。

　　她以關心組織健康的角度來包裝她的擔憂，我也感激她指出的幾

---

* 編按：簡單來說，三度分隔是指只要透過三個人，就能將兩個不認識的人連接在一起。

無論正向或負向的情緒能量，都會在整個團隊間傳播。

個問題。

　　威瑪的抱怨很快就成為我工作負擔的常態，而且她還繼續提出其他問題，包括公司文化太鬆散、其他業務員不夠尊敬我。她認為有必要把公司的宗旨與目標修正得更精確，還認為可以裁掉半數的人員來增加毛利率。

　　我開始懷疑公司是不是真的問題叢生，也開始猜疑其他執行團隊的成員。於是，辦公室熱鬧、有趣的氣氛慢慢轉變了，儘管我們的績效表現越來越好。

　　財務長傑森要求跟我進行祕密會議。他告訴我威瑪一直跟他提起辦公室其他人的錯處，而傑森認為她的擔憂完全是捕風捉影。我挖得越深，越覺得其中存在著一個模式。威瑪表面上會與其他業務員交心，並在私下抹黑所有經理人（除了跟她說話的那個人之外）。

　　我也領悟到問題的癥結在我，我一直把威瑪的故事照單全收，失去對自己人的信任，也失去對公司方向的安全感。我無意識地將這些情緒傳遞給團隊其他人，導致原本活潑正向的組織文化日漸喪失。

上網搜尋後，我很快就找到這種困境的專有名稱：情緒感染。不健康的情緒會像疾病一樣，在親近的人之間擴散。現在，我們全公司的人都受到感染了。

辨認出這是一種情緒感染後，我馬上就能在所接觸的組織中抓住它。我走進法庭，感覺到整棟建築物充滿了不滿與不快樂的濃霧。我走進附近的音樂行，注意到員工真誠的笑容，也發現他們真的從彼此的互動中獲得快樂。

某個週五下午，我把威瑪解雇了。週一早晨，整個辦公室的氣氛全然改變，每個人的臉上重新找回了輕鬆、愉悅的表情。公司再次成為有趣、充滿創意的工作場所，彼此交談不用再小心翼翼，信任回來了。移除了負能量的源頭，先前正向的情緒調性很快就能重新調整回來。而最好的是，我再次找回對自己、對公司的美好感覺。

本文作者是史黛西妮・庫瓦利斯（Stacene Courvallis）

## 情緒感染讓全世界都瘋狂

情緒感染並不僅限於團隊、家庭或社區層面，也會在更大範圍的社交網路上四散傳播。

一項針對六十八萬九千零三名臉書使用者所進行的大型研究發現，情緒感染甚至不需要人與人之間的直接接觸[56]。一整群人可以做到情緒一致性，腦波也會改變，很可能產生一個巨大的能量場。

這項研究運用自動化系統來改變臉書使用者動態消息的情緒內容數量，根據此一研究的作者發現，當臉書使用者的時間軸受到操控以降低正向情緒時，「人們的正向貼文減少，負面貼文增加；反之，一旦降低負面的表達，相反模式就會發生」。

這顯示了「臉書上其他人的情緒表達會影響我們的情緒，這個實驗性

證據支持了大規模的情緒感染會透過社群網路傳播的理論」。由此可知，非語言訊息與個人互動並非情緒感染的必要條件。

情緒感染發生在意識覺知不到的層次，我們時時都在與他人分享自己的情緒，包括透過線上的社群網路。佛蒙特大學所進行的一項研究發現，在 Instagram 分享的照片能夠反映張貼者的心情。研究人員在一六六人所張貼的四萬三千九百五十張照片中，比較沮喪和不沮喪的人所貼的照片，發現半數在過去三年都曾經診斷出憂鬱症[57]。

研究人員發現憂鬱的人會將照片處理成較陰暗的色調，他們最常使用的濾鏡是 Inkwell，可以去除照片上的顏色，做成黑白照片。相反的，快樂的人更常使用 Valencia 濾鏡，把照片處理得更溫暖明亮。憂鬱的人分享出去的東西，總像是褪盡了顏色一樣。

用這些色彩選擇，可以當成診斷憂鬱症的工具，準確度高約七成，明顯比家庭醫師 42% 的準確度要高出許多。


## 集體歇斯底里的可怕後果

事實上，遠在社群媒體出現之前，在數千年的人類歷史上，負面情緒的無意識傳播一直都在引導著人類社會的走向。這不是什麼新鮮事，群體歇斯底里的例子在歷史上屢見不鮮。一九三○年代，希特勒在德國紐倫堡（Nuremberg）辦大型集會，激發支持者的熱情，並藉此向德國人民及全世界展現德國國家社會主義黨的力量。

大旗幟、踢正步的行伍、軍歌、火炬遊行、煙火、營火迷惑了數百萬人，而希特勒和其他納粹黨高官的冗長演講，也再三地鞏固納粹黨的意識型態。如此壯觀的政治性集會場面所蓄積的情緒感染力，幫助希特勒對德國的威權統治。

一九三四年的紐倫堡黨代會，吸引了超過百萬人參加。美國記者威廉·夏伊勒（William Shirer）剛剛抵達，要為赫斯特（Hearst）報業集團報導德國消息，他決定參加此次集會。在日記中，他記錄了自己在這個中

世紀城市的第一晚：他被人潮推著走。在希特勒下榻的旅館前，有一萬人不斷高喊：「我們要我們的元首！」

希特勒在一九三四年紐倫堡黨代會上發言

夏伊勒寫道：「當希特勒終於在陽台上短暫現身時，人們臉上的表情讓我受了點小驚嚇，尤其是女人。這些人讓我想起曾在路易斯安那州窮鄉僻壤所見過的神靈降臨派信徒⋯⋯他們像是看到彌賽亞再世一樣，那不是人類應該有的神情。」

第二天早上，夏伊勒去參加了黨代會的開幕儀式。他寫道：「我想，我開始有點理解希特勒為何能夠如此成功了⋯⋯今天早上的開幕集會⋯⋯不只是一場華麗的大秀，更帶有神祕主義與宗教的狂熱，就像是復活節或哥德教堂的大彌撒。大廳到處都是鮮豔的旗幟，連希特勒的到場都像是一齣事先安排好的戲。樂隊的現場演奏頓時停了，擠滿大廳的三萬人寂靜無聲。接著樂隊又開始奏起了〈巴登威勒進行曲〉（*Badenweiler March*）⋯⋯希特勒出現在演講廳後方，身後跟著一群威名赫赫的下屬⋯⋯他沿著中廊慢慢踱步，三萬隻手一起舉起敬禮。」

所有參加者都在這場盛會中失去自我，如痴如狂。夏伊勒又繼續寫

道：「希特勒吐出的每個字似乎都來自天堂，猶如帶著真理的啟示。每個人——或至少是德國人——的批判能力都在這樣的時刻蕩然無存，每個謊言都成了至理名言被人銘記。」[58]

這就是情緒感染的力量。就像希特勒的統治、塞勒姆的女巫審判、一九六〇年代的紅色恐懼、一九九四年盧安達的種族屠殺、二〇〇三年的伊拉克戰爭、二〇〇七年的經濟蕭條及北韓核子危機一樣，這類集體歇斯底里的時刻，對所有涉入其中的人通常都不會有好結果。

# 市場與商品泡沫化

股市泡沫化是情緒感染的另一個例子。身處投機買賣浪潮之中的投資人，往往會看不見週期性的高低潮。一九九六年，面對美國金融資產價格泡沫時，聯準會主席葛林斯潘（Alan Greenspan）稱之為「非理性繁榮」。歷史學家尼爾・弗格森（Niall Ferguson）在《貨幣崛起》（*The Ascent of Money*）一書中說：「究其根本，超漲與超跌都是情緒的波動性產物。」[59]

一九二九年十月十六日，耶魯大學經濟學教授爾文・費雪（Irving Fisher）宣稱美國股價「看似會永遠立足於高地上」。

他錯很大。幾天後，股市就下跌，接著一再崩盤。在之後的十三年，

股票價格與公司營收比例圖，統計時間至二〇一八年二月二十日止[60]。歷史上的本益比中位數是 16，代表公司股價通常是歷來盈餘的 16 倍。本益比超過 16 代表泡沫化，而在 2018 年初，本益比已高達 33。

市場衰退了 89%，直到一九五四年才重新回到一九二九年的水準。

在試圖解釋這樣的崩盤時，傳奇的經濟學家凱因斯（John Maynard Keynes）顯然很清楚席捲全國心智的情緒感染，並將此稱之為「非物質設備的心智失常」[61]。

歷史上出現過多次的泡沫經濟。一六三四年，荷蘭鬱金香球莖的價格開始上漲，吸引投機客進場，開啟了荷蘭鬱金香狂熱。有些球莖能在一天中轉手十次，價格節節升高。到了一六三七年一月，罕見鬱金香球莖的價格高到買一棟房子都綽綽有餘。到了二月五日，泡泡突然破了。

荷蘭畫家亨德里克・海利茲・波特（Hendrik Gerritsz Pot）的作品：《愚人的花車》

亨德里克・海利茲・波特（Hendrik Gerritsz Pot）一六三七年的畫作《愚人的花車》（*Wagon of Fools*）捕捉到鬱金香狂熱的情緒感染狀態。畫中是一群拋下織布機跟著花神芙蘿拉（Flora）馬車走的荷蘭織工，花神雙手抱著一束束的鬱金香，她的身邊有酒鬼、高利貸業者，以及雙面的命運女神。這群人正被帶往一條葬身海底的路。

我們的腦波被情緒感染劫持時，所經歷的感受是真實的：與壓力相關的 β 波突然增加，而 α 波則降低。只有心智強大的人才能不受到群體歇斯底里的影響，因為要分辨這是別人帶給我們的二手情緒，還是我們自己的神經網絡所生起的情緒，不是一件容易的事。

# 開悟：被喚醒的大腦是什麼樣子？

歷史觀察家對意識的極端狀態一點都不陌生。其中一個極端是能將整個人類文明帶進戰爭的情緒感染，另一個極端則是神祕主義者的開悟啟蒙狀態。

現代的神經科學讓我們有能力畫出意識中的神經訊號，並描述情緒腦中活躍的訊號傳導路徑。

有過神祕經驗的人，其腦波跟常人有何不同？當我們記錄他們的腦波時，就是將主觀的意識狀態翻譯成腦部功能的客觀圖像。隨著意識脫離局域心的恐懼、緊張、憂鬱，腦波會開始出現變化，代表大腦正在使用不同的神經傳導路徑，從而改變大腦的電磁場。主觀感覺到的內在平靜，如今可以運用腦電圖來客觀描繪，以提供關於大腦資訊流的客觀圖像。

處於神祕經驗的狀態下，心靈會脫離物質。意識不再認同於局域性自我，此時腦電圖顯示出 α 波暴增，因為意識與無意識這兩個實相之間成功搭建了 α 橋。

接著意識超越對局域性自我的執著，融入了宇宙的非局域心。從腦電圖可以看出先是出現閃焰，接著出現大量穩定的 δ 波振幅，而後者正是非局域心的代表性腦波，也是跟宇宙場連結的典型腦波。

一旦察覺到狀態改變了，腦電圖會記錄到大振幅的 α 波、θ 波、δ 波同時出現。當療癒開始發生作用時（例如荷西的腫瘤消失），通常會出現 θ 波大爆發。

局域性大腦與非局域性的宇宙心結合，轉變就會發生。比如說，茱莉看到的神性存在體以及她所收到的水晶等象徵物，將會成為她個人新實相的標誌，並整合她的局域心與非局域心。雖然在神祕經驗結束後，人們終究會回到局域性實相，但他們已經改變了。他們或許會帶回代表情緒或生理療癒的禮物，例如茱莉放進心裡的水晶，而這個過程會把卡住的老舊能量釋放出去（以茱莉的例子，就是沮喪像雨滴般融化並落地）。他們或許還會經歷生理上的療癒，例如荷西的腦瘤不藥而癒。

　　心靈會改變物質。許多研究顯示冥想有許多好處，包括：腦容量增加、睡得更好、較少生病、免疫力更強、情緒健康更強化、發炎減輕、減緩老化、促進細胞之間的溝通、平衡神經傳導物質，以及壽命更長、壓力更小等等。

　　心理、情緒、生理狀態一經轉變，接著就會開始在我們的周圍發光發熱。一旦我們變得更快樂，就會影響與自己有關聯的人，然後他們再去影響身邊的人，一層層擴散出去，於是心靈變化的效應會在社群中如漣漪般往外擴大。這就是正向的情緒感染。

　　耶穌會神父德日進（Pierre Teilhard de Chardin）首創「心智圈」（noosphere）的概念，並預測未來人類的發展，將會形成一個由人類集體意識與經驗構成的場域，就如我們熟知的生物圈一樣。心智圈有時會譯為「覺知球」（orb of awareness），用以描述人類所製造的意識場。把人類的心智圈擴大，納入地球上的其他生命會得出一個「精神圈」（psychosphere），或稱為「意識球」（orb of consciousness）。有時，我也會用「情緒圈」（emosphere）來描述地球所有生命的集體情緒調性。

　　我們都是人類精神圈療癒場的一分子。由於我們的能量會因為感染社會的負面情緒而失常，所以我們要遠離那些能量場。我們要從改變心下手，創造出新的物質實相，此一實相會支持我們的健康與靈性轉變。

## 將這些概念付諸實踐

　　本週要練習的活動包括：

- 每天早晚各練習精簡靜心至少十分鐘。
- 透過有意圖地與他人建立連結，以培養正向的情緒感染。
- 每個工作天的開始與結束各花至少十分鐘來陪陪你的另一半。
- 跟你的另一半討論他或她想討論的事情，並練習摘述對方要告訴你的談話重點。
- 當你在店裡時，請注視著幫你的人。

- 練習對他人微笑，以培養正向的情緒連結。
- 在日誌本中記下任何會引發你小小不爽的事。

本章的延伸資源包括：

- 艾瑞克‧列茲科維醫師的錄音訪談
- 精簡靜心的七個步驟（見本書附錄）
- 情緒感染的影片介紹
- 額外的案例與參考資料

延伸資源請上網連結 MindToMatter.club/Chapter3。

# 第 4 章

# 心靈能量如何
# 影響 DNA 與細胞

How Energy Regulates DNA and the Cells of Our Bodies

愛的能量,能夠再造健康的身體。我們的身體每秒鐘能
生成八十一萬個新細胞去汰換老舊的細胞,讓這些新細
胞沐浴在正向能量中,身體就能逐漸獲得療癒。這就是
人體固有的自我療癒功能,每天每秒都在進行。

　　你和前一秒的自己不一樣，更遑論是昨日的你。你的身體以瘋狂的步調更新細胞，讓整個身體的系統回春。

　　你的身體包含了大約三十七兆個細胞[1]，這個數字遠大於已知銀河系的數量。老舊的細胞死去，新的細胞時時取而代之。每一秒都有超過八十一萬個細胞被取代。

　　你的身體每天都會製造一兆個新的紅血球[2]，數字很大，將全部的零排起來會是這個樣子：1,000,000,000,000。

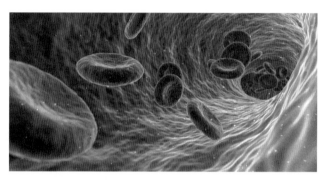

正在循環的紅血球

　　紅血球會在你的靜脈及動脈中循環，將氧氣和營養素帶給身體其他每個細胞。每個紅血球的生命週期大約四個月，之後肝臟會抽取其重要成分並將其餘部分送到脾臟代謝。你體內沒有一個紅血球是六個月以前就跟著你的，每一個紅血球都已經被取代了。

## 身體的超效自我更新

　　你的消化道內壁也會快速更新，每四天就會全部取代。你的肺臟組織呢？每八天。即使像骨骼這種最緻密的組織，也都在持續更新，每年更新的骨骼細胞達 10%。

　　大腦約有八百四十億個神經元（神經細胞），還有數量相近的非神經性細胞[3]。我們的大腦持續長出新的神經細胞，每個細胞都能與數千個其

他細胞連結，並交織出一個多達一百五十兆神經突觸的神經網絡[4]。我們的大腦每秒至少會更新一個神經元[5]。

| 細胞類型 | 更新時間 | BNID |
| --- | --- | --- |
| 嗜中性白血球 | 1-5 日 | 101940 |
| 骨母細胞 | 3 個月 | 109907 |
| 蝕骨細胞 | 2 週 | 109906 |
| 心肌細胞 | 每年 0.5-10% | 107076、107077、107078 |
| 子宮頸細胞 | 6 日 | 110321 |
| 大腸內壁細胞 | 3-4 日 | 107812 |
| 脂肪細胞 | 8 年 | 103455 |
| 小腸潘氏細胞 | 20 日 | 107812 |
| 水晶體細胞 | 終生 | 109840 |
| 肝細胞 | 半年至一年 | 109233 |
| 肺泡細胞 | 8 日 | 101940 |
| 卵母細胞（雌性生殖細胞） | 終生 | 111451 |
| 胰島 β- 細胞（老鼠） | 20-50 日 | 109228 |
| 血小板 | 10 日 | 111407、111408 |
| 紅血球 | 4 個月 | 101706、107875 |
| 骨骼細胞 | 每年 10% | 107076、107077、107078 |
| 表皮細胞 | 10-30 日 | 109214、109215 |
| 小腸上皮細胞 | 2-4 日 | 107812、109231 |
| 精子（雄性生殖細胞） | 兩個月 | 110319、110320 |
| 幹細胞 | 兩個月 | 109232 |
| 胃細胞 | 2-9 日 | 101940 |
| 味蕾細胞（老鼠） | 10 日 | 111427 |
| 氣管細胞 | 1-2 個月 | 101940 |
| 嗜伊紅白血球 | 2-5 日 | 109901、109902 |

細胞更新在不同的身體組織會以不同的速度發生。上表列出某些細胞的更新速度。最右欄的 BNID 是 Database of Useful Biological Numbers 的縮寫，指的是哈佛大學的「有用的生物數據資料庫」。

　　大腦的海馬迴負責記憶與學習，會持續添加新的神經元與突觸，並不斷進行神經修剪。有些神經傳導路徑會萎縮，海馬迴相對應的部位會跟著縮小；有些神經傳導路徑會成長，海馬迴相對應的部位則會隨之增加。

　　肝臟移植時，捐贈者一般會切除一半的肝臟移植到新主人體內。肝臟細胞的再生速度非常快，短短八週內，捐贈者的肝臟就能長回到原來的大小[6]。此刻，你肝臟中最老的細胞大約是五個月大。

　　即使是心臟也會再生。不久前，科學家都還認為心臟細胞一旦死去就無法替換。不過，最近的研究顯示心臟組織中含有能夠分化成各種細胞類型的幹細胞，因此可以取代受損或死亡的心臟細胞，同時也發現人類終其一生，心臟會至少更新三次[7]。

　　眼球表面的角膜細胞可以在二十四小時內更新；你的皮膚每個月會完全替換一次；胃部內壁每週都會更新；而結腸的更新速度更快。由此可知，今時今日的你，已不再是昨日的你。

### 細胞分裂

歡迎一個全新的你到來！

　　建構我們身體的基礎原料會持續更新，這一點攸關我們能多快速、多完整地自我療癒。

　　我們的身體內建自我療癒的功能。療癒不是來自於藥方、醫師、藥草或另類療法的治療師，療癒是我們身體自然就會的事，通常每天每秒都在進行。我們對療癒過程的理解越深入，就越有萬全的準備透過心智的力量來改變物質。

# 你提供什麼，身體就運用什麼

　　每天早上照鏡子時，你或許會以為鏡子中的你跟昨天無異。然而只是一天之差，你的身體已經替換了大約六百億個細胞。所以，你和昨天的自己，已經不是同一個物質存在。

　　這種每日進行的全面性身體改造，並不是憑空發生。藉由你所吃的食物、喝下的水等物質輸入，會影響身體所製造的細胞特質。假如你攝取的是優質食物，身體就能夠製造出優質蛋白質，這些蛋白質正是你建構細胞的基本材料。

　　相反的，如果你吃的都是低品質的垃圾食物，你的身體只能利用次等的材料來生成新的蛋白質。倘若食物中缺乏重要的營養素，身體就不得不妥協，長久下來就會危害到你的健康。

大多數的人都知道要選擇健康的飲食，不要吃垃圾食物。但是，我們通常對自己所吸收的能量不會那麼在意。

　　想像你的身體是一座工廠，所生產的細胞是汽車。如果生產線使用的是最優質的鋼鐵、絕佳的玻璃、有彈性的橡膠、高級的複合材料，工廠就能製造出高品質的好汽車。

　　相反的，如果使用的是脆化的橡膠、劣質玻璃及鋼鐵，最終產品必然會大打折扣。想要製造出好車子，就不能使用糟糕的材料。同樣的道理，「垃圾進，垃圾出」，輸入的物質不理想，身體這個生產線所製造出來的東西品質也不可能好到哪裡。

　　這是物質端的方程式，那麼能量端又是如何呢？

## 細胞在能量場內再生

　　細胞也會在能量場中複製。就像劣質材料只能製造出劣質細胞一樣，劣質的能量也只會生成劣質的分子。我們的身體籠罩在不同的能量場中，細胞會在哪一種能量中再生，是身體是否健康的一個決定因素。

　　此刻，我正要享受一杯美味的伯爵茶。我先走到廚房，將茶包放進杯子裡，然後注入自己家的井水，再將杯子放進微波爐中。時間設定兩分鐘，足夠讓水沸騰。

　　微波爐內的微波雖然看不見，卻能讓茶杯內的水改變狀態。兩分鐘內，水就從室溫攝氏二十度升高到沸騰的一百度。物質因為能量而改變。

　　同樣的，我們的細胞也被周圍的能量場籠罩著。這些能量場會改變我們細胞的物質，即使它們看不見。例如，像核能反應爐災變所釋出的那種強烈的放射線，就會造成細胞突變。

　　那麼，如果細胞是沐浴在由充滿活力且協調一致的大腦所創造的愛、欣賞及慈悲的能量中，又會如何？情況恰恰與上述相反，它們會在正向情緒的明亮能量場中得到滋養。

　　以下是我最愛的一個療癒故事。格蘭達・佩恩（Glenda Payne）面對著一個真正絕望的處境，她的身體開始退化了。我們來看看她如何運用自己的心來自我拯救，這個故事打動了好幾千人。

## 從無望的末期肌肉退化，到能自在跳舞

　　我有個熱愛的工作，是在溫室公司擔任批發專案經理。當我正打算將市場擴展到法國時，注意到身上有些奇怪的症狀：爬樓梯越來越困難，感覺就像是剛在陡坡上跑了一公里，大腿肌肉幾乎提不起我的雙腳。等終於踏到最上面那一階時，不由得大口大口地喘氣。

　　儘管花了時間休息，肌肉疼痛、肌無力的症狀卻日益嚴重，還多了讓人害怕的新症狀：嚴重喘不過氣到幾近暈厥。即使簡單的日常活動，比如洗碗、排隊、推著裝滿雜貨的推車，都會讓我尷尬地癱在地上，絕望地大口呼吸以防暈過去。有天下午，我在辦公室站著和同事說話，卻突然無助地滑倒在地，然後暈了過去，就像深陷在漆黑的隧道裡。在此之後，我再也無法開車，也沒有再回去工作。

　　醫師們一直找不出我生了什麼病，經過五年昂貴的一再檢測、找了一個又一個專家後，我終於拿到了明確的診斷：一種稱為「粒線體包涵體肌炎」（mitochondrial inclusion body myositis）的罕見肌肉病變。醫師告訴我，這種重症肌無力目前無藥可治。

　　我的人生就此墜落到無望的深淵，我打算放棄了，以後我的世界只剩下客廳沙發或床。

　　直到有一年春天，我妹妹分享了一個五分鐘長的 EFT 敲打操示範影片，我們自此迷上了這個方法。同年夏天，我們在一場線上課程聽了道森‧丘吉與喬‧迪斯本札醫師的訪談。

　　在此次訪談中，迪斯本札醫師談到了自己的醫療奇蹟。他曾是自行車職業選手，就在比賽期間，轉彎時遭到大卡車迎頭撞上。他傷得非常嚴重，幾乎沒希望能復原到可以再次走路。他分享自己只能躺在床上時，如何使用心智能力去跟身體的神經和細胞溝通，並將健康的身體影像投射到他所謂「意識的統一場」（unified field of consciousness）。然後，他成功了。

　　當時只能躺著的我，已被持續的疼痛及倦怠折磨得毫無鬥志。我想，這可能是我唯一的希望：如果他能康復，那我也可以！

　　道森在同一場線上課程的直播中跟我合作。在聽到迪斯本札醫師的故事，以及跟道森一起練習幾分鐘後，我的人生因此改變了。我們姊妹兩人都知道情緒釋放技巧正在幫我們清理那些糾纏我們一生的重大議題。後來，我們又一起去上了認證課程。

　　到了十月，我們註冊了第一次道森的認證課程。他又一次與我合作進行示範。在四天活動結束前，我走近道森跟他說：「注意到有什麼東西不見了嗎？」我不再使用枴杖了，還能在房間翩翩起舞。我參加活動時是坐著輪椅來的，離開時我已能跳著舞。從那天起，我再也沒用過自己的助行車。

四年後的格蘭達

　　從我初次聽到迪斯本札與道森的訪談後連續三年，我完成自己的EFT 執業者的認證課程，同時也完成了能量心理學的認證，還出版了一本書，以及完成薩滿啟蒙儀式。目前我正在整理第二本書及部落格的資料。

　　我的日子還是有好有壞，還是需要大量休息。出門時，很多時候

也需要倚賴枴杖，不過使用的時間越來越少了。我又能去健行了，雖然時間和路程都不長，也不能爬坡。即便是小斜坡，也會要了我的命，而且返家後還得至少休息一整天。我已經學會如何聆聽自己的身體。

我越快樂地使用所有能取得的工具，我的身體也就越快樂，也能應付更多的活動。曾經孤立、絕望的我，有了一個充滿喜悅及啟示的新人生。每一刻，我都享受並坦然接受生命要給我的所有一切。

目前我還無法全天候執業，但來找我的客戶都不吝給我鼓勵，讓我持續善待自己的身體。好好休息的我更能幫助我的案主和讀者，我熱愛現在的工作！我希望有一天我的故事也能像迪斯本札醫師對我的影響那樣，為別人帶來改變人生的契機。

本文作者是格蘭達‧佩恩（Glenda Payne）

## 愛的能量，再造健康的身體

我相信許多重症緩解的例子，都是受到心靈場的影響。在細胞複製和生長的時候，這些人的身體正沐浴在正向能量中。當身體每一秒所創造的

當我們創造一個由愛與仁慈構成的心理、情緒及靈性的能量場時，
就能提供一個健康的能量生態環境，讓身體在其中獲得新生。

八十一萬個新細胞，都能生長在仁慈與愛的能量環境時，就會形塑它們的發展。

在醫學從業人員眼中，不靠治療而自然緩解的癌症是十分罕見的個案。一開始進行統計的其中一個作者表示，這種情況或許八萬個案例中才有一樁[8]。同時代的統計，則是十萬個案例中只有一例[9]。

然而，現代的研究卻發現這種緩解情形時有所聞。有項研究發現大約有五分之一的乳癌患者在沒有醫療介入的情形下，靠著自己的心靈與身體把癌症治好[10]。其他研究也發現類似比例的患者，自發性地療癒了某類與白血球相關的癌症[11]。針對自發性緩解醫學報告所整理出來的書目，則發現醫療文獻中有超過三千個案例報告[12]。

癌症擴散需要癌細胞彼此之間的通訊與合作，而這種通訊是由壓力所觸發[13]。腎上腺素是人體兩種主要的壓力荷爾蒙之一，另一個是皮質醇。高濃度的腎上腺素會觸發距原發性腫瘤很遠的卵巢癌細胞擴散，也會活化一種稱為 FAK 的酵素，體內的 FAK 酵素濃度偏高會促進癌症轉移及惡化，加速患者死亡[14]。另一種能夠摧毀攝護腺與乳癌細胞的酵素，則會因為腎上腺素而無法發揮作用[15]。

只要降低壓力程度就能反轉這些效應，有時收效速度非常快。研究人員曾經記錄到在接受情緒療癒的數小時內，患者的腫瘤就縮小至一半[16]。

無私、利他以及與他人連結，是獲得療癒的指標。

經歷自發性緩解或是在癌症確診後存活得比一般情況更久的人，通常世界觀都會改變。他們在待人接物上更趨向利他，也會對自我療癒更為積極主動 [17]。如前所述，在冥想過程中，身體會分泌稱為「極樂分子」的大麻素，這種神經傳導物質也會抑制癌細胞的生成。因為心改變了，物質也會跟著改變。

## 逐漸萎縮的腫瘤

　　我們前面提過研究能量療癒的比爾‧賓斯頓博士，曾經進行多次的隨機對照實驗，每一次他和研究生都能有效治療實驗鼠體內的惡性腫瘤。接著，他開始把自己的方法運用在人類身上。以下故事說明如果癌細胞能沐浴在正向的能量場中，療癒就能發生 [18]。

　　洛瑞是比爾的學生，被診斷出乳癌末期。癌症先擴散到她的淋巴結，接著又轉移到全身，醫師說她只剩四個月生命。比爾回憶道：

　　「不顧所有人的建議，她選擇要我幫她治療……在兩個月之中，我每週治療洛瑞六天，有時候一天要治療好幾個小時。療程如此密集，我自己的腋下和胯下都出現了令人擔憂的腫塊，但在我與她切斷連結後，這些腫塊就從我身上消失了。

　　「醫師幫她進行了例行的醫療檢驗，包括 X 光、血液檢測、電腦斷層掃描，都顯示她的腫瘤正在縮小。最後，她身上的腫瘤全部消失了……洛瑞和我一起慶祝她無癌生活的五週年和十週年。」

　　當新生細胞沐浴在肉眼不可見的慈悲微波中，或許正是洛瑞這樣的病人得以獲得療癒的原因。我們的身體每秒鐘都能製造八十一萬個新細胞，如果這些新細胞都能沐浴在正向情緒的能量中，能量場就能形塑它們。

　　隨著我們的意識轉化，開始做出有意為之的改變，就像格蘭達和洛

瑞，我們就能改變孕育新細胞的能量特質。維持正向的心理狀態幾週後，幾兆個新細胞就會由這些心理狀態重新塑造。

接著讓我們來看看人類創造的能量，會如何影響細胞形成的一些直接證據。

## 能量引導細胞的形成

研究人員讓細胞培養液接觸不同的頻率，結果發現某些頻率特別有益於特定種類細胞的生長。那些能夠刺激健康細胞生長的頻率，正是由我們大腦所產生的。我們大腦的電磁場則是由意識所創造出來的，可能會直接影響細胞的再生。

人體細胞最敏感的多數訊號都是頻譜上非常低的頻率，這些微電流攜帶的不是能量而是訊息[19]。

細胞最敏感的頻率，通常都是稱為「頻率窗口」（frequency window）的狹窄頻段，細胞只會回應這些狹窄頻段內的頻率，比這範圍高一點或低一點的頻率，細胞都不會有反應。

針對一九五〇年至二〇一五年發表在科學文獻的一百七十五份論文所做的回顧發現，某些頻率會觸發細胞的更新與修復。套用這些作者的話來

頻率窗口是指特定細胞會回應的狹窄能量波段

說：「波只會在某些特定頻率影響細胞……而這些頻率之間隔著大範圍的無效頻率。」[20] 這些頻率類似音階，而音階的頻率之間會有諧波共振，就像鋼琴彈奏的動人和弦一樣。這些論文的作者列出不同頻率會產生的生理效應：

- 激發神經細胞和突觸的形成
- 修復椎間盤組織
- 降低帕金森氏症的症狀
- 抑制癌細胞生成
- 增進記憶
- 促進不同腦區神經元的同步放電
- 提升專注力
- 加速傷口癒合
- 降低發炎細胞的活性
- 促進骨骼更新
- 減緩糖尿病患者的神經退化
- 觸發有益基因的表現
- 促進韌帶與肌腱等結締組織的生長
- 增加在體內循環的幹細胞數量
- 刺激幹細胞分化為肌肉、骨骼及皮膚
- 強化免疫系統中白血球的活性
- 觸發生長激素的合成
- 調節自由基（被認為是造成老化主因的氧原子）
- 誘導細胞聚合並嫁接到受損組織來修復心肌

## 生物標記：衡量身體健康情形的指標

當我們重新檢視能量場如何影響細胞的這些迷人研究後，就會為能量

場的療癒潛力深深著迷,並從中看出徹底改善自己及其他人身體健康的可能性。

　　你也會注意到科學家會檢視幾項共同的生物指標,包括基因表現、生長激素(GH)濃度、老化指標「端粒」(telomere),以及循環幹細胞的數量。研究人員之所以使用這些生物標記,是因為它們與免疫及發炎系統的啟動有交互關係。

　　健康的活動會降低發炎並增進免疫力,而追求健康的兩大目標是擁有高功能的免疫系統,以及盡可能減少全身性發炎。

　　幹細胞是「空白」細胞,能夠轉變成任何種類的細胞。它們會在體內循環。假如我們需要修復因刀傷受損的皮膚細胞或抽菸受損的肺臟組織,幹細胞就會自動變身成這些類型的細胞來供使用。它們能視身體的需要,轉變成骨骼細胞、肌肉細胞、肺細胞或皮膚細胞。幹細胞多才多藝的特色,對療癒非常重要,因此研究人員才會用它們的數量來代表免疫系統運作的有效程度。

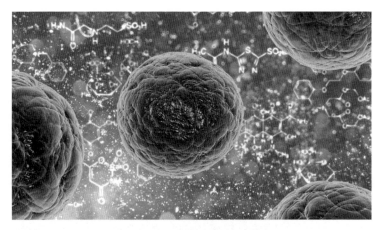

幹細胞是空白細胞,可以轉變成身體所需要的任何一種細胞。

　　另一個常見的生物指標是生長激素,儘管有「生長」二字,但生長激素的作用不只是讓我們抽高長大,還可以修復細胞並促進細胞再生。入睡時,會製造更多的生長激素,因為我們的身體需要利用這段時間來修復當

天受損的組織。要常保身體年輕、健康及強壯，需要高濃度的生長激素。缺乏活力的患者，生長激素的濃度通常很低。因此，如果治療過程中能產生較高濃度的生長激素，對於身體系統就會有好處。

氧化壓力（oxidative stress）是另一個常見的研究焦點。我們從空氣中吸入的氧氣，是含有兩個氧原子的穩定氧氣，一旦有氧原子落單，沒能與其他氧原子結合，就會損害我們的細胞；這些不成對的帶電原子就稱為自由基或游離基。氧化壓力是自由基的產物，被視為最普遍的老化成因。

另一個熱門的研究主題是端粒酶。端粒是細胞染色體的末端保護套，細胞每分裂一次，端粒就會縮短一點。端粒酶是一種酵素，會將 DNA 分子加在端粒末端，來穩定端粒的長度。隨著年紀越來越大，端粒的 DNA 鏈會越縮越短，縮減速率是每年 1%。因此，端粒長度就成為生理老化一個非常穩定的重要指標。

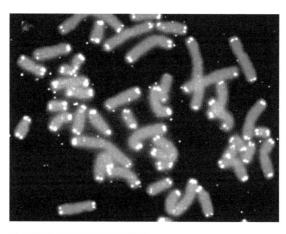

染色體末端的亮點就是端粒

受到壓力時，我們身體的細胞會因為分子的各種損耗而更快死去。為了取代被壓力殺死的細胞，身體的細胞必須更常分裂來製造替代的細胞。然而，細胞頻繁的分裂，會讓端粒更快縮短。於是，長期壓力大的人會快速失去端粒的長度，而健康的人則擁有更長的端粒。變短的端粒會讓細胞開始停止分裂，身體逐漸老化衰敗，甚至死亡。正因如此，壓力大的人通

常會比知道放鬆之道的人更早死去。如今科學家已能由端粒長度來分辨生理年齡，這是現在相當流行的一種基因檢測。

## 腦波是心靈之窗

數以千計的研究指出，會影響細胞與分子的能量場頻率窗口有哪些。但我更感興趣的，是我們自己的腦波——尤其是δ波、θ波、α波和γ波——所生成的頻率。因為這些腦波是我們身體自然生成的頻率。一旦腦部頻率改變，就會影響到細胞。我的側重點，在於如何運用自然生成的腦波來改變自己的細胞環境。

我發現，在我教導冥想及EFT情緒釋放技巧時，學員們的這四種腦波強度都增加了。這些腦波都是你能自己誘發的，無須任何藥物、宗教信仰，也不必使用任何轉換心靈狀態的外在物質！

一世紀下來的所有相關研究已經顯示大腦會製造能量場，而這些能量場可以透過腦波形式來加以測量。研究同時也指出，冥想與EFT等方法所產生的心理狀態會產生獨特的能量場。δ波、θ波和α波這些頻率非常緩慢的腦波，以及γ波等頻率非常快速的腦波，在我們誘發這些心理狀態

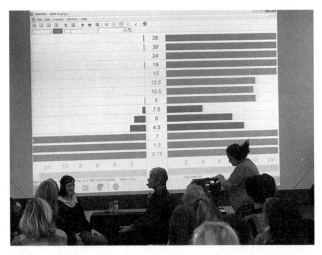

現場治療活動中的一位學員正在做腦電圖檢查，在場的人都能看見她的腦波變化。

時都會出現戲劇化的改變。當我們檢視從最慢到最快的這五種腦波的相關研究時，會發現種種令人興奮的療癒事件都跟腦波息息相關。

### δ（Delta）波：進入深度冥想時會出現的腦波

δ 波是頻率最慢的腦波（0 到 4 赫茲），與活組織的許多有益改變有關。針對正常腦波的關鍵研究已經指出，療癒和 0 ～ 4 赫茲範圍內的頻率有某些連結。

一群研究睡眠的人員在受試者入睡後連接到腦電圖設備，以便研究睡眠模式[21]。除了腦電圖讀數外，每十分鐘還測量生長激素的濃度。研究人員發現，當腦中的 δ 波達到高峰時，生長激素的分泌也達到峰值。

在另一組從青少年到八十多歲的男性受試者身上，也發現 δ 波與生長激素的分泌有關[22]；而這兩者的生成都會隨著年齡增加而逐步降低。δ 波是深睡時的主要腦波，這是身體進行合成代謝的階段，而生長激素正是在 δ 波睡眠週期時合成的。

艾哈邁德（Z. Ahmed）與魏拉茲科（A. Wieraszko）從主宰記憶與學習的海馬迴摘取活組織切片，他們發現在 δ 波段中非常低的頻率（0.16 赫茲）可以促進海馬迴神經元的突觸連結[23]。這意味著記憶與學習，或許會因為 δ 波的活動而增強。

密蘇里州聖路易市華盛頓大學醫學院的研究人員，針對 β 澱粉樣蛋白（beta-amyloids）進行研究，這是大腦神經元之間帶黏性的斑塊，也是阿茲海默症腦部的病變特徵[24]。研究人員發現，入睡後當大腦主要處於 θ 波與 δ 波狀態時，大腦中的 β 澱粉樣蛋白會停止生成，並排出有毒物質。這個效應在深度睡眠（大腦處於 δ 波的睡眠階段）時最為明顯。

一組研究人員針對 RNA 以及五種與端粒酶製造有關的蛋白質進行分析，他們在 0.19 到 0.37 赫茲的頻率波段中發現這些分子的高峰共鳴[25]。這項研究的驚人之處在於，端粒酶對其他的頻率都不會發生反應，這種分子只對 δ 波中非常狹窄的頻率窗口高度敏感。

馬可‧馬科夫（Marko Markoff）發表過上百份的生物電磁學科學報

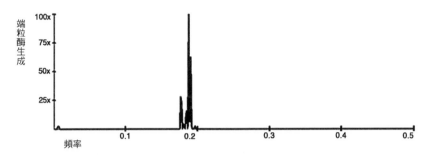

10 個端粒 DNA 序列的共鳴峰值聚集在 0.19 赫茲的頻率窗口處

告,有一支研究團隊從這些報告得到靈感,他們發現 0.5 至 3 赫茲之間的
δ 波頻率會刺激神經細胞再生[26]。

當人們感覺到自己與無限連結時,可以在腦電圖讀數上看到 δ 波。這
些人通常會表示擁有神祕經驗,並且經歷受限與非受限自我的融合。腦波
出現高振幅 δ 波的冥想者,會覺得自己與所有生命、所有人類及無限連結
在一起。他們喪失個體的孤立感,亦即愛因斯坦所謂的「分離錯覺」
(delusion of separateness),體驗到與萬有合一。

當我們的大腦正在製造 δ 波時,細胞就會沐浴在這個頻率中,而這個

處在超然狀態下,會經歷與宇宙萬物合而為一的美好感覺,此時大腦會出現大振幅的 δ 波。

頻率有潛力在我們的細胞層次製造各類有益的生理變化，包括：讓端粒生長、提高生長激素的濃度、讓神經元再生，以及清除腦中的 β 澱粉樣蛋白斑塊。我們不僅擁有美好的主觀經驗，在 δ 波狀態下，我們還會創造出讓身體更為茁壯的客觀能量環境。

### θ（Theta）波：大量分泌腦內荷爾蒙的腦波

　　θ 波是頻率第二慢的腦波，介於 4 到 8 赫茲之間，是最常在治療師身上觀察到的腦波頻率。研究發現[27]，當治療師在進行能量療癒時，θ 波是他們腦中最常出現的腦波。在開始治療前，他們腦中或許有高 β 波、δ 波或其他代表尋常意識的腦波模式，但是一旦他們用手碰觸或靠近患者進行療癒時，腦波的頻率就會變成 θ 波。

　　不管是哪一種療癒派別或宗教信仰，出現的情況都是如此。從氣功大師、美洲原住民薩滿，到卡巴拉天使療癒師、基督聖療者，當他們全身心投入療癒狀態時，大腦都會進入 θ 波狀態[28]。

能量療程

　　θ 波與身體許多有益的改變有關。一組研究人員鎖定不同頻率對 DNA 修復的效應進行研究，他們發現 7.5 到 30 赫茲之間的電磁場能夠強化分子的鍵結[29]。在這個波段內，9 赫茲被證實是最有效果的。

　　還有不少研究鎖定的是人類和動物的軟骨細胞，因為這些細胞的修復對健康而言是不可或缺的，任何曾經扭到腳踝或拉傷韌帶的人都會深有同感。一支使用脈衝電磁鐵的研究團隊發現，人類的軟骨細胞可以藉由 6.4 赫茲的頻率來促進更新，這個頻率就落在 θ 波段的中央 [30]。此外，這個頻率也能增進抗氧化物的活性，而抗氧化物能夠中和最常見的老化因素——自由基。

　　日本東邦大學醫學院的研究團隊，檢視了採行深度腹式呼吸者的腦電圖特徵。結果發現這些人的血清素濃度升高了（血清素是一種能讓人「心情變好」的神經傳導物質），而且腦中的 α 波與 δ 波也增加了 [31]。另一項研究則發現，在 5 到 10 赫茲之間交替出現的頻率，可以讓十七名患者的下背部疼痛大幅緩解 [32]。

　　兩個俄羅斯科學家檢視了 5.5 到 16.5 赫茲之間的頻率，對水溶液中 DNA 的影響。他們發現 DNA 分子對 9 赫茲的反應最為激烈，其效應遠超過對照組 DNA 分子的兩倍以上 [33]。

### α（Alpha）波：意識與潛意識的橋梁

　　如果你曾接受神經回饋或生物回饋訓練，就會常常聽到 α 波。這一類的訓練，是專門為了讓你能隨意誘發 α 波而設計的。α 波的振盪頻率介於 8 到 12 赫茲之間。

　　α 波位於頻率波段的中央，上方是 β 波與 γ 波，下方是 θ 波與 δ 波。腦電波研究的鼻祖麥斯威爾・卡德認為，α 波是銜接上方頻率與下方頻率的橋梁。β 波反映的是意識心的活動，而 θ 波與 δ 波則代表潛意識與無意識心。卡德認為，α 橋能夠把意識心、無意識的直覺智慧及宇宙場的非局域性資源連接起來。真正完成整合的人，會產生大振幅的 α 波。

　　事實上，α 波也對身體有益，可以提高血清素等改善情緒的神經傳導物質的濃度。當運動者腦中的 α 波強度提高，身體會製造更多的血清素，從而提振情緒狀態 [34]。另一份研究則指出，冥想中的禪修者也能生出更多的 α 波而得到相同的好處 [35]。

靜心冥想會讓腦波產生有益的改變。由 α 波搭建的 α 橋，是連結意識心與無意識資源的關鍵。

　　一份先驅研究讓 DNA 暴露在不同的頻率之下，結果發現 10 赫茲的 α 波頻率會讓 DNA 分子的合成明顯增加 [36]。

　　大腦海馬迴的神經元也會在 4 到 12 赫茲這個波段放電，而在 10 赫茲及更高的頻率時，腦中學習與記憶迴路的突觸會獲得強化 [37]。其他腦區也使用 8 到 10 赫茲的波段來進行溝通，它們各自的神經元會在這些頻率間振盪 [38]。

　　因此，我們可以透過 α 波來調校大腦達到顛峰成就，或是促進基因表現及改善情緒。冥想者從日常靜坐所獲得的擴展性情緒不僅是主觀的自我評估，也是客觀的生理事實，能夠從 DNA、神經傳導物質及腦波來加以測量。

### β（Beta）波：意識清醒時的優勢腦波

　　β 波的頻率落在 12 到 40 赫茲之間，可以分為兩種：低 β 波及高 β 波。現代許多研究人員，通常會將 β 波切成這兩種波。低 β 波指的是 12 到 15 赫茲的腦波頻率，又稱為 SMR 波（感覺運動節律頻率），與維持身體基本的運作功能有關。

　　高 β 波落在 15 到 40 赫茲之間，永遠只出現於思維腦中，當我們專注

於做某件事時會增加，比如用智慧型手機查詢路徑、寫部落格、學習新語言、看複雜的食譜學做菜，這些時候你腦中的高 β 波振幅就會增加。

　　壓力會造成高 β 波振幅異常增加，包括與朋友爭辯、面對無法如期完成的工作、晚上在黑漆漆的屋子裡聽見可怕的聲音、回憶起童年創傷或產生負面想法時，你的大腦都會淪陷在高 β 波中。高 β 波是壓力的代表性腦波，會造成皮質醇與腎上腺素的濃度升高，並在你的體內引發大量有害的反應。恐懼和焦慮會製造高 β 波，而高 β 波則會抑制許多有益的細胞功能。因此，如果你的大腦一直都以高 β 波為優勢腦波，身體會老化得更快。

### γ（Gamma）波：高度覺知的高頻率波

　　γ 波是最近才發現的腦波，負責整合所有腦區的資訊，而且當 γ 波出現時，所有腦區會開始同步[39]。想像一下這些情形：你被某個問題困擾了好幾個星期後突然靈光一閃，有了新點子；你排除萬難執行工作的滿足感；或是玩耍中的孩童、正在作畫的畫家、正在全心創作名曲的音樂家。這種時刻，大腦中沒有一絲雜念，所有腦區完美同步，這就是大腦處於 γ 波的狀態。γ 波振動頻率的起點正是 β 波結束之處，也就是 40 赫茲，然後往上可以一直達到 100 赫茲以上。

　　蔡立慧是麻省理工學院的腦神經科學教授，她與團隊檢測了 γ 波對阿

研究人員使用了變壓器、萬用電錶、電磁閥線圈、特士拉計（teslameter）和探針，打造了一個能產生極低頻的電磁場系統[40]。

茲海默症的效應。他們讓老鼠跑迷宮，同時記錄海馬迴的腦波，這個部位負責導航和記憶。當老鼠走到死路時，大腦會顯示出一波拔尖的 γ 波。然而，做過容易誘發阿茲海默症基因工程改造的實驗鼠，牠們的大腦沒有同樣的反應，所製造的 γ 波較少，不同組的神經元之間，同步情況也很差。

然後，研究人員使用一個頻率 40 赫茲的 γ 波閃光去照實驗鼠的大腦，僅僅一個小時，腦中 β 澱粉樣蛋白的數量就降低了一半。蔡立慧說：「我們非常非常驚訝。」[41]

在尋找作用發生的機轉時，蔡立慧發現 γ 波能夠動員一種稱為微膠細胞（microglia）的腦細胞。微膠細胞就像是大腦中小小的拾荒者，會吞噬畸形的蛋白質和死去的細胞。在接觸到 γ 波之後，微膠細胞的大小和數量都加倍了，並開始清除阿茲海默症的禍首 β 澱粉樣蛋白斑塊。

加州大學的神經科學家維卡斯・索哈爾（Vikaas Sohal）表示：「如果 γ 波振盪是大腦軟體的一部分，那麼這個研究就暗示了執行軟體能夠改變硬體。」[42]

在一項試驗性的前驅研究中，使用燈光來刺激五名阿茲海默典型認知退化患者的海馬迴，發現他們的症狀改善了[43]。這個研究的更新版，又添加了 10 赫茲（α 波）及 40 赫茲（γ 波）的刺激[44, 45]。

此外，γ 波還與身體許多其他有益的改變有關。75 赫茲的頻率是表觀

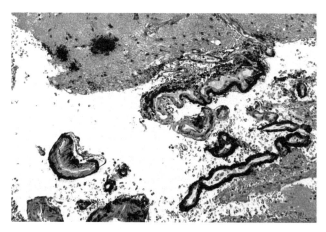

阿茲海默症患者的腦部形成斑塊，阻礙神經訊號的傳導。

遺傳的促進因子，能夠誘發基因在身體內製造抗發炎的蛋白質[46]。在 γ 波頻譜的較低端，50 赫茲的頻率會促進幹細胞的生成，這種所謂的「空白」細胞，可以分裂成肌肉、骨骼、皮膚或身體所需要的任何一種特化細胞[47]。60 赫茲的頻率則會調節壓力基因的表現，這類基因會調控皮質醇等壓力荷爾蒙。同樣的頻率還會激發一種稱為 Myc 的關鍵基因，這種基因會調節體內 15% 其他基因的表達[48]。

高 β 波是意識高度緊張的代表性腦波，會實質壓抑 DNA 的合成。如果骨骼細胞暴露在 25 赫茲的 β 波中，生長會遭到抑制。相反的，頻率至少 75 赫茲的 γ 波，則能促進骨骼細胞的生長。γ 波的峰值通常可以到 125 赫茲，這個頻率的生長率是 β 波的三倍[49]。

前述研究目前都尚未成定論，這是因為所有實驗用的頻率都是來自脈衝電磁場（pulsed electromagnetic field，簡稱 PEMF）機器等外部設備，而不是人類真正產生的腦波。至於其他研究，例如針對腦波與細胞變化的相關研究，只能看出這兩種現象確實有關，但無法證明存在著因果關係。

然而，大方向也指出，從最慢的 δ 波到最快的 γ 波，我們身體的確對大腦產生的這些頻率是敏感的。此外，了解這些連結，我們就能運用自己的腦波來療癒自己的細胞。

## 心靈改變＝能量場改變＝細胞改變

與腦波相關的細胞改變，不管是數量或種類都值得注意。現在，我們已經明白自己生成的腦波時時刻刻都在體內造成巨大的轉變，接下來的問題就在於：我們如何將這個過程推向最有利健康的方向呢？

研究顯示許多靈性修持會改變腦波狀態，例如正念可以創造許多有益身體改變的腦波模式。一項包括五十六份論文及一七一五名受試者的整合分析發現，正念可以提高 α 波與 θ 波[50]。其他研究也顯示心腦諧振會製造 α 波與 γ 波，甚至能安撫 β 波這個焦慮的波段[51]。練習正念冥想只要三個月，端粒就會開始生長[52]。

　　我在喬‧迪斯本札的進階研習營所做的研究顯示，有數千人都能規律地提升自己的 δ 波與 γ 波 [53]。我也讓參加精簡靜心的學員接受腦電圖檢測，觀察到 γ 波、α 波、θ 波及 δ 波都有增加，而會讓心像猴子般躁動的 β 波則消失了。

　　腦電圖專家蘿拉‧艾克曼（Laura Eichman）說她在一位學員身上觀察到：「我從史蒂芬妮的腦波中看到變化，那正是我們在其他人身上所測量到的。在練習精簡靜心十分鐘後，學員們就能把他們內心的能量調整到一致，好跟他人連結。我看到史蒂芬妮的 δ 波振幅大量增加，不久後，γ 波也一樣。她的高 γ 波頻段，就位於低 δ 波的上方。」

　　「我將螢幕讀數設定在標準的 10 微伏（$\mu$V），用來測量尋常的腦部活動是不成問題的。然而，史蒂芬妮大腦所製造出的 δ 波非常多，我不得不將測量窗口一路上調到 20 微伏。但還是不夠，所以我持續上調到 30、40 微伏，如此才能捕捉到她的腦部活動。」艾克曼繼續說道。

　　「這種高低頻段（δ 波與 γ 波）的連結，我們曾在治療師及靈媒身上看過幾次。後來，我問史蒂芬妮是否體驗到了什麼，她所說的情形完全符合她的腦波圖。她提到了某種『內在智慧』，感覺自己充滿了光。」

　　精簡靜心以簡單、優雅的步驟結合了 EFT 情緒釋放技巧、正念、心腦諧振及神經回饋，整合了這些方法的完全好處。所有這些方法，都能讓我們在細胞再生時轉變能量場。

　　如果我給你一顆藥丸，它能提供以下諸多好處：提高循環幹細胞的數

促進幸福感與愉悅感的神奇藥丸

量、加長端粒長度、打散 β 澱粉樣蛋白斑塊、促進記憶力和專注力、增加血清素濃度、修復 DNA、調節發炎狀況、強化免疫系統，以及修復皮膚、骨骼、軟骨和肌肉細胞，並增加生長激素濃度來修補細胞，同時還能強化大腦的神經連結，你會願意為此付出什麼代價？

這樣的一顆藥丸是無價的，卻不用花你一毛錢。因為這顆藥丸就是精簡靜心，十年來都能在網路上免費取得，我也已經教導過全球好幾千人學習。這或許是我們這個世代最大的醫學突破，從最貧窮的人到最富有的人都可免費使用。

一切有益的腦波狀態，我們都能取用，只需要你點開電腦螢幕並遵照簡單的指引去做。做出這個選擇，就會改變你的能量場，讓身體每秒新生的八十一萬個細胞都沐浴在有益健康的腦波之中。

# 你最理想的腦波配方

可能的腦波狀態有無限種模式。有一種腦波狀態是你每天都習以為常的，那就是你在正常心理功能下所製造的腦波，這是你的大腦處理訊息的方式。它會讓你覺得很熟悉，因為根據大腦平常的運作方式，每種腦波都有固定範圍的振幅。比起 θ 波、α 波、δ 波，你更習慣特定振幅的 β 波。

你個人的腦波比例就像一道食譜，你習慣的配方就像你最常吃的食物。你太習慣它的氣味、味道及口感，因此吃的時候幾乎不會多加留意。

然而，高峰狀態完全不一樣，那就像美味大餐，以絕佳的腦波作為原料。加入多一點的 δ 波，你會感覺和宇宙合一；多一點 θ 波，你會經驗一波的療癒；提高 α 波的振幅，你的意識心和潛意識心會開始彼此交流溝通。

或許，你個人的日常食譜是像這樣的（以下的單位是微伏）：

- β（Beta）波：20
- α（Alpha）波：25
- θ（Theta）波：30

- δ（Delta）波：100

這是相當尋常的數字組合，稱不上好或不好，多數人的腦波每天幾乎都是在這樣的範圍上下。

當你擁有高峰經驗，這些數字組合就會改變。一旦進入高峰狀態，大腦所經驗的腦波組合會完全不同。α 波會由一般的 25 微伏增加到 60 微伏；憂慮取向的 β 波會由 20 微伏縮減至 5 微伏；θ 波和 δ 波分別會增加到 50 微伏及 200 微伏。你會經歷一種深刻的、與無限場域連結的內在經驗，並感覺與天地萬物合一。會誘發這種美好經驗的事物包括：

- 春天的第一天
- 具有啟迪性的電影
- 你最愛聽的歌
- 小寶寶抓住你的手指頭
- 腳底按摩
- 與朋友共度的溫暖時刻
- 一場觸動人心的演說
- 跑一英里
- 演講結束後接受鼓掌
- 一杯完美的咖啡
- 最愛的作家寫了一本新書
- 完成一項早該完成的任務
- 清除雜亂物品後的開放空間
- 陌生人的微笑
- 在籃球場上灌籃
- 見證小狗狗誕生
- 美好的夕陽
- 墜入愛河

- 在沙灘上散步

這些外在刺激都能誘發你的新體驗，讓你經歷到一個全新的腦波組合，感覺非常棒。如果你在高峰經驗的那一刻做個腦電圖，腦波看起來或許會是像這樣：

- β（Beta）波：5
- α（Alpha）波：60
- θ（Theta）波：50
- δ（Delta）波：200

看看這些數字，是否跟你日常的腦波狀態完全不同？所有高壓力的 β 波都消失了；α 波暴增，而 θ 波和 δ 波也如此。當你的大腦以新方式處理訊息，就會有完全不同的腦波配方。

咬一口美食，口腔會驚嘆食物的好味道，每一口都是享受。這份食譜很陌生，還帶有異國風味。同樣的，我們在高峰狀態所經歷的腦波比例也是我們不熟悉的，是特殊的。

有人或許會把這種高峰經驗形容為「化境」、「進入超然狀態」、「心醉神迷」、「轉化狀態」、「通靈」、「墜入愛河」、「看到天使降臨」、「狂喜」、「觸及天堂」、「魔幻瞬間」或「看見靈性嚮導」等等。無論為它貼上什麼標籤，我們都會認出這個嶄新經驗是特殊的。我們嘗到的是比平常更美味的食物。這樣的感覺很新奇，讓我們覺得就像是換了一個人，這就是為什麼有人會認為這是神聖下凡或是人格分裂。

然而，那個配方是你的大腦所創造出來的，即使只是短暫的片刻。這個特定比例的腦波成分，大腦能夠重新再來一次，訓練大腦就能隨意做到這一點。

在研習營期間，一開始使用腦電圖時，可以看到學員的腦波組合都是他們自己的配方。他們的壓力通常很大、很焦慮，有許多高頻率的 β 波，

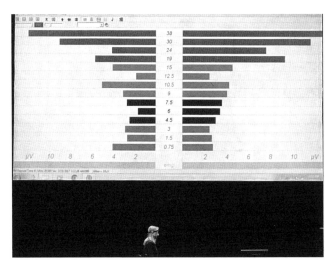

這是一個學員的習慣性腦波配方，其中有許多恐懼所造成的
β 波、少許 θ 波和 δ 波，以及極小量的 α 橋。

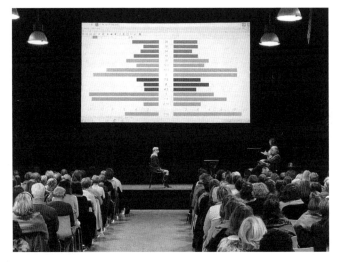

治療後，我們可以看見大爆發形成了 α 橋、擴大的 θ 波和 δ
波，而且高振幅的 β 波消失了。

而 α 波、θ 波和 δ 波很少。對他們而言，這種和自己的潛意識斷開、和宇
宙斷開、沒有 α 橋的狀態，是再尋常不過的狀態。

　　治療後，他們大腦處理訊息的方式完全改變了。他們嘗到了新配方，
而且很喜歡。他們有很大的 α 橋，連結了他們的意識心與潛意識心，他們

觸及到 θ 波的療癒頻率，還有 δ 波的超然頻率。

如果我們能說服他們持續練習，讓他們的大腦每天都能享受美味的腦波新配方，他們就會習慣這種美好的感覺，並成為他們的新常態。時間一久，他們的基準點就會改變，美味食譜成了家常菜。他們的身體每天都能沐浴在療癒場裡面。

以下這個例子是研習營學員在大腦進入揚升狀態時所經歷的突破。

## 聽見遠方海浪拍岸的聲音

五十二歲的哈洛身處於嚴重的危機之中，身為聯合國高階官員，他在三個月前的人質談判過程暈倒在地。醫師說他壓力太大，他們找不出他身體上有任何毛病，建議他學會放鬆及冥想。他康復出院，但昏倒時聽力已受損。檢查結果，他的左耳失去了八成的聽力。

他決定報名我在加州大蘇爾（Big Sur）伊色冷靈修中心（Esalen Institute）為期一週的訓練課程。他在伊色冷參與各種課程已經有十五年，此處提供按摩、泡湯、自家耕種的天然食物及美麗的海景，通常能讓他重拾活力。

初次見面時，他的心智能力、幽默感以及開闊的世界觀都讓我印象深刻。他的婚姻美滿、兒子事業有成，自己有專業聲譽，還出版了一本暢銷書，擁有各種物質優勢。但是他的內心總有個念頭糾纏不去，總是惶恐會在人生的某一刻做了錯誤選擇。他想要有個人指點他，幫他確認是否該從壓力很大的工作提早退休，好規畫完整的健康計畫。

為了創造出自己心中想要的改變，哈洛自願在大家面前擔任我的示範對象。

訓練開始之前，我們用了一組測驗來評估學員的幸福感。這些測

驗包括針對憂鬱症、焦慮、疼痛、快樂及創傷後壓力症候群（PTSD）的心理評估。當然，我們也檢測了哈洛的生理狀態，這一系列檢測包括皮質醇（主要的壓力荷爾蒙）、唾液免疫球蛋白 A（主要的免疫功能指標），以及休息狀態的心律。我們在過程中使用腦電圖設備，好監控哈洛的腦波變化。

哈洛在所有學員面前與我合作，他描述自己對老化、生病、失去關注的恐懼。他說起，有一次突然在人質談判時失去意識，當時他很驚慌：「突然之間，我整個人就撲倒在地。」雖然他已對聽力受損釋懷了，但仍擔心這會是一連串生理衰退的開始。

跟我合作時，哈洛開始放鬆並掌控自己的情緒。他的呼吸變慢，肌肉放鬆了。腦電圖的讀數顯示出現了大量的 θ 波與 δ 波，α 波也增加了，而 β 波降低了。這些數據都指出，他正在脫離自己焦躁的「猴子心」，回過頭來掌握了自己的直覺和身體覺知。他的心一轉變，腦功能也跟著轉變了。

我們成功處理了他一連串的恐懼和失望，也幫他找出在結合放鬆與創造力後他可能達成的目標。在處理好所有健康危機後，能量心理學幫他解決了殘餘的尖銳情緒，同時釐清了擺在他面前的機會，以及他能為自己所設定的新目標。

最後，我問他：「你左耳喪失的八成聽力，現在怎樣了？」他驚喜地回答：「幾乎都回來了，我現在失去的聽力或許不到 15%。」

我問他：「你怎麼知道你的聽力耗損了八成？」他肯定地答覆：「經過縝密的醫學診斷後，醫師跟我說的。」我建議他：「就讓我們接著來處理你這個虛妄的信念吧。」

於是我們鎖定這類負面的信念，例如「這是醫學診斷」、「這是醫師說的，所以一定不會有錯」等等。

在指導他學會去質疑這些信念後，我再次詢問他左耳的情況。他

> 閉上眼睛，專注於自己的聽力。突然間，他猛然睜開眼睛，幾乎高聲喊叫地宣布：「我聽得到海浪拍打岸邊的聲音！我來伊色冷已經十五年了，從來沒能從這麼遠聽到海浪聲。現在我聽到了！」

## 多多練習，讓大腦習慣平衡

在我的精簡靜心營中，第一天上午教的就是如何達到這些高峰狀態。如果你能對身體傳送正確的訊號，要做到並不難。一開始，可能需要四分鐘才能進入情況，但到了下午的課程，很多學員已經能把時間縮短到九十秒之內。

他們的感覺非常神奇美好，一閉上眼睛靜心，就像來到了天堂。接著，他們在冥想室開始練習睜著眼啟用那個神奇配方，等到他們能在安全地點穩定進入精簡靜心狀態後，就會把冥想地點移到室外環境。

學員們會沿著步道慢走或是在花園漫步，學習保持冥想狀態。然後再度回到冥想室、閉上眼睛，靠冥想來提高 α 波的振幅。接著，我們會讓學員們再次到室外。就像這樣室內室外、睜眼閉眼輪替，反覆練習。

到了第三天，學員們通常已經能在戶外睜著眼時保持全新的狀態。到了這個階段，我們已經開始改變他們的基準點，並安裝新的常態。有位學員叫蘇珊・阿爾柏斯（Susan Albers），是個醫師，她說道：「上完課的第二天早上是我第一次成功冥想，這是我這麼多年來第一次做到。我從來不是個冷靜的人，但現在我學會了。這是多麼大的成果啊！」

另一名學員馬伊克・林能坎伯（Maaike Linnenkamp）說：「精簡靜心讓我更平靜也更放鬆，給了我更清明的心智。它的力量強大，讓我得以打破老舊的思維模式，放下自己執著多年的不愉快記憶。有生以來第一次，當我記起不好的事件時不再感到焦慮。這真是不可思議。後來當我跟朋友說到這件不好的往事時，已經能平心靜氣了。對此我非常感激，也會

在加州伊色冷靈修中心參與精簡靜心營的學員

經常運用這個技巧。」

　　蘇珊、馬伊克和他們的朋友都學會了美食級的腦波配方，並轉變成他們每天的大腦食糧，訓練自己的大腦能始終如一地烹調這種美味的餐點。這種情形就像品過美酒後，就很難回去喝劣酒；像穿過絲棉後，很難再回頭穿粗衣；像習慣用新款手機後，就很難再回頭用老手機。如今的你，反而會覺得先前習慣的腦波狀態變得很奇怪，因為你已經升級了自己的大腦。

## 心腦諧振狀態下的基因表現

　　在指出 EFT 能量釋放技巧對身心症狀都有療效的許多研究中，我都是主要的研究人員之一。在我最新的研究論文中，還檢驗了壓力緩解的附帶效應。結果顯示，EFT 敲打操對於基因的影響，不論是數量或重要性都令人驚訝。

　　在第一批美國退伍軍人由伊拉克和阿富汗回國後，不少治療師告訴我，求助於他們的患者中有許多人罹患了創傷後壓力症候群。琳達‧葛隆妮拉（Linda Geronilla）是馬歇爾大學的臨床心理學家，她告訴我，只要帶著這些退伍軍人做幾次 EFT 敲打操，夢魘、記憶重現、過度警覺等創傷後壓力症候群（PTSD）的症狀都會消失。

　　我們設計了一項研究來判斷 EFT 是否能有效治療創傷後壓力症候群。我們的試驗性研究只找了七位退伍軍人，結果非常成功，並且達到了統計

顯著性 [54]。如果在樣本數很小的情況下還能達到統計顯著性（意味著結果只有二十分之一的可能性是機率造成的），這就代表這個治療非常有效。

接著，我和一群同事展開了一項全國性隨機對照實驗，對照組是在榮民醫院接受標準 PTSD 治療的退伍軍人，而實驗組是接受標準醫療照護外加 EFT 敲打操的 PTSD 退伍軍人。

這個研究花了幾年才完成，結果仍是一樣：實驗組的 PTSD 症狀降低了 60% 以上 [55]。在研究公開發表之後，琳達又進行了反覆論證研究，結果也幾乎完全相同 [56]。

我很想知道這些退伍軍人的身體究竟發生了什麼事，尤其是在基因層次。二〇〇九年，我鎖定接受過十次 EFT 情緒釋放技巧的退伍軍人進行基因表現研究。這個研究前後花了十六年，最終顯示有六種壓力基因受到調節，發炎狀況緩解，而免疫力則提高了 [57]。

## EFT 情緒釋放技巧製造的戲劇化基因轉變

我的朋友貝絲・瑪哈拉傑（Beth Maharaj）是想像心理治療師，她為自己的博士論文設計了一項開創性的研究，並發現一種新型的基因檢驗。早期的臨床檢驗需要退伍軍人前往實驗室提供血液樣本，而新型檢驗使用的是唾液。受試者只要往杯子裡吐一口口水，我們就能測量出數百個或甚至數千個基因的表現。

貝絲給了四位受試者為時一個鐘頭的安慰劑療程，一星期後改換成一個鐘頭的 EFT 療程，然後比對了兩種療程前後的唾液樣本。結果發現，EFT 能讓七十二個基因重新調節，效果十分驚人 [58]。這些基因的每一個功能都嚇嚇叫，包括：

- 抑制癌症腫瘤
- 防護太陽的紫外線輻射
- 抵抗第二型糖尿病

- 提高伺機性感染的免疫力
- 抗病毒活性
- 神經元之間的突觸連結
- 製造紅血球與白血球
- 促進男性生殖能力
- 建構腦部白質
- 調節新陳代謝
- 提高神經可塑性
- 強化細胞膜
- 降低氧化壓力

　　這些基因表現的轉變都相當具體，而且當貝絲隔天再為受試者重新檢測時，大約有半數的效果仍然持續存在。這對只有一小時的治療來說，是相當划算的報酬。

## 冥想能調節癌症基因

　　受到貝絲這個研究的啟發，我的朋友喬‧迪斯本札決定要在自己的進階研習營親自檢測學員。我從三十個學員身上取得唾液樣本，等實驗室將結果送回來後，我們發現有八個基因的基因表現在為期四天的研習營後明顯上調。

　　帶著一組研究團隊，我又檢驗了喬的另一場活動中超過一百份的腦電圖掃描。我們發現在練習冥想四天之後，學員進入冥想狀態的速度快了約18%，製造焦慮的 β 波和進行整合的 δ 波，兩者的比例也改善了 62%[59]。

　　當大腦透過強大的冥想修持來調節，學員的基因轉變了。我們發現出現變化的這八個基因，它們本身的功能就足以說明生理變化是如此巨大。這八個基因和新神經的生成有關，以回應新的經驗和學習；也跟防止細胞老化有所關聯。

　　這些基因中有許多能調節細胞修復，包括將幹細胞轉移到身體各部位去修復受損或老化的組織。同時，這些基因也參與了建構細胞的結構，尤其是細胞骨架（cytoskeleton），這是維持細胞形狀及型態的硬質結構。

　　這八個基因中有三個基因能幫助身體辨識並消除癌細胞，抑制惡性腫瘤的生長。它們的名字與功能如下：

　　**CHAC1** 基因，調節細胞的氧化平衡。穀胱甘肽（glutathione）這個抗氧化劑是中和自由基的關鍵，而 CHAC1 基因會幫助控制細胞內的穀胱甘肽濃度[60]。CHAC1 基因還有許多功能，包括幫助神經細胞的形成及生長[61]。一般相信，CHAC1 基因還能讓與氧化調節及神經構成有關的蛋白質分子正確形成。

　　**CTGF**（結締組織生長因子），在許多生化過程中舉足輕重[62]，包括傷口癒合、骨骼發育、軟骨與其他結締組織的再生等等。CTGF 會協助新生細胞前往身體受傷與損壞的部位，調節新細胞的成長，同時讓細胞在癒合過程中彼此連結。這個基因如果表現低落，與癌症及纖維肌痛等自體免疫疾病有關。

　　**TUFT1** 基因，有多種與細胞修復和癒合有關的功能[63]，有助於調節某種幹細胞的功能。在兒童牙齒的發育中，TUFT1 基因會啟動琺瑯質礦化作用，一般認為它也參與了調節細胞含氧量及神經元分化的過程。

　　**DIO2** 基因，對多種腦組織及腦下垂體的功能非常重要[64]。除了大量出現在甲狀腺組織內，也在其他組織內有高度表現，讓個別部位的細胞與甲狀腺功能同步。DIO2 基因能降低胰島素抗性，藉此調節新陳代謝，並降低新陳代謝疾病的風險[65]。此外，DIO2 基因在渴望與成癮中也扮演某種角色，有助於調節情緒，尤其是憂鬱症。

　　**C5orf66-AS1** 基因，與腫瘤的抑制有關[66]，也為某種 RNA 編碼，而此 RNA 的功能是辨認並消除身體的癌細胞。

　　**KRT24** 基因，合成某類蛋白質分子以賦予細胞結構，同時幫助這些分子組織成規則的陣列[67]，以及抑制結腸直腸癌[68]。

　　**ALS2CL** 基因，抑制腫瘤，尤其是頭頸部的鱗狀細胞癌[69]。

　　**RND1** 基因，幫助成長階段的細胞把形成細胞骨架的分子組織起來。神經元有個部位會向外伸出與其他神經元連結，RND1 則會觸發該部位的生長。此外，RND1 基因還會抑制喉癌與乳癌等癌細胞的生長及轉移 [70]。

　　新科技的發展，讓我們得以窺見自己的細胞及大腦的資訊流，同時也讓我們慢慢揭開在 EFT 敲打操、冥想與其他紓壓練習過程中究竟發生了什麼事。逐漸露出的真相，讓我們知道這些技巧在身體內所造成的改變非常重要。其中最重要的一點，就是：心智的改變會為構成身體的物質面帶來深刻的變化。

　　前海軍陸戰隊醫官布萊斯‧羅葛（Bryce Rogow）曾在伊拉克戰爭執行四次派遣任務，參與過某些最激烈的戰役，也親眼見到殘忍的屠殺暴行。因為創傷後壓力症候群而退役後，他馬上展開了自我療癒之旅。以下是他的故事。

## 從生死一線的戰場到內在平靜

　　許多朋友都說我是個活生生的矛盾體：一個面向的我，積極追求靈性，專程前往日本禪寺學習靜心，本身是瑜伽老師，也和全世界一些最頂尖的治療師學習身心醫學。

　　另一個面向的我是個退伍軍人，在伊拉克戰爭期間曾以美國海軍陸戰隊醫官的身分執行過四次任務。離開部隊後，我被診斷出創傷後壓力症候群。經過一段長時間的失落、無助及無望後，我開始自我探索與療癒，決心要學習最有效的技巧來冷卻心中的怒火和身體的不適。

　　我第一次的任務部署是在美國海軍陸戰隊偵察營（海軍陸戰隊的特種部隊），參與了二〇〇四年十一月伊拉克的費盧傑（Fallujah）第二次戰役，這場大規模攻擊被認為是美軍繼越南順化戰役之後最激烈的一場城市戰。

　　曾經駐紮在這裡的美國士兵幾乎每個人都帶著終生糾纏不休的陰影，而我們都得學習如何與這些陰影共存。

　　對我而言，這類陰影之一就是同單位戰友的死亡，他在挖掘土製炸彈（叛軍在廣場和路邊所埋設的自製簡易爆炸裝置）時不幸喪生。

　　為了能夠繼續撐下去，我除了對醫官隨手可以取得的止痛藥成癮之外，在心理上也接受了「我已經死了」這個事實。我不斷提醒自己不管發生什事都無所謂，因為我已經死了。

　　二〇〇八年我從軍隊光榮退役，對於自己能從戰爭中活下來還無法置信。我預期自己會對卸下軍人身分而感到無比輕鬆，但事實上卻事與願違。不論我走在哪個城市，恐懼都如影隨形，強烈的程度就像我還在伊拉克一樣。

　　很長一段時間，我只能高度依賴酒精和藥物，包括榮民醫院精神科醫師善意開給我的氯硝西泮（clonazepam），這類藥物有高度的成癮性。

　　從軍中退役後，我發現我只能靠自己重新站起來，因此決定前往日本跟著真正的亞洲上師學習靜心冥想。我來到岡山縣一間名叫「曹源寺」的傳統禪寺接受訓練，以半蓮花式盤坐數小時，這讓我不禁聯想起在禁止使用水刑逼供後，我們在審訊時改用的高強度「壓力姿勢」（stress positions）。

　　我非常感激原田上師（Shodo Harada Roshi）的教導，他是真正的現代禪師。但在離開禪寺後，我清楚知道無法單靠自己來維持那種程度的冥想，而且我需要更快更容易的方式進一步了解自己的身心狀態，才能讓靜心修持在我的生命中發揮真正的作用。

　　上網搜尋後，我驚喜地找到到道森·丘吉這個人，他已經整理出一套稱為精簡靜心的修持法，這是「靜心之中的靜心」，直指核心。

　　我第一次接觸到精簡靜心，只是登入網站後跟著步驟操作，結果

> 兩分鐘內，我就發現自己啟動了所有的療癒資源，進入一種深沉的放鬆與幸福狀態。先前要達到這種狀態，就算不用花上幾天和幾週靜心，起碼也需要幾個小時才能做到。
>
> 本文作者是布萊斯・羅葛（Bryce Rogow）

　　後來，布萊斯成為美國退伍軍人事務部（Department of Veterans Affairs）精簡靜心的熱情提倡者。他認為這種簡單、花費甚低的自我幫助方法，所有退伍軍人應該都要知道。

　　如今有數千人採用精簡靜心的七個簡單步驟（參閱本書附錄），與布萊斯有同樣深刻且立即的平靜經驗。深入探索他們的生理變化，可以發現以下幾個特徵：皮質醇濃度降低，心率慢下來[71]；免疫荷爾蒙濃度及快樂程度提高；憂鬱、焦慮、疼痛明顯降低。內在的平靜降低了所有壓力，並在體內產生有益的變化，作用直達基因表現的層次。

## 內在狀態，決定了你的基因

　　個人基因檢測如今相當流行。許多人都知道自己有什麼基因，也知道根據基因狀況他們容易出現哪些疾病。在辦研習營時，我經常會聽到這樣的問題：「我有某某基因，是不是代表我一定會得到某某病？」他們因為基因的檢測結果而感到憂心。但是，就像你從上文列出的基因清單中所見的，在練習 EFT 和精簡靜心後，許多基因都發生了劇烈變化。

　　能夠決定你命運的，不是你擁有的基因，而是你如何運用那些基因。隨便讓身體長時間置於高度壓力下，你就會上調癌症基因的表現。

　　所幸，做出相反的選擇（例如天天練習 EFT 和冥想）就能降低壓力，從而調控基因表現。我們的身體每秒鐘都能生成八十一萬個新細胞，讓這些新細胞在愛與仁慈的能量場中誕生，就會調節細胞的基因表現。

　　由心靈到物質，不是抽象的形上學命題。這是生理事實，和我們的身體同樣具體。每一個想法、每一個瞬間，我們的心都在創造能量場讓細胞能在其中再生。正向思維能夠提供細胞一個繁盛生長的滋養環境，當細胞再生時，就能讓這些有營養的想法轉變成充滿活力的分子物質。能量能夠對基因發揮作用，進而調控生命與療癒的所有過程。當我們將自己的意識提高到無限，在大腦內產生熾熱的能量配方時，我們的細胞就會在我們所準備好的、具啟發性的能量模板內一一成形。

# 將這些概念付諸實踐

本週要練習的活動包括：

- 練習無私與利他：今天要對陌生人微笑；感謝在商店內幫你的人；為親近的人做些讓他驚喜的好事。
- 寫簡訊或發電子郵件給一個你所愛的人。
- 走路、跑步、運動時，使用行動裝置聽精簡靜心。

本章的延伸資源包括：

- 腦部掃描影片
- 能量療癒研究資料庫
- 腦電圖神經回饋專家的訪談錄音
- 其他案例與參考資料

延伸資源請上網連結 MindToMatter.club/Chapter4。

# 第 5 章

# 心腦諧振，
# 讓你能完成任何事

The Power of Coherent Mind

一旦進入心腦諧振的狀態，情緒、精神及生理的情況
都會變得更好，同時也會跟隨著相應的全球頻率共振。
我們不再是孤立的存在，而是偉大宇宙的共鳴節點。我
們改變的不僅僅是自己的身心，也將自己的諧振獻給整
個星球，與其他具有同樣能量的人串連在一起。

　　我躺在夏威夷的海灘上。這是美好的一天，萬里無雲，涼風輕拂海面。小孩在我身邊玩耍，快樂的度假客在水裡拍打嬉戲。浮潛者在近岸礁石處的海龜棲息地擠眉弄眼，划小艇和浮板的人在海灣上興致不減地好幾個來回。

　　我飛到夏威夷，為的是好好把書寫完。截稿期限已經迫在眉睫，待在家裡一天寫不了多少字，還得分心獨自照顧兩個小孩，以及管理諸事繁雜的事業。逃到夏威夷似乎是個好點子，能給自己一點餘裕完成書稿。

　　工作了一整個早晨後，我決定喘口氣。先前在筆電上不停打字時，餘光可以瞧見附近宜人的風景和海灘。我的心說：「嘿！你人可是在夏威夷哪！幹嘛還在這個陰暗的公寓裡頭待著，不去海灘上玩呢？」

　　這些想法瘋狂糾纏了我幾小時後，我決定屈服於它們的邏輯，動身前往海灘。

　　現在，躺在溫暖的沙灘上，我的心又開始碎碎念。它逼問我：「你在海灘上做什麼？你跑到夏威夷的目的不是寫書嗎？你什麼都沒幹，就這樣無所事事地躺著。」

　　「說得沒錯。」我心想，然後嘆口氣，捲起毛巾，起身走回公寓。

　　生活通常就是這樣進退兩難。我們內在的批評者隨時折磨著我們，無論做什麼選擇，他都有話說。我在公寓寫作，他批評我沒趁機好好享受海灘；我跑到戶外，他又責備我不幹正事。做也罵，不做也罵。不管我做什麼，都無法取悅自己那個內在批評者。我們許多人的內心天天都像倉鼠滾輪一樣，永無止境地一再重複負面的想法。

## 被負面想法困住的心

　　一份針對心理正常的人所進行的研究發現，每天大約有四千個明確的想法在心中盤桓，其中大約有 22% 到 31% 是我們不想要、但無法控制的干涉性想法，而高達 96% 的想法是跟每天重複性的活動有關[1]。克里夫蘭診所健康福利計畫（Cleveland Clinic's Wellness Program）提到，我們的想

法中有 95% 是反覆性的，有 80% 是負面的。

　　兩千年前，佛陀指出心是我們受苦的源頭。在《薄伽梵歌》（*Bhaga-vad Gita*）中，三王子阿周那（Arjuna）感嘆道：「心確實是如此無常啊，克里希納，是如此騷動、強大且固執。」我們多數人都受困於負面思維的循環中，不知該如何逃離。但話說回來，我們大容量、構造精細的大腦為何會進化成以這種方式工作呢？

## 負面想法的演化價值

　　從演化生物學的角度來看，反覆性思維與負面思維是有其道理的。對人類遠古的祖先而言，在當時的時空下，反覆性思維有助於處理日常的例行事務，而高度警覺的負面思維則讓人對環境可能的威脅保持防備，兩者都可視為生存的優勢。

　　在一切以生存為要的條件之下，大腦的設計是以 β 波為預設腦波。β 波是恐懼的代表腦波，而正是恐懼讓我們的祖先得以存活了下來。他們偏執、高度警覺、小心翼翼的程度與他們能活下來的機率成比例。萬一沒注意到草叢中躲了隻老虎，即使只疏忽了短短的一秒，可能就會被吃掉。

　　設想十萬年前有一對十幾歲的姊妹，我們姑且稱姊姊的名字是賀賀，妹妹的名字是可可。

　　賀賀是最快樂的人，她每天從河邊帶水回村子都會沿路快樂地唱歌，還會停下來聞聞黃玫瑰，聽聽孩子的笑聲。她會仰頭看著太陽升起橘灰色交錯的光暈，心中滿是驚嘆。她會發現每個村民內在美好的一面。

　　妹妹可可恰恰相反。可可的內心充滿了猜疑、個性偏執，總愛雞蛋裡挑骨頭，看什麼都礙眼。指著迷人的銀色雲給她看，她會挑出陰暗的邊緣而不以為然。在她眼中，每個村民都有缺點，都有不完美的地方。當她挑水回村子裡時，除了姊姊賀賀之外，所有人都躲著她。這是因為賀賀會找出每個人的好，所以比其他人更能夠忍受可可。

　　有一天，姊妹兩人被躲在草叢裡的老虎偷襲。可可一向留意著周遭可

能的危險，所以比賀賀快了一秒看到老虎。她放聲尖叫，在賀賀看到老虎
並開始逃命之前，她提早了幾毫秒跑走了。

　　賀賀被老虎吃掉了，來不及長大。可可生了孩子，將她偵測威脅的基
因傳給了下一代。這個過程持續了一千個世代，每代都比前一代機敏一點
點，更擅長從周遭環境發現不對勁。這樣的偵測能力在經過物競天擇後，
已經成為一門藝術，傳到今日的我們身上，你我身上都帶有這種基因。有
時候，即使沒有不對勁，我們從可可身上所繼承而來的穴居人大腦仍在勤
奮地掃描地平線上可能冒出來的威脅。

　　以上就是我們老祖先會犯的兩種錯誤：其一，草叢裡躲著老虎時，卻
以為沒有；其二恰好反過來，草叢裡沒有躲著老虎時，卻以為有[2]。

我們的大腦演化成對危險的環境訊號相當敏銳

　　第二種錯誤不會帶來立即的危險。但由於對威脅太過敏感，一直帶著
偵測的鏡片不願摘下，只會讓你像可可一樣成為脾氣乖戾、到處找碴的可
憐人。但是，這也確保了你能夠存活下來。

　　第一種錯誤會招來致命的懲罰。只要一次忽略了草叢中的老虎，就會
把小命丟掉。這種人就像賀賀，缺乏專注於威脅的能力，會從基因庫被連

根拔起。

假設自然之母一直觀察著躺在夏威夷海灘上的我，她一定會因為我發展極致的找碴能力而給我一枚獎賞小星星。但遺憾的是，穴居人的腦袋一點都不在乎我是否快樂。無論我的選擇為何，我內在的批評者都會把我說得一文不值。

## 鑰匙部門的心困境

家得寶（Home Depot）是家庭飾品與建材連鎖店，最著名的就是職員們穿的橘色圍裙。有一天，我走進住家附近的家得寶去配鑰匙。要配的是我那輛老休旅車的鑰匙，那是一九八三年出廠的福特爬山虎（Ford Econoline）。我將鑰匙交給負責的人。

他拿著鑰匙像是拿著一顆受到感染的腎臟，搖了搖頭說：「我不認為我們有這種鑰匙。」

我跟他說福特公司生產了大約三百萬輛這種車子，所以它們不是稀有車。他懷疑地說：「這是雙面鑰匙吧。」彷彿問題困難到他無法解決一樣。

「你上星期才幫我配了一把同樣的鑰匙。」我像個小幫手告訴他。

他將鑰匙插入雷射掃描機掃描，紅燈亮了起來。

「沒有，」他沮喪地說，「我們沒有這種鑰匙。」

「你能否再試試？」我拜託他。

他將開關再打開，雷射掃描了鑰匙，這次亮起了綠燈。

「我們的空白鑰匙存貨不多。」他搖著頭說。

「可不可以請你查查看？」我禮貌地請求他。

他看了看存貨，找到空白鑰匙，將鑰匙配好給我。全程散發出對世界甚感失望的氣場，他的負面情緒，強大到甚至能讓雷射失靈。

　　心底那個不耐煩的我真想抓住他的肩膀幫他打氣，還想買一本《向上思考的祕密》（*The Power of Positive Thinking*）送他，再送他一張免費招待券來參加我的研習營。我好想讓他親耳聽聽，我那些提振人心的關鍵演講。

　　我的憐憫心一發不可收拾。我想知道活在這樣的心境下，在每個機會裡看到困難，會是什麼感覺？在還沒有開始做事前，就被負面的想法打敗，連最簡單的任務都潰不成軍，又會是什麼感覺？活在注定要失敗的消極心態下，會是什麼感覺？

## 擺脫穴居人大腦

　　儘管我們的老祖先數千年前就離開了莽原，但是如今我們多數人對待周遭環境的心態，仍然承襲自同一套生存模式——只不過如今我們是更努力地要找出哪裡有問題，而不是哪裡沒問題。

　　早上一起床，我們的大腦還處在 θ 波與 δ 波的睡眠狀態。然後逐漸清醒，迎接新的一天，這時大腦開始進入 α 波，這整個過程就像是處於假死狀態。接著 β 波啟動，我們開始思考，也開始操心憂慮。此時演化機制上場了，那頭會奪人命的老虎蠢蠢欲動，只不過如今換成了一長串的紙老虎流經我們的心，我們就是如此開始思考的，例如：

‧我是不是要在今天將報告交給老闆？還是下週好了？

‧早餐要吃什麼？吃那個會不會變胖？

‧昨天晚上我有沒有聽到老公打呼？

‧今天孩子們的心情好不好？會不會又把我煩得生不如死？

‧今天穿的鞋子似乎和我的衣服很不搭。

‧我們的咖啡粉是不是沒了？

‧ 昨晚播出的災難消息，我必須知道最新的發展。

‧ 不知道今天天氣怎樣？

‧ 萬一珍沒有在我的臉書上留言，我真的會瘋掉。

‧ Google 地圖上的通勤車道會有多少紅色的塞車地段？

　　你一早起床，大腦就開始用一長串的憂慮要將你逼瘋。這正是我們大腦長期演化的結果。妹妹可可起床時，一睜眼就開始對不友善的環境保持警戒，說不定有老虎趁她睡覺時潛進了洞穴？所以尼安德塔人活下來了，因為他們非常偏執，一起床就開始疑神疑鬼。姊姊賀賀一大早就心情愉悅、平和又滿足，沒有一點危險意識，所以才會錯過那些攸關生死的細微線索。

　　只不過演化到了今天，在沒有掠食者環伺的情況下，我們還是像老祖先那樣，一起床就開始窮操心。一波波想法爭先恐後地湧進我們的心智。閘門大開，焦慮風起雲湧。還沒走出家門，我們就已遭受一波接著一波的焦慮攻擊。

兩個基本的生存問題：我能吃它嗎？它會吃我嗎？

　　這種穴居人大腦會傷害我們的身體。《英國醫學期刊》（*British Medical Journal*）曾刊出一份為期八年、針對六萬八千二百二十二名成年

受試者所進行的研究，報告指出即使是輕度焦慮，都會讓死亡風險提高20%[3]。讓我們祖先能活下去的技能——找出壞東西、忽略好東西——如今正在殺死我們。我們的心已經成為我們生存的主要威脅；穴居人大腦成為一種致命的病情。

## 我已經放下，你還背著她一整天

有個迷人的禪宗故事，說的是兩個出家僧人出外長途跋涉。某天早晨，他們來到河邊，水面因洪水而暴漲。岸邊有個年輕女人無法過河。年齡較大的僧人將女性扛在肩膀上，跟另一個僧人一起涉水而過，安全抵達對岸。女人向僧人道謝後離去。

兩位趕路僧人一路無言，直到傍晚，氣氛有點緊張。年輕僧人的情緒終於克制不住地爆發了。他說：「戒律禁止我們碰觸女人，你怎麼能這麼做呢？」

年長僧人說：「孩子，今天早上我抱起她過河後就將她放下了，但你的心卻已經背著她一整天了。」

即使事情早就過去了，但年輕僧人的怒氣一直持續地拉高他的壓力。不管是糾結於過去或是害怕未來，這樣的我們都跟這個年輕僧人無異。我們天生內建的戰或逃系統，原本是在面臨真實危險時才會啟動，但我們卻只用想法就把壓力訊息傳給了身體，從而危害到重生和療癒的能力。

我曾和亞歷桑納大學的奧德麗・布魯克斯（Audrey Brooks）博士一起針對醫護人員進行了一項研究，對象包括整脊師、護理師、心理醫師、醫師及另類療法治療師，量測他們在做 EFT 情緒釋放技巧前後的心理壓力程度，前後一共評估了五場活動的學員，最後總共有二一六位學員參與[4]。

醫護人員分組進行 EFT 情緒釋放技巧練習

結果發現，只需短短一天，就能讓焦慮、憂鬱以及其他心理健康問題平均下降 45%。六個月後進行追蹤時，持續練習 EFT 的那些人，壓力指數最低。

不過要說最驚人的發現，其實是醫護人員所承受的巨大壓力。根據我們使用的量尺，60 分代表焦慮和憂鬱程度已嚴重到需要治療。參與學員一開始的分數是 59，只比 60 分的診斷門檻低一分。這還是平均分數，有許多人的壓力值遠遠高過他們的患者。即使是醫護從業人員，也不代表沒有一顆穴居人的腦袋。

## 沮喪的漩渦

結束一段糟糕的感情後，我陷入了長達一年半的憂鬱。我試過一切方法想要擺脫，卻一直沒能成功。種種負面的想法和感受形成了一圈圈的漩渦，我受困在憤怒與哀痛的無限迴圈中出不來。

我讀了一本又一本如何克服沮喪的手冊，看到「振作起來」那種事不關己的句子都會忍不住生氣。

> 我有許多自我療癒的工具，如果有人真能因此而振作起來，那一定不是我。每天我都會在凌晨三點十一分、自我防禦能力最低的時刻醒過來。我無法停止去想那個傷害我的人，惡性循環一再持續著。我甚至自甘沉淪於再也得不到公平正義的負面想法中，自暴自棄。
>
> 　倘若你有朋友在分手近二十年後還無法釋懷，話題永遠都是這個，那麼請你多一點憐憫吧，因為他們被困在憤怒與悲傷的漩渦中，走不出來。
>
> 　EFT 情緒釋放技巧將我由無限循環的漩渦中拯救出來，領著我上岸。現在我的工作就是幫助其他人，逃出他們自己設置的漩渦。
>
> 本文作者是奈歐蜜‧揚珍（Naomi Janzen），EFT Universe 的訓練員

奈歐蜜‧揚珍所描述的漩渦，正是一連串負面想法無限循環的心智狀態。這樣的心態曾讓她的祖先成功存活下來，但是放到今時今地來看，卻是比一無用處更糟糕。這樣的心態奪走了我們的平靜，大幅提升了皮質醇的濃度，剝奪了身體需要用來重生和療癒的資源。即使像奈歐蜜如此聰明的人，通常也會滿心挫折地發現他們無法單靠語言文字讓自己脫離漩渦，而是需要像 EFT 如此強大的心理靈性工具，才能打破穴居人大腦那種無限循環的心理模式。

## 慢燃與快燃的壓力荷爾蒙

完成醫護人員的研究之後，對於人們如何靠 EFT 情緒釋放技巧快速釋出壓力，讓我更好奇了。於是，我想尋找一種可以具體測量身體變化的方式，而我找到了壓力荷爾蒙——皮質醇。

皮質醇是我們兩種主要的壓力荷爾蒙之一，另外一個是腎上腺素。你可以把腎上腺素想成是「戰或逃」反應的短效型荷爾蒙，一旦感受到壓

力，腎上腺素就會立即介入。三秒內，它會加快我們的心跳，讓血管收縮、肺部擴張。這會帶給穴居人生理上的爆發力，以便逃離危險。

　　皮質醇是長效型的壓力荷爾蒙，濃度會在一整天內規律地緩慢爬升又降低。皮質醇濃度在清晨四點、處於深度睡眠時最低，而在上午八點達到高峰。當皮質醇在傍晚八點到十點間開始下降，我們會變得昏昏欲睡。

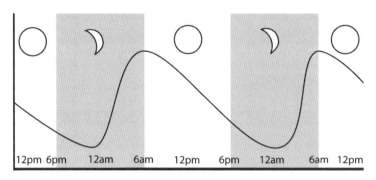

皮質醇的濃度週期

　　就像腎上腺素一樣，皮質醇的濃度也會在我們感受壓力的幾秒內上升。壓力會干擾每日平緩升降的皮質醇節奏，一旦你想逃離虎口，皮質醇會和腎上腺素的濃度一起上升；心情焦慮，皮質醇濃度也會升高。

　　對於我們的身體來說，最適合的就是依據皮質醇週期的平滑弧度來合成正常的皮質醇濃度。人體的設計，本就不適合持續處理高濃度的皮質醇。皮質醇濃度長期居高不下，會導致全身性的身體傷害，包括：

- 高血壓
- 大腦記憶中心的神經元死亡
- 高血糖
- 心臟疾病
- 細胞修復能力受損
- 加速老化
- 阿茲海默症

- 疲勞
- 肥胖
- 糖尿病
- 傷口癒合緩慢
- 骨骼修復力降低
- 幹細胞減少
- 肌肉量減少
- 皺紋增加
- 腰部與髖部堆積脂肪
- 骨質疏鬆

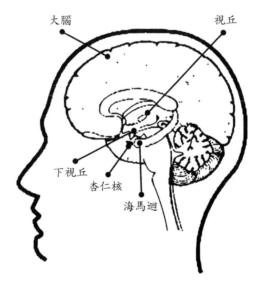

海馬迴是情緒腦的結構之一，皮質醇會破壞海馬迴的神經元。

　　時間一久，高濃度皮質醇會干涉細胞的新陳代謝，讓過多的鈣質進入腦細胞並製造自由基。自由基是體內最具破壞性的分子，會觸發多種退化性疾病並加速老化[5]。此外，皮質醇濃度過高還會導致粒線體失能。由於粒線體是細胞的「能量工廠」[6]，一旦能量生成崩潰，我們就會感覺到疲倦不堪。海馬迴的功能與調節情緒、記憶與學習有關，而皮質醇會破壞海

馬迴的神經元[7]。皮質醇與高 β 波會一起出現，高 β 波正是壓力和焦慮的典型腦波。

# 死亡荷爾蒙：長期高濃度的皮質醇

那麼，短短幾分鐘的沉重壓力，會毀了我們的身體嗎？

答案是不會。我們的身體先天就能處理快速增加的壓力，然後會快速回到正常的基準線。在壓力事件僅僅兩分鐘後，我們的身體已經拆解了用來回應危險、作用快速的腎上腺素分子[8]；而慢燃的皮質醇需要大約二十分鐘才會消散[9]。我們的身體先天上就能快速製造皮質醇來回應客觀的威脅，在威脅解除後，皮質醇就會快速消散。

所以，如果皮質醇與腎上腺素分子都能快速消散，為什麼它們在體內會長期維持在高濃度狀態呢？

答案就在於想法，尤其是會誘發強烈情緒的想法，神經傳導路徑會把負面訊號傳送到我們的大腦中。

如果我們把注意力轉向環境中會讓我們感受到壓力的因素，就會刺激身體分泌皮質醇。負面想法會催動高濃度的皮質醇，即使草叢內沒有躲著老虎。我們聰明的大腦會反芻過去發生過的壞事，或是憑空想像未來可能發生的壞事。即便壞事從未發生或永遠不會發生，我們仍然能聚焦於它、想像它、思忖它、討論它，或是因為它而小題大作。

我們的身體無法分辨實際的威脅或想像的威脅；無法知道我們在心中運用負面想法所召喚出來的危險，其實並不會對生存造成威脅。只要透過想法，就能催動皮質醇的濃度上升，並對細胞造成破壞。

# 重設壓力荷爾蒙的濃度

當我看著學員們在做完 EFT 敲打操後鬆了口氣、全身放鬆下來，我就不禁好奇他們體內的壓力荷爾蒙究竟發生了什麼看不見的改變。為了找

出答案，我設計了一份研究來檢視他們的皮質醇濃度。我與加州太平洋醫學中心（California Pacific Medical Center）及亞歷桑納大學的同事一同執行首次的相關研究，檢視在進行 EFT 敲打操前後，包括焦慮和憂鬱等心理症狀及皮質醇濃度的變化[10]。

這項大規模的研究花了好幾年才完成，選定加州的五所整合醫學診所，一共有八十三名受試者。這是三盲的隨機對照實驗，符合科學證據的黃金標準。實驗結果深具啟發性，並發表於北美歷史最悠久、聲譽卓著的一份同儕審查的精神醫學期刊。

我們在每場療程的前後分別評估受試者的心理健康情形，也測量了他們的皮質醇濃度。受試者隨機分成三組：第一組接受 EFT；第二組接受談話治療；第三組什麼都不做，就只是休息。

實驗結果相當驚人。包括焦慮和憂鬱等心理症狀，在談話治療與休息這兩組都有下降，但在 EFT 組中的下降幅度是這兩者的兩倍之多。皮質醇濃度下降了 24%，顯示 EFT 這種技巧在身體內同樣會發生作用。

## 分手事件的後遺症

狄恩是參與皮質醇研究的受試者之一，他是五十八歲的精神科男護理師，經過隨機分配到談話治療組。狄恩心理困擾的分數在治療前後都一樣高，因此我相當擔心他的健康情形。

在第二次療程中，我們把談話治療改成了 EFT 情緒釋放技巧。我們為他處理了一段讓他情緒緊繃的記憶，也就是跟前女友分手。他告訴我們，分手後，他沒有一天忘記這件事。

他說，兩人在一起的最後一天，他開車載著女友去機場，看著她坐上飛機。每次「我都帶著悔恨」回憶起她走向飛機跑道的身影，他邊說邊落淚。

　　成年後的這個分手事件，讓他想起童年的另一件事。他五歲看電視時，聽見廣告說演員珍娜・露露布麗姬妲（Gina Lollobrigida）是「世上最美麗的女人」。

　　年幼的狄恩馬上跑進浴室，爬上板凳照鏡子。看著鏡子中的自己，他的結論是「我長得不好看」，甚至給自己下了定論：我一輩子都不會好看。當他描述起這個記憶時，太陽神經叢的位置痛得很厲害，但在練習 EFT 情緒釋放技巧過後就緩解了許多。

　　幾天後，實驗室送來了狄恩的皮質醇濃度檢驗報告，顯示他在練習後的濃度由 4.61ng/ml 降到 2.42ng/ml，降幅高達 48%。先前他在接受過談話治療後，皮質醇濃度反而由 2.16ng/ml 上升到 3.02 ng/ml，也就是增加了 40% [11]。這樣的結果也呼應了其他研究的發現：身心一起投入的療法，通常比單純的心靈療法更為有效。


　　對於 EFT 研習營的學員在活動結束後，身體發生了什麼變化，後來我終於有個機會親自見證。這是一個特別的研習營，地點選在加州的伊色

伊色冷靈修中心的入口

冷靈修中心，該中心是完形療法、魯爾夫治療法（Rolfing）、人本主義心理學派（humanistic psychology）以及其他許多開創性療法的起源地。

我們的研究團隊測量了相當完整的各式生理指標，以及焦慮、沮喪和創傷後壓力症候群等心理症狀 [12]。結果如同預期，經過一週的活動後，學員的心理健康出現了很大的改善。

即便如此，生理健康指標的變化還是令人大吃一驚：皮質醇濃度下降了 37%；唾液免疫球蛋白 A 這個免疫力指標提高了 113%；靜止心率下降 8%；血壓降低 6%。血壓、皮質醇及心率數字都顯示，學員經過一週的研習營活動後，壓力程度大幅降低。

如前所述，經過一小時的 EFT 敲打療程後，皮質醇下降了 24%，而五天的 EFT 療程顯然更大幅度地降低了壓力程度；而且學員的疼痛程度下降了 57%，幸福感則增加 31%。當我們在六個月後重新評估這些人的心理狀態時，多數的改善程度都能維持。身心健康息息相關，這一點在冥想、EFT 敲打及其他紓壓技巧的研究中都得到證明。

身體在壓力和放鬆的每個瞬間，都落在連續光譜的一個點上。

EFT 和冥想可以降低壓力。壓力不像電燈開關，不是開就是關；壓力更像是調光開關，可以調亮或調暗。放鬆時，皮質醇濃度和 β 波都會減少；感受到壓力時，指針會移動到相反的方向。不論是基因表現、荷爾蒙、腦波狀態或壓力，都會作用在連續光譜上。我們擁有的每一種強烈情緒，無論正面或負面，都會讓指針往這個或那個方向移動。

## 從心腦諧振到身心合一

穴居人大腦的效率不高。這種大腦處於混亂之中，深受 β 波的毒害，並因為皮質醇而迷醉。造影研究顯示，這種大腦的四個腦區無法同步，各

組神經元混亂而非和諧運作。在科學文獻中，代表效率的專業術語是「同調性」或諧振（coherence），當大腦以高峰狀態的效率來運作時，腦電圖的掃描會顯示各腦區及各組神經元之間達到了同調性或諧振。

一旦我們的意識受到壓力干擾，心腦就無法諧振。在這種狀態下，心智所創造的東西自然也不會同步或同調。

然而，當我們擺脫壓力，訓練自己難以駕馭的心重拾平靜，並將負面想法由意識中釋出時，就能達到心腦諧振。在高諧振（或高同調）的狀態下，我們的心就能在物質世界創造驚人的影響。

## 同調光的強大力量

雷射使用的是同調性的光，而 LED 或螢光燈泡等非雷射光源，使用的是非同調性的光。換句話說，雷射的設定是讓所有光線彼此平行而不是朝著任意方向散射。這種高同調性的特質，讓雷射的力量變得非常強大。六十瓦特的螢光燈泡大約能照亮二到四公尺的範圍，只會將大約 10% 的能量轉換成光，而且這樣的光不具同調性。

相反的，將同樣六十瓦特的光排列成同調性的雷射，威力就能強大到切割鋼鐵。

演講中常用的手持式雷射筆，使用的微弱電源僅有一瓦特的五千分之一，就能照亮將近二十公尺外的一個點 [13]。使用比這大三兆倍的能量（十

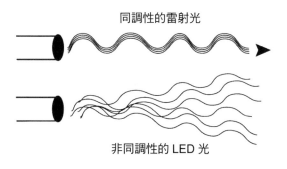

同調性的雷射光

非同調性的 LED 光

同調性的光與非同調性的光

億瓦特），科學專用的雷射甚至能投射到月球並彈回地球 [14]。

　　同理可證，心腦一旦同調或諧振，威力一樣強大。當腦波處於同調狀態時，所產生的優質思維也具有以下兩個特質：專注及高效率。因此，我們得以將注意力集中在問題上，專注於解決問題。

## 腦霧，你的大腦當機了

　　如果大腦不同調或不同步，我們就無法清楚思考，而深受「腦霧」（brain fog）所苦。心情低落時，認知能力低落，既無法看清問題，也容易受到混淆，大腦研究人員約瑟夫‧勒杜（Joseph LeDoux）稱之為「情緒對意識的惡意併購」[15]。

高達德太空飛行中心（Goddard Space Flight Center）用於天文觀察的雷射

　　大腦研究發現，一句話甚至一個字誘發情緒反應的時間不到一秒 [16]。等到我們發現自己處於壓力時，大腦早已經被觸發了。不用一秒的時間，我們可能就會被情緒反應所淹沒，因而造成腦霧而無法清楚思考。

　　如果情況真的發生，取得大腦資料庫儲存的技能或是理性思考的能力都會大為降低，也就是我們無法客觀又切實地去思考問題。壓力會讓大腦

認知中心的額葉耗損超過 70% 的血液，由於血液攜帶氧氣，所以這代表大腦也無法得到正常的氧氣供給。如果因為承受壓力而造成流入大腦的血液和氧氣減少，我們就無法正常思考。穴居人的大腦不用做多位數的除法，他們只需要逃離老虎。

　　一旦原始的生存反應因為想法和情緒而被誘發，就會導致生理資源的重新分配。血液會由前額葉皮質流出並流進肌肉，突然間，作為思維腦的前額葉皮質變得不堪使用。以電腦來說明，有大量資訊儲存在硬碟裡，假如你拔掉電腦插頭，雖然所有儲存的資訊都在，但是在缺乏電力驅動下，你根本無法取用。

　　如果前額葉皮質失去血液供給，就會像拔掉插頭的電腦。所有儲存在大腦的資源──你在研習營學到的技巧、在書中讀到的解決方案、在課堂

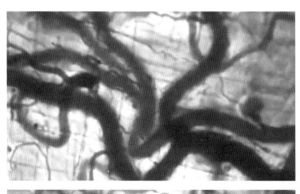
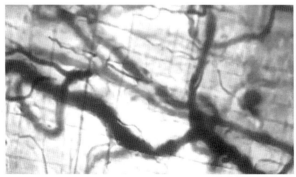

壓力訊號傳送前的微血管（上圖），以及壓力訊號傳送後
14 秒的微血管（下圖）。前後血管的收縮程度超過 70%。

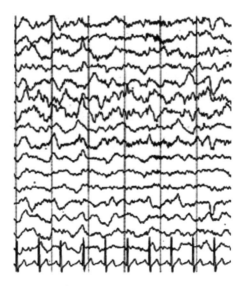

腦波不同步

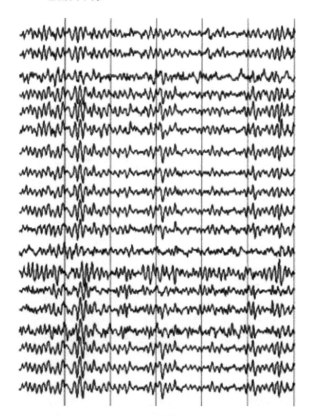

腦波同步（同調性），在這種腦波狀態下，所有腦區都協同運作。

上練習過的方法、從專家偷到的策略——穴居人大腦全都無法取用。

　　然而，只要大腦進入同調或諧振狀態，所有資源全部都會上線。如同直指月球的雷射一樣，你可以執行前景光明的長期計畫。這樣的你能夠釐清問題、專注目標、解鎖想像力，以及無限發想創意。這就是心腦諧振的力量。

## 心腦諧振與物理學的四種基本作用力

　　心腦諧振會讓注意力更集中，就像雷射的所有光子都是相同相位的道理一樣。能夠做到心腦諧振或腦波高度同步的人，表現會比常人更勝一籌。重要的研究顯示，心腦諧振確實具有左右物質宇宙的力量。

　　物理學有四種基本力：重力、電磁力、強核力及弱核力。強核力是讓原子能保持型態的一種作用力。原子核的質子和中子蘊含大量的能量，要將它們綁綑在一起需要非常大的力量，因此稱為強核力。強核力的作用距離非常短。

　　弱核力能讓核子衰變，在衰變過程中，原子的核心因為沒有足夠的力量保持原子型態而崩潰。能量和物質會在一段時間內由這些不穩定的核心釋出，直到它們形成某種不同的、穩定的、無放射性的元素。

　　不同的放射性物質有不同的衰退速度，有些很長，有些很短。例如鈾 238 的半衰期就長達三十五億年，而另一個元素鍅 233（francium-233）的半衰期只有二十二分鐘。

　　同一種物質在同一條件下的半衰期時間都一樣，因此可以用來計時或定年。需要精準測量時間的科學家會使用原子鐘，但由於每部原子鐘所產生的時間會有些微差異，所以需要根據國際原子時（International Atomic Time）來對時；而國際原子時則是由全球各地的四百個高精準原子鐘的綜合資料計算得出。至於一秒鐘的定義是銫 133（cesium-133）原子振盪 9,192,631,770 次的時間。

　　通常用於研究的一種放射性元素是鋂 -241（americium-241）。此元

二〇〇四年，瑞士某實驗室所打造的銫原子鐘，其不確定度為
每三千萬年誤差一秒鐘。

素於一九四四年發現，半衰期為四三二年，會釋出所謂的 α 粒子，在室溫
下很穩定。鎇 -241 用途廣泛，最普遍的應用是製造煙霧探測器。當煙霧
粒子進入偵測器後，就會受到 α 粒子撞擊，造成電流降低而觸發警鈴。由
於鎇 -241 的低穿透性，α 放射線的運動距離僅有三公分，會受到幾乎任
何固態物體所阻絕，所以除非直接碰觸，否則非常安全。

　　弱核力不受電磁力或重力的影響。事實上，它的力量比重力強大十兆
兆倍。

　　原子的放射性非常穩定，這種高一致性的特色才是原子鐘計時精確的
保證，因此你一定認為要改變原子衰變的速度一定非常困難。然而，這正
是許多研究人員想要努力嘗試的，也就是運用人類的能量場來當作改變的
媒介。

**氣 =mc²，氣功就是能量**

　　在此，我們把愛因斯坦的質能轉換公式 $E=mc^2$（E 代表能量，M 代表
質量，C 是光速）改造一下，換成氣 $=mc^2$。來看看中國氣功大師嚴新的
例子。

嚴新宣稱能對患者發射「氣」（也可以稱為生命能量）來治療疾病，中國科學院高能物理學中心的幾個科學家決定要對嚴新的能力進行嚴格而客觀的測試。

他們要求嚴新改變壓克力容器內一個兩公分大小的鋂 -241 碟片的衰變速度。放射物質的衰變速度是物理學四種基本作用力之一，對高溫、強酸、巨大的電磁場或極端壓力都免疫。

在前八次的實驗中，嚴新就站在鋂 -241 旁邊，對著它發功二十分鐘。測量結果證實，他改變了放射源鋂 -241 α 粒子的衰變速度，而作為對照組的第二片鋂 -241 碟片則沒有任何變化。嚴新在多次實驗中，甚至可以依據研究人員的要求加速或減緩衰變速度 [17]。

在接下來的三次實驗中，研究人員決定測試這樣的效果是否會隨著距離而衰減。他們讓嚴新站在距目標鋂片一百到二百公尺之處，但實驗結果仍與前幾次一樣。

後來，研究人員把距離持續拉大，甚至遠到跨縣市操作，想看看發功效果是否會減弱。在接下來的五年內，他們讓嚴新從越來越遠的距離向目標碟片的方向發功，距離從一千五百公里到二千二百公里不等。在總共三十九次的實驗中，結果都顯示無論是在同一個房間或是相隔兩地，嚴新都能做到研究人員的要求。

這個研究前後做了五十次不同的實驗，全都顯示嚴新能在二十分鐘之內，讓放射源鋂 -241 的衰變速度減緩 11.3% 或加速 9.5%。鋂 -241 的半衰期通常是四百三十二年，平均下來每一天只衰退 0.0006%。光就時間來看，根本就無法解釋這樣的結果。

研究團隊中一個核能物理學家表示：「嚴醫師的研究轉變了對世界本質的既有觀點。他的研究結果，顯示人類的潛能更為龐大……遠超過人們過去的想像。」

比爾・賓斯頓博士在著作《能量治療》（*The Energy Cure*）一書中，描寫對治療師班耐特・梅瑞克所做的實際測試 [18]。有一次，班耐特連接上一部測量放射衰變率的儀器，技師要求他加快放射源的衰變速度。賓斯頓

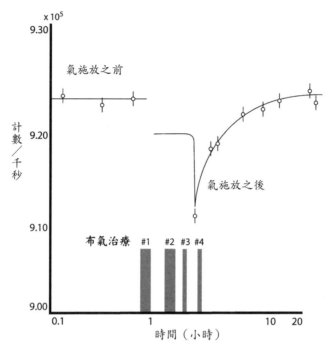

氣功大師嚴新和放射源鋦 -241 待在同一個房間時,光譜儀的讀數。

聽到技師的驚叫:「出問題了,儀器顯示的衰變速度快得不可置信。」

班耐特調皮地回答:「那我就讓它慢下來好了。」

「很快的,技師就叨念著衰變率變成正常狀態的一半了。」

賓斯頓問班耐特是如何辦到的,班耐特說要加快衰變時,他會想像一朵雲在心中融化;想讓衰變速度慢下來,就專心想著一塊冷凍的石頭。

## 我恍然大悟的一刻

二〇一七年六月二十六日,我新買了一台蓋革計數器,正緊張地準備開箱。過去幾個月,我發電子郵件給同事——他們比我的經驗更豐富——附上賓斯頓和嚴新的實驗結果,遊說他們進行研究驗證。但

是，似乎沒有人感興趣。

實驗所需要的設備很簡單又不貴，只要一台蓋革計數器和內含鋂-241 碟片的煙霧偵測器。治療師或許能減緩放射衰變的速度，或者不能。蓋革計數器能測量放射線，使用的單位有些是微西弗（microsieverts）這個標準科學單位，有些則採「每分鐘計數」（counts per minute，簡稱 CPM），計算的是放射源釋出多少電子。

我在餐桌上架好設備，想知道如何才能得到基本的放射讀數。我發現家中背景輻射的基線讀數在 12 到 22CPM 之間擺盪，平均讀數為 18CPM。

接著，我把蓋革計數器放在放射源上方，也就是簡單的居家用煙霧偵測器。放射性讀數升高到平均 60CPM，而在幾公分之外的讀數是正常的。蓋革計數器必須非常靠近煙霧偵測器才能測量到輻射，因為這些設備都是專供家中使用的安全設備。

我先做了精簡靜心七個步驟，並讓心中充滿了班耐特・梅瑞克慣用的相同意象。蓋革計數器沒有出現任何變化。

「好吧，就這樣了。」我心想。「我應該是徒勞無功了，那種能力不是人人都有，或許只有班耐特或嚴新這寥寥幾個特例。」

不過，我決定再繼續做精簡靜心，並雙手放在煙霧偵測器的左右兩側。我透過雙手發功、傳送能量，就像我在幫人療癒時所做的一樣。

蓋革計數器的數字開始升高，先來到了 60 出頭，接著到了70CPM。等到我靜心了一段時間後，讀數升高到 80CPM 以上。測試十分鐘後，平均讀數到了 80CPM。

等到我中斷靜心後，數字又跌回到 60CPM。十分鐘後，我將蓋革計數器往外移開到距煙霧偵測器約七十公分之處，背景讀數平均又回到剛開始的 18CPM。

我在家中邊走邊想，許多問題爭先恐後地湧進腦袋。

我的第一次實驗是在二○一七年六月二十六日

- 我能否複製同樣的結果？
- 為什麼我無法讓讀數降下來，只能提高？
- 其他人也能辦到嗎？有特異能力的治療師，是否會比一般人有更明顯的效應？
- 是否任何人在接受訓練後都能做到？這是不是可以被視為一種能夠教導傳授的技能？這個能力是否會因為多加練習而增強？
- 我對能量療癒的信心是否強化了結果？
- 懷疑心態是否會成為成功複製實驗結果的障礙？
- 哪種作用力能在放射層次上造成改變？我如何使用無懈可擊的方式來測試這一點？
- 我能成功做到，難道是因為穿上了這件魔法上衣？（只是開個玩笑）

　　擁有如此驚人的能量，興奮得讓我無法像沒事一樣回到辦公室工作。我出門，跳上老爺車──一九七四年的 Jensen Healey，前往健身房運動、大叫、怒吼，重拳擊打四周的空氣。生命中能有這樣的時

刻，實在值得好好慶祝！

現在我知道，除了嚴新和班耐特‧梅瑞克，其他人也能造成這樣的效果。放射源改變者俱樂部已經從兩人，增加到三人！

當天在我老婆克莉絲汀下班後，我請她坐在餐桌前，想看看能否把俱樂部成員由三人增加到四人。

測量背景輻射十分鐘，得到的平均值是 17CPM。我把蓋革計數器放到煙霧偵測器上方，十分鐘後得到的平均值是 60CPM。克莉絲汀把手放在放射源周圍，在冥想十分鐘後，CPM 下降到 57，而當我要求她觀想小孫子的臉時，數值降到了 52。

克莉絲汀能夠將 52CPM 的讀數維持十分鐘，我要求她使用班耐特‧梅瑞克的觀想法來提升 CPM，不過指針上移幾秒後就再次下降了。她嘗試其他意象，還是無法提高讀數。想想就很有趣：我可以提高但無法下降，而克莉絲汀則是能下降卻無法提高。

在克莉絲汀停止發送能量後，我測試無人干擾的蓋革計數器十分鐘，平均數值來到 61CPM。經過另一次十分鐘測試，我把蓋革計數器拿離煙霧偵測器後，背景輻射指數來到 18CPM。現在這個俱樂部已經有四名正式成員了……或許往後有希望組成百萬人大軍！

## 自然界的第五種力

放射性衰變（弱核力）是物理學的四種基本力之一，從上面的實驗得知，我們有能力可以改變衰變速度，對於這個實驗結果，可以提出以下幾個問題。例如，如果某種基本力會因為四種基本力之外的其他外力而發生改變，那麼其他的三種基本力是否也能被改變？重力或電磁力這兩種比核力還要弱的作用力，也能被改變嗎？

加州大學爾灣分校（UC Irvine）已故放射科學教授喬伊‧瓊斯（Joie

Jones）博士，曾與俄羅斯物理學家尤里‧克隆（Yury Kronn）合作設計了一次巧妙的實驗，用來判斷電磁力是否會被改變。實驗結果指出，要改變電磁力需要靠「第五種力」，他們稱之為「精微能量」[19]。

他們為多種刻意注入精微能量的物質測量導電性，結果發現電磁力相較於基線對照組，下降了 25%。

一項針對療癒意圖所做的實驗，測量了療癒對象（被注射致癌物質的實驗鼠）四周的磁力場[20]。實驗第一天，治療師從近處（與實驗鼠同處一室）發功，向牠們傳送攜帶療癒能量的意圖三十分鐘，然後在接下來的十二週，改從遠處傳輸能量。置於老鼠籠內的測量設備顯示磁力場增加到 20 至 30 赫茲，接著下降到 8 至 9 赫茲，然後再下降到 1 赫茲以下。接著，這個效應開始反轉。

不管是面對面治療或遠距治療，產生的效果完全一樣。研究人員後來又測試了幾種不同的治療方式，在太極與觸療的療程中也發現了類似的磁場變化現象。此外，研究人員也重新檢驗其他五份出現類似現象的研究[21]。

這項研究顯示，在物理學的四種基本作用力中，至少有兩種作用力——電磁力和弱核力——可以被攜帶療癒意圖的心智所改變。

然而，克隆和瓊斯也發現到，他們的實驗在某些實驗室可以成功複製，但在其他實驗室卻做不到。為了找出原因，他們花了不少時間去釐清差異點。結果發現，無法成功複製的實驗室都曾經使用死去的動物進行實驗。後來，克隆還特別為這一類的實驗室發展出一個稱為「淨化」（clean sweep）的能量實驗方案，做過淨化後，問題真的就解決了[22]。

此外，克隆還發現科學家本人也會對他們正在研究的東西造成影響。他說：「你自己的能量會扭曲你正在記錄的能量模式。同樣的道理，如果你反覆進行某個實驗，而你心中不希望它成功，實驗就不會成功。或者，如果我的合作者中有人當天過得很糟糕或特別不順，那一天就無法精確測試能量模式。」[23]

我想起，克莉絲汀和我以尋常意識狀態靠近蓋革計數器時，什麼都沒有發生。但當我們做完冥想後，讀數就開始出現變化。同樣的，不管是班

耐特‧梅瑞克使用生動鮮明的觀想法，或是嚴新向放射源鋦 -241 發射氣功，都是帶著加速或減緩放射衰變的意圖。

　　要以這種方式來改變物質，需要進入心腦諧振的心智狀態。如果腦波沒有同步，而是充滿了焦慮的 β 波，皮質醇與腎上腺素等壓力荷爾蒙就會灌注細胞，我們就會離心流狀態越來越遠，攜帶的意圖就不夠明確，也缺乏力量。

　　相反的，當我們慢慢進入冥想狀態時，會產生大量的 α 橋將意識心與高振幅的 θ 波和 δ 波銜接在一起，我們就能取用心腦諧振強大的力量。在這個狀態下，我們的意圖就能影響物質。

## 心念對身心健康的影響

　　羅林‧麥克雷提（Rollin McCraty）是心能商數學會的研究總監，他研究心腦諧振的效應已有二十多年。

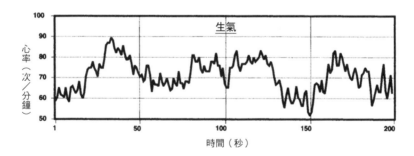

心率變異度（Heart rate variability，簡稱 HRV）的讀數，上圖為生氣狀態，下圖為感激狀態 [24]。

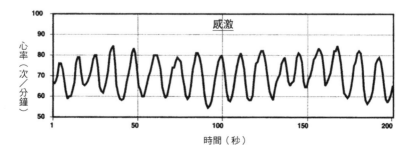

心腦諧振是身心整體健康的一個可靠指標，與全身性的效應有關。達到心腦諧振的狀態，可以降低皮質醇分泌、擴大腦部 α 波的振幅。這是因為心腦諧振不僅要求腦波趨於同步，還涉及到循環、消化及免疫功能等其他身體系統 [25]。

麥克雷提寫道：「當前的科學假說都是建立在所有生理溝通都發生於化學／細胞層次，所藉助的途徑就是神經生化物質與特化的受體部位結合，就像用鑰匙去開啟特定的鎖一樣。然而，深入分析後，訊息其實是透過微弱的電訊號傳入細胞內部的。

「從這些相關發現，在人體內原子與量子層次所發生的能量交流出現了新的典範——這個典範可用以解釋許多觀察到的現象，而這些現象無法以舊有的化學／分子模式脈絡去適當地解釋。為了回應有致命威脅的情境而產生的戰或逃反應……太過即時且繁複，無法符合鑰匙解鎖的溝通模式。不過，卻能以量子力學及身體內外電磁或能量訊號系統的架構來理解，這或許也能解釋……細胞、人與環境之間的能量連結。

「大腦中數種有節奏的電訊號，例如 α 波和 β 波節律，都會自然而然與心臟節奏同步。假如個人在生理上能處於諧振模式，這種心腦諧振的同步現象就增加得非常明顯。這種同步，極可能至少有部分是由電磁場的互動來調控的。這一點非常重要，因為心腦之間的同步很可能關係到直覺、創造力及最佳表現的種種過程。」[26]

## 心腦諧振狀態下的 DNA 變化

心能商數學會有一項精巧的實驗，使用人類胎盤 DNA 來測試諧振狀態下，人類意圖的效應。DNA 樣本的雙螺旋扭轉程度，可由分子吸收紫外線的程度來加以測量。這個實驗能夠判斷 DNA 分子的雙螺旋結構是鬆或緊。

在這個研究中，讓曾接受過心能開發訓練（HeartMath techniques，以培養愛和感激等正面情緒為目的）的人抱持著特定的意圖，將實驗用的

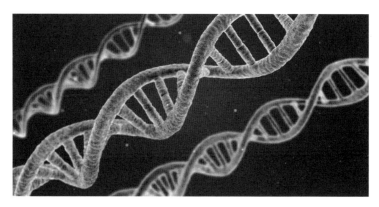

DNA 分子的雙螺旋結構，其扭轉程度可由 DNA 分子對紫外線的吸收程度來測量。

DNA 雙螺旋分子旋緊或鬆開。

結果相當耐人尋味。在某幾次實驗中，DNA 分子的雙螺旋結構出現了 25% 的變化。不管受試者是被要求將雙螺旋鬆開或旋緊，類似效應都會發生。

當受試者進入心腦諧振狀態，但沒有帶著改變 DNA 意圖的情形下，DNA 分子的變化就跟對照組成員（未經心能開發訓練的普通民眾與學生）差不多。反過來，要求這些受試者帶著改變 DNA 分子的意圖，但不進入心腦諧振的狀態，DNA 分子同樣也維持不變。

為了進一步判斷這個效應的明確度與局限，又做了另一次實驗，而這次的志願者是受到高度心能開發訓練的人。研究人員準備了三小瓶的 DNA 樣本，讓志願者依指示將兩份 DNA 樣本中的雙螺旋架構旋緊，另一份不動。經過後續的實驗室紫外線分析，結果真的如研究人員所指示的；而且變化只發生在志願者投注意圖的兩份 DNA 樣本中。

這意味著，效應不單純是因為能量場不穩定造成的，也與志願者的意圖息息相關。

研究人員推測，此一效應或許是因為樣本及志願者的心臟非常靠近，因為心臟會產生強大的電磁場。於是，他們又進行了一次類似的實驗，但把 DNA 樣本放在離志願者八百公尺之外。實驗結果仍然相同：有五次遠距實驗都出現同樣的結果，數據上全都明顯達到了統計意義。

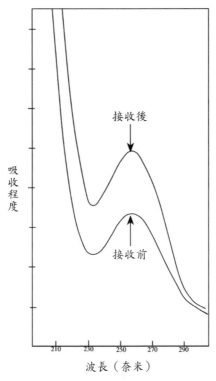

接收到人類意圖前後，DNA 吸收紫外線的程度出現差異 [27]。

　　這些研究顯示 DNA 分子可以藉由意圖來加以改變，如果志願者對產生心腦諧振的狀態越是得心應手，就越能以意圖去影響 DNA 分子。沒學過或不熟悉心腦諧振的對照組即使有很強的意圖，也無法對 DNA 產生作用。要改變 DNA 分子，就需要意圖與諧振齊備才行，缺一不可。

　　研究人員認為「量子真空內的結構與物質面的相應結構，兩者之間存在著能量的連結」，而且「這樣的連結能受到人類意圖的影響」。

　　麥克雷提和他的同事也推測能夠影響 DNA 的正向情緒，或許也參與了其他許多現象，例如自發性痊癒、虔誠信仰帶來的健康與長壽，以及祈禱的正向效應等等。

　　根據傳統中醫的理論，使用草藥和針灸來治病其實是等而下之的做法。在成書兩千多年的針灸理論大作《黃帝內經》開頭就提到：「我曾聽聞，在上古時代有啟蒙者，他們能吸入精氣、修持靜心，於是靈與身體便

合而為一<sup>*</sup>。」

　　遠古時代的針灸者相信療癒會發生，完全繫之於意圖與能量同步。西方世界也如此相信。十八世紀的英國詩人威廉‧布雷克（William Blake）曾自問自答以下的問題：「難道堅信事情是這樣，就會是這樣嗎？」他的回答是：「在想像的時代，堅定的信念可以移山倒海。」[28]

　　除了放射源鎇 -241，中國氣功大師嚴新也曾將傳統中醫所強調的能量——氣，透過發功施作於活細胞上。他對著癌細胞和健康細胞發功五分鐘，結果癌細胞的 DNA 被分解了，而健康細胞並沒有受到任何傷害[29]。在其他研究中，類似的效用也發生在結腸直腸癌、攝護腺癌及乳癌等多種癌細胞上面。

　　人類產生的療癒能量，已經有大量可測量的研究。針對九十項隨機控制的療法（主要包括氣功、觸療及靈氣）所進行的系統性回顧發現，品質較高的實驗中有三分之二顯示這些療法確實有效[30]。

## 想法對物質的影響是怎麼發生的？

　　在科學界，某件事**會發生**通常是先被觀察到，然後人們才會去了解是**如何**發生的。針對 EFT 情緒釋放技巧的研究，顯示 EFT 對焦慮、沮喪及恐懼症**確實**有療效，經過十年才逐漸了解這些症狀是**如何**被療癒的（皮質醇濃度降低、心腦諧振及調控基因表現）。同理，在用藥上，人們也是先知道阿斯匹靈可以**止痛**，一世紀後才了解**為什麼**；先發現盤尼西林（青黴素）能夠**殺菌**，三十多年後科學才解開了其運作**原理**。

　　那麼，心腦諧振的意圖又是如何影響物質的呢？

　　我們將物質實相視為事實，但在量子世界中，所有可能性都同時存在，進而濃縮成或然率（機率）。理論上，存在於機率波中的這些無限可

---

\* 譯註：原文推斷應取自〈素問‧上古天真論〉：「余聞上古有真人者，提挈天地，把握陰陽，呼吸精氣，獨立守神，肌肉若一……」

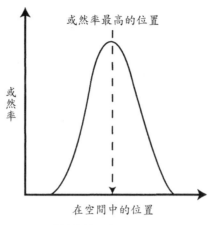

量子或然率的分布

能性的任何一個都能成為事實,但只有一個可能性會成真,我們就會說這一群可能性已經「塌縮」(collapse)為一個特定的實相。

決定這群可能性塌縮方向的因素之一,就是觀察行為。在量子宇宙中,現象、空間、時間都會受到觀察者影響。所有可能性都存在於量子場中,而觀察的行為會讓它們塌縮為或然率。

這就是觀察者效應。當次原子粒子被觀察,它們就會由無限的可能性塌縮為單一的或然率。如果沒有觀察者,情況就會持續保持在一種懸而未決的可能性中。只有受到觀察,可能性才會變成單一且明確的機率。需要觀察才能創造物質實相,這樣的科學發現,對我們認識物質世界,以及意識在創造世界中扮演了什麼角色,都富含深意。

## 觀察者效應與雙狹縫實驗

關於觀察者效應,最有名的實驗就是以古典物理學方法所做的雙狹縫實驗(double-slit experiment)。在過去這一世紀裡,這個實驗已經重現過數百次,顯示觀察者的存在如何改變受觀察事物的結果。

理論上,電子等次原子粒子都應該根據固定的物理學法則來行動,但是它們不見得總會乖乖合作。雙狹縫實驗顯示觀察某個粒子的這個動作,

會影響該粒子的行為。

在雙狹縫實驗中，電子被推射向一面有兩條狹縫的屏幕，研究人員再根據電子的落點進行記錄。如果電子的行為表現得像粒子，你會預期看到屏幕後面的牆上會有兩個垂直的撞擊區塊。這就好像你朝著兩個狹縫拋擲沾了顏料的網球，它們會在後面的牆上製造出兩個垂直的顏料噴濺痕跡。

但是電子的表現和網球不一樣。相反的，它們會彼此互動而製造出波。光子、水及聲波也會發生這種干涉現象。

假如只向雙狹縫屏幕投射一個光子，會發生什麼事？它還是會形成干涉條紋，就像它同時穿過兩道狹縫一樣。

然而，如果你在雙狹縫屏幕附近擺上偵測器並觀察這個過程，電子就會像網球那樣行動，干涉條紋消失了。

如果是較大的粒子穿過狹縫，它們會表現得像網球一樣。不過，次原子層次的電子和光子卻表現得像波，除非它們受到觀察，才會表現得像可預測的網球粒子。觀察行為會完全改變實驗結果，將波塌縮為粒子，將能量塌縮為物質。

雙狹縫實驗顯示，次原子粒子的行為既像波又像粒子，而粒子的行為

雙狹縫實驗的設置

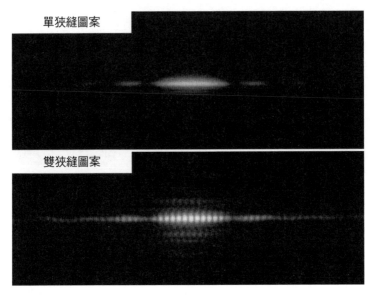

單狹縫圖案

雙狹縫圖案

干涉圖案。上圖：單狹縫形成的圖案會如同預期地成為直線；而雙狹縫則因為有觀察電子的互動，而產生波狀圖案。

則會因為觀察而改變。諾貝爾物理學獎得主理查‧費曼（Richard Feynman）將此稱為「一個不可能以任何古典方式解釋的現象，雙狹縫實驗是量子力學的核心。事實上，它包含〔量子力學〕唯一的奧祕」[31]。

　　電子和光子存在於機率波中，而「觀察」這個動作會導致波塌縮成為現實中的一個潛在機率。透過機器來觀察會製造出觀察者效應，把測量者換成人類，也會如此。

## 幽靈般的遠程效應，遠距的量子纏結

　　量子力學的第二個重要現象就是纏結（entanglement）。物理學家朝一顆不透明的水晶發射雷射來激發量子反應，以此製造纏結現象。不論是光中的光子或是物質中的電子，都能彼此纏結。如果兩個電子彼此纏結，一個會順時鐘方向旋轉，而另一個則是逆時鐘。測量旋轉時，測量這個動作就會決定旋轉的方向。

　　無論距離遠近，一對光子一旦彼此纏結，就會一直保持這個狀態。如

果在巴黎的物理學家測量到纏結的其中一個光子是順時鐘旋轉，那麼舊金山的另一位科學家就會觀察到它的另一個夥伴正在以逆時鐘方向旋轉。無論相隔多遠，纏結的效應都會持續存在。

在一項關鍵實驗中，台夫特理工大學（Delft University of Technology）的研究人員從兩個未纏結的電子開始實驗，再讓兩個電子分別與一個光子纏結，然後再把這兩個光子帶至第三地。當這兩個光子在遙遠的第三地發生纏結時，它們的電子夥伴也彼此纏結在一起[32]。

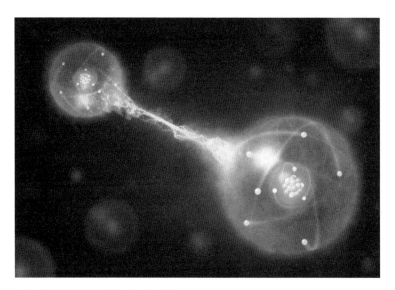

兩個遠距離的原子粒子彼比纏結

思維科學研究所的超心理學家迪恩・拉丁（Dean Radin）博士與諮詢研究科學家亞諾・德隆姆（Arnaud Delorme）博士，測試人類心智與機器這兩種觀察者的效應。他們在雙狹縫實驗中，分別用機器人及人類來進行觀察。在兩年期間，人類觀察者以線上方式參與了五千七百三十八次實驗。實驗結果顯示，擁有真實鮮活心智的人類觀察者所產生的觀察者效應遠遠超過機器人[33]。

## 觀察者效應與量子纏結

纏結的粒子也會出現觀察者效應。在一項使用兩個纏結光子所進行的研究中，每個光子都可能處在水平或垂直的位置。如果讓它們留在自己小小的宇宙不去理會，兩個光子會保持這種懸而未決的狀態。不過，一旦觀察者透過觀察某個光子來介入這個封閉系統，機率波就會塌縮，光子的位置就會在水平或垂直中二選一。接著另一個纏結的夥伴就會跟著做出回應，選定相反的位置[34]。

物理學家維爾納・海森堡（Werner Heisenberg）說：「我們觀測到的不是自然本身，而是自然透露給我們如何去探索它的方法。」[35]

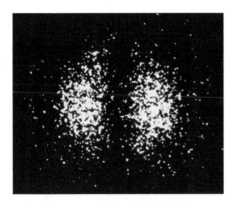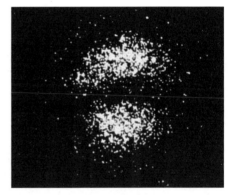

纏結的光子除非被觀察，否則不會採取相反的極性[36]。

量子物理學家阿米特・戈斯瓦米（Amit Goswami）說：「在可能性的領域，電子並未跟我們分離，也沒有跟意識分離。這是意識本身的可能性，也是一種物質的可能性。一旦意識藉由選擇電子的一個面向而塌縮機率波，該面向就會成真。」[37]

所以，科學的心智從來不是中立地見證客觀的現象，它本身也會影響著可能性的無限大海，在它的注視下把可能性變成現象。戈斯瓦米說道：「正是意識將可能性化為現實。事實是，任何時候只要我們觀察某個目標，我們看到的就會是一個獨一無二的實相，而不是一系列未知的可能

性。因此，有意識的觀察是讓機率波塌縮的一個充足條件。」

## 科學真的是物質現象的客觀量測？

科學通常被視為物質現象的客觀量測。比如說，有科學家聲稱他發現到能殺死癌細胞的某種分子，並把研究結果發表在頗具聲望的期刊上，我們就會深信不疑。有研究團隊調查情緒感染的社會現象，並提供數據來說明此一效應，我們也會相信情緒感染確實存在。

然而，假如所有科學都存在著觀察者效應呢？假如從電子、光子到星體、銀河，科學家們所發現的，有沒有可能都是他們所期待要發現的？如果是科學家的心智在形塑他們所觀察的物質呢？如果他們信念的力量，正在製造所觀察的全部或部分效應呢？如果科學家的信念，其實也參與了他們的實驗成果呢？

信念會滲透並形塑科學的整個領域。每個科學家都會做測量，因為他們相信只要是存在的事物都是可測量的。他們壓根兒不相信的事，就不會去尋找，當然也就無從去發現。

關於這一點，可以拿愛滋患者的心態研究來當例子。早期的愛滋病研究，關注的幾乎都是這個疾病的生理方面，目標鎖定在物質層次。等到數百份相關研究紛紛問世後，才有一支研究團隊設計一份問卷用來評估愛滋患者的心理狀態。

他們驚訝地發現，宗教信仰會影響疾病的惡化程度。認為得愛滋病是神的懲罰的那些患者，血液中 AIDS 病毒的增加速度會比其他相信神是慈悲的患者快了三倍。信念可以用來預測愛滋患者是否能活下來，而且準確度遠遠超過沮喪、危險行為及調適技巧等因子[38]。

在這個指標性研究之前，沒有人關注心靈力量的重要性。這不是因為它不存在，而是沒有人有過這個念頭。

所以說，科學家本身的信念，隨時都在形塑他們所發現的物質實相。

# 偏見的暗黑力量，觀察者的期望效應

　　一九六三年，在哈佛大學一項深具影響力的動物研究中，研究人員測試了所謂的期望效應（expectancy effect）。所謂期望效應，簡單來說就是：你越期待某件事，它就越可能會發生。羅伯特・羅森塔爾（Robert Rosenthal）教授給學生兩組實驗小白鼠。他告訴學生說，其中一組是聰明鼠，特別培育來走迷宮的；另一組則是不會走迷宮的呆滯鼠。

　　事實上，這兩組老鼠都是隨機分配的。然而，學生在進行實驗時，卻的確發現「聰明鼠的表現優於另一組」[39]。

　　接著，羅森塔爾再以教師為對象進行類似研究。他先讓學生做智力測驗，然後告訴老師說根據測驗結果，有些學生在未來一年的學業成績會很出色，並把這些學生的名字告訴老師。

　　但事實上，這些學生都是隨機挑選的。等學年結束時，提到過名字的學生，成績果然比其他孩子進步更多[40]。

　　心智創造出物質，加上信念後，則使物質世界的變化更為明顯。

## 有時候，一無所知才能放手做

在麻省理工學院負責管理化學實驗室的研究生，向我描述他們在課程中必須學會的一個實驗步驟：從過飽和溶液析出醋酸鈉結晶。這個實驗很不好做，需要高度的專注力。很多人試過許多次後，也不見得能成功。他們都知道這個實驗很不好做，幾乎快把這個實驗當成實驗室的成年禮了。

學期一開始，來了個大一的學生擔任實驗室助理。他第一次嘗試這個實驗就成功了，研究生非常驚訝，讓他試了一次又一次，次次都能輕鬆過關。研究生困惑又嫉妒地說：「他一定抓住了什麼竅門。」其實，真相是這位沒有什麼經驗的大一學生，只是從來沒看過實驗備忘錄而已。備忘錄上洋洋灑灑地說明這個實驗不好做，以及有哪些要特別注意的難關。

不同科學家得出不同的結果，這種事不該發生在物理學與化學等實證科學的領域。在同樣的條件下，分子和原子任何時候都應該有同樣的行為表現。在標準的科學典範下，不容科學家任由自己的意圖、信念或能量場來影響實驗結果。

然而，事實卻不然。不少研究報告都揭露有些化學家比其他人更善於操縱元素，把自己的意圖套用在它們身上[41]。正如物理學家佛瑞德・亞倫・沃爾夫（Fred Alan Wolf）所說的：「所謂的宇宙法則，或許根本就只是出自我們的集體心智。」[42]神經科學專家羅伯特・霍斯（Robert Hoss）則說：「固態物質只是幻象。在最根本的層次，我們或許看起來像這樣：一碗有組織的湯，有次原子粒子在宇宙的無限能量場內載浮載沉、忽隱又忽現。」[43]

# 科學不是冷硬的道理

　　科學能以研究主題的規模及類型來分類。首先是物理學，研究的是物質最基本的層次，例如原子及次原子粒子。接著化學登場，檢視這些粒子如何組成分子並彼此互動。這些學科統稱為物質科學（或是「純」科學或「硬」科學），因為它們所測量的物理物質都是冷冰冰、硬邦邦的客觀事實。它們根據的是一板一眼的數學，不是滑溜且難以預測的生物。

　　生物學和其他生命科學是以物理學與化學為基礎，研究有生命的細胞、組織及有機體。複雜的系統內互動頻繁，因此這類系統通常不穩定且會朝難以預測的方向演化。地質學和天文學研究的，是堅固的物理性物質，而地理學則檢視地球的組成。天文學將規模拉到更高、更寬廣，研究的是星體、銀河、宇宙的物質結構及運動。

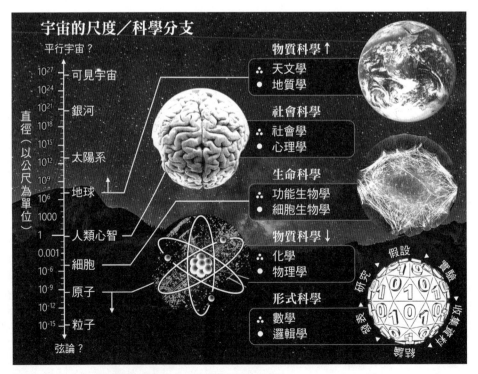

依據科學分支所描繪的宇宙規模，以物質科學為基礎。

接著是關於心智與心靈的「軟」科學。心理學檢視的是個體的行為，社會學則研究團體之間的互動。硬科學出身的研究人員通常自我感覺良好，認為他們比軟科學的研究人員更為優秀，因為他們處理的是具體的物質層次而不是虛幻的心靈層次。例如，一九〇七年發現原子大部分是空的，以及發現次原子粒子是由電磁場彼此鍵結而成的物理學家歐尼斯特・拉塞福（Ernest Rutherford），就對其他科學家不屑一顧，曾經高傲地說：「只有物理學才是真正的科學，其他都是集郵活動。」

## 可複製性的危機，心理實驗的可信度

科學家在發表的論文中，必須檢附使用的「研究方法」。研究方法要清楚陳述如何獲得該研究結果以及如何得出結論，好讓其他科學家能夠複製實驗並驗證結果的有效性。

單篇論文發表的研究發現，只代表實驗當下效應確實存在。但如果有獨立的研究團隊也得出相同結果，那麼第一份研究所發現的效應很可能就是真實存在的。因此對科學來說，**可複製性**的研究非常重要，重要到美國食品藥物管理局在許可新藥之前，會要求至少有兩份研究證實藥物的功效。美國心理學會在草擬「實證有效的心理治療」的標準時，也借用了同樣的標準，在宣稱某療法為實證之前，要求研究必須具備可複製性[44]。

二〇〇〇年代初期，安進（Amgen）這間大規模的生物科技公司開始驗證某些重要的研究。該公司投入數百萬美元，以先前研究為基礎進行癌症生物學研究。如果原始研究出現的效應是健全的，那麼下一階段的癌症藥物開發就有堅實的立足點。安進詢問所屬的科學家哪些早期研究對他們的工作最重要，得出了五十三份「指標性」研究。

花了十年的時間，這五十三份研究只有六項複製成功，通過驗證。研究人員表示這個結果「令人震驚」[45]。

就在幾個月前，另一間大藥廠拜耳也公開發表了類似的分析，引起後續的一連串作為，看看到底有多少關鍵研究是能禁得起驗證的。其中包括

重新複製五份癌症生物學實驗，結果只有兩份複製成功[46]。史丹佛大學流行病學家約翰・奧尼迪斯（John Ioannidis）總結了這些發現：「綜合出來的全貌，說明可複製性問題確實存在。」[47]

那麼，軟科學又是如何呢？由二七〇名研究人員所組成的國際團隊，一起驗證二〇〇八年在三本頂尖心理學期刊所發表的一百項研究。結果發現能夠成功複製的研究，不到半數[48]。

科學期刊《自然》（Nature）也針對此一現象進行調查，在一五七六名參與調查的研究人員中，發現無法成功複製其他科學家實驗的高達七成，有五成無法成功複製自己的研究[49]。

科學的「可複製性危機」原因不一。成功複製之路上阻礙重重，其中包括混亂的實驗室管理、樣本數太少而無法提供統計檢定力，以及使用特殊技術使得複製有困難等等。

選擇性報告也扮演很重要的角色，因為發表的通常是偏正面的結果，負面結果大都被掃到沙發下面了。這類有偏差的研究也被稱為抽屜研究（file drawer studies），使用這個譬喻是因為最後它們都會被丟到檔案櫃最下層的抽屜，從此不見天日。一份對心理學研究的分析統計顯示，這類研究大約有五成永遠都不會發表[50]。

讓研究難以複製的另一個因素，是信念會影響結果。科學家有自己的信念，他們是人不是神，不可能對追尋榮耀、自我中心、嫉妒、領域性等人性完全無動於衷。他們會有怪念頭，會有自己的偏好和需求。他們需要成功的研究來取得補助、工作或終生職。他們會愛上自己的工作，如同因為《窈窕淑女》（My Fair Lady）這部賣座電影而永垂不朽的畢馬龍效應（Pygmalion effect）*。科學家在處理自己的工作時，也會和其他人一樣帶著許多成見。

---

\* 編按：畢馬龍效應源自希臘神話一位名叫畢馬龍的雕刻家，他愛上了自己用象牙雕出來的女神雕像，每天跟雕像說話，最後雕像有了生命成為真人。這個故事先後被改編成音樂劇《賣花女》及電影《窈窕淑女》。畢馬龍效應就是期待效應，通常指孩童或學生在被賦予更高期望以後，會表現得更好。

由於物質科學（例如化學與物理學）的實驗被假定不受觀察者效應的影響，因此盲測比例低於百分之一。

他們相信自己正在做的事，尋找預期會找到的效應。信念的力量或許會扭曲他們的研究結果，這樣的現象稱為「期望效應」。為了把控好這一點，多數醫學研究會以盲測方式進行。例如，分析兩組資料的數據師不知道哪份樣本是來自實驗組，哪份是來自對照組。

然而，物理學與化學等硬科學領域，就不是這樣操作的。研究顯示，這些領域內僅有不到百分之一的研究是以盲測方式進行[51, 52]。做實驗的研究人員知道哪份樣本來自實驗組，而他們心中的信念與期待可能就會在被觀測的對象身上創造出觀察者效應。觀察者效應已經在物質科學的原子及分子層次被測量出來，也在軟科學的人與社會層面被測量出來。

## 科學家的信念測試

科學家的信念有多強？康乃爾大學的社會心理學家戴洛·拜姆（Daryl Bem）以預知為研究主題，做了多次實驗，其中一項實驗相當有趣。在一系列針對一千名參與者所做的九個實驗中，他發現了微小但有統計意義的超心理學現象[53]。

　　拜姆的批評者一點都不信有預知這回事，所以運用了更極端更嚴苛的方法來加以駁斥。首先，他們逐一分析這九個實驗，而不是整合結果來提供盡可能最大的數據庫[54]；而想要在規模較小的數據庫中找到某個效應勢必更困難。接著，他們使用統計檢定方法，這與心理學研究慣用的方法截然不同[55]。

　　他們使用的技術，要求對預知現象先建立兩個信念：第一個是相信那是真的，第二個是相信那是假的。然後，他們將相信預知不可能為真的信念層級設定為十萬兆比一[56]。毫不意外的，預知效應不見了。

　　拜姆的研究團隊運用同樣的方法，重新分析他們自己的研究資料。結果發現，即使你只有微小的信念相信預知或許為真，他們的九項實驗的整體結果就會顯示預知確實存在。那麼，信念有多微小呢？你只需要相信在一億次中會出現一次就行[57]。

　　你甚至不需要真正相信預知，效應也會出現。即便你是堅定的懷疑論者，只要心智還存有一丁點信念（一億次中僅有一次可能性），研究便會證實預知為真：「如果人們從『或許為真』的這個可能性出發，即便可能性極其微小，現存證據的力量也會具體地將此一信念朝向預知方向改變。」[58]

## 無法撼動的信念

　　有一支獨立的研究團隊無法成功複製拜姆的研究[59]，引發了後續的一次大規模研究，包括十四個國家的三十三個不同實驗室一共進行了九十次實驗。這一次，拜姆使用批評者的非傳統統計方法及標準的機率實驗，發現這兩者都支持預知真的存在[60]。

　　拜姆的第一個實驗，以及針對批評者對研究數據的重新分析，提出了一個迷人但意料之外的數據比較，要來看看科學家的信念會變得多麼強大。拜姆的批評者容不下一億中僅出現一例的信心比率，卻把自己的信心門檻設定到驚人的十萬兆比一[61]。這種無法撼動的堅定意志，肯定會讓最頑固的基本教義派都引以為傲。

懷疑論者大都不相信預知未來可能是真的

　　即使《自然》期刊所做的調查，顯示 70% 的科學家無法成功複製實驗，也未曾讓科學家灰心喪志，相反的，他們的信念仍然堅強。多數人仍然對公開發表的論文深信不疑，但比起一般人，科學家們顯然更為樂觀，他們憑藉的是這樣的數據：「73% 的人認為自己專業內的論文至少有半數可以信任，物理學家與化學家通常又更有信心。」[62]

　　當我們檢驗科學採用的方式就會發現，無論是好的影響或壞的影響，科學都受到信念的強烈影響。科學家作為客觀的事實評估者，這樣的理念與事實產生了矛盾。科學家是信徒，尤其信仰他們的工作，他們無法將心靈與物質分開。

　　事實上，科學並非對物質的客觀量測，只是科學家的內在意識（或心靈）與物質世界的雙人舞。心境一變，物質就會隨之改變。

## 量子纏結與觀察者效應能無遠弗屆？

　　直到二十一世紀初期，物理學界的共識都是纏結與觀察者效應只會在微觀尺度出現，只屬於次原子世界的特殊性質。比原子更大的結構，只有

符合常識及因果論的古典物理學（牛頓物理學）才適用。由於纏結條件之一是粒子的溝通比光速快，愛因斯坦非常牴觸而把這種現象稱為「幽靈般的遠程效應。」[63]

所以長達一世紀，物理學家們將這種「幽靈般的遠程效應」侷限在微觀世界裡，認為這在細胞與有機體等大尺度事物中無法運作。然而，到了二〇一一年，研究人員已能夠一次纏結數百萬個原子[64]。二〇〇七年，在細菌利用光來產生光合作用的過程中首度發現了量子效應。二〇一〇年，這個現象在室溫中被測量到，二〇一四年研究人員進一步發現，活有機體的量子聯動（quantum coherence）是由能量場來組織的[65]。

上升到人類層次，研究顯示我們的味覺能夠根據量子能量特徵來偵測分子，而不是僅依據其形狀[66]。在人類大腦中，神經元群組似乎有自己獨有的量子纏結。相距遙遠的不同神經部位能夠在同一時間同步放電，這種稱為「鎖相」（phase locking，永遠維持一個固定的相位差）的生理過程，或許就是透過量子溝通來達到同步[67]。

有一項重要研究，檢視了七對連接到腦電圖的受試者，試圖在人類大腦尋找量子效應。他們將每對中的其中一人隔離在隔音室內，同時屏障了所有已知的電磁輻射。實驗過程中，隔離室外那一人的大腦會接受一百次短暫的刺激，每次的間隔時間都是隨機的。比較兩組腦波樣本的結果顯示，待在隔離室內的人，他的大腦會回應戶外夥伴所接收到的刺激[68]。

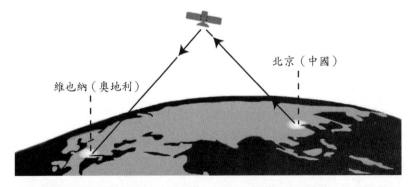

維也納（奧地利）　北京（中國）

量子科學實驗衛星傳輸系統，運用纏結的光子來安全傳輸資訊。在維也納及北京都設有量子通訊地面站。

　　在一項星球級規模的實驗中，中國政府在二〇一六年啟動量子科學實驗衛星（Quantum Experiments at Space Scale，簡稱 QUESS），目標是運用量子聯動的效應，在數千英里的距離提供超級安全的資料傳輸。

　　當數據透過光纖電纜傳輸時，會被散射出去或被吸收。因此要在長途傳輸過程中保存光子的量子狀態不被耗損，使用光纖這個科技是辦不到的。中國這個衛星計畫的目標，是運用成對的纏結光子來遠距傳輸量子狀態。

　　所有數據均經過光子極化來加密，然後這些光子訊號會從衛星彈出去，經由太空傳輸並抵達遙遠的地球定點。這種方式會消除運用光纖電纜傳輸資料所產生的耗損現象，達到安全傳輸的目的。

## 太陽活動左右了全球性事件

　　地球、太陽和其他行星的能量場，對於人類有什麼影響？這一類嚴肅的先進研究，是最新也最令人興奮的科學研究分支。這些全球性場域與所有生命的互動，以及彼此之間的交互影響，已經開始有人加以探討與描繪。

　　「全球聯動倡議」（Global Coherence Initiative，簡稱 GCI）是目前規模最大、以收集這些互動資料為目標的一個大型計畫。它運用新近研發

敏感磁力場偵測器的全球網絡，監控地球磁力場的波動及離子層的共鳴。

六個正在運作，以及六個籌備中的「全球聯動倡議」（GCI）監控站。

的大型磁力計來測量地球磁場的變化，這些設備位於全世界各地，要測量「連結所有生命系統的生物學相關資訊」[69]。

全球聯動倡議感應器可以監測地球磁場變動、太陽風暴以及太陽風速度等等變化，同時也用以測試人類集體意識會影響這個資訊場的假設，並判斷「可觀人數所創造安住於心的關懷、愛及慈悲狀態是否會產生更協調的能量場環境，從而利益他人並幫助抵銷目前地球上的不和諧與不協調」。

俄羅斯科學家亞歷山大・齊傑夫斯基（Alexander Tchijevsky）觀察二十世紀初期發生的太陽耀斑時，注意到了一個驚人事實：它們發生的時間與世界大戰最殘暴的幾場戰役幾乎同時[70]。這讓他回頭分析一七四九年到一九二六年的這段歷史，檢視了七十二個國家的重大事件（例如社會革命與戰爭），然後發現同樣的關係可以回溯到幾世紀以前。他得出的結論是：社會動盪與太陽耀斑活動，這兩者之間有高達八成的相關性。

這個效應也會以反方向運作。太陽活動也可以連結到文化復興與正向社會演化等時期，以及連結到藝術、科學、建築與社會正義的大躍進時期[71]。

如果一個人處在心腦諧振的狀態，全身會散發出平和寧靜的訊號。跟

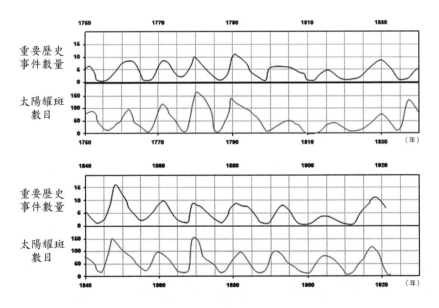

上方曲線代表歷史事件，下方曲線代表同一時期太陽耀斑的數目。

這樣的一群人接近，整個團體的能量場都會隨之改變[72]，並影響到周遭的
人，帶動平和的氣氛。全球聯動倡議的目標既是要測量，也是想善用這種
良性互動的效應。大量的人一起處在諧振狀態，或許能把整個地球的精神
層面推向正向的轉變之路。

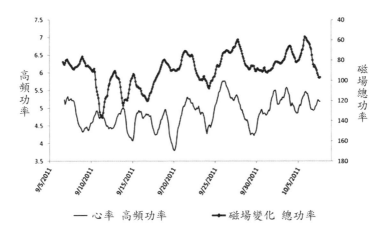

加州全球聯動倡議觀測站，其中一位參與者的心率變異度（HRV）及
磁場在三十天內的狀況。

　　大家對於這個大型計畫的期待是「大幅加速合作、以創新方式解決問
題、提高洞察力，藉此處理重要的社會、環境及經濟問題。隨著各個國家
採取更為一致且包容的全球觀點，這個活動的效益將會日益明顯。想要有
意義且成功地處理社會與經濟壓迫、戰爭、文化歧見、犯罪及忽視環境，
這種全球觀點非常重要」[73]。

　　人類意識的轉變也能使用亂數產生器（random number generators，簡
稱 RNGs）來測量；這些電腦只是隨機生成持續的零與一的數字串。由於
它們是專為製造隨機數字而設計，原則上不該用來做其他事。不過，在高
峰集體經驗的時刻，它們持續產生的數字流確實出現了變化：偏離了隨
機，而且偏離程度有時具有統計意義（亦即此結果為巧合的可能性每二十
例中只有一例）。比如說，大型運動賽事期間，全場觀眾在狂熱的氛圍
下，亂數產生器會明顯偏離了基線標準[74]。

# 測量全球集體意識的轉變

全球意識計畫（Global Consciousness Project，簡稱 GCP）是由全球
科學家與工程師組成的一個團體，由全球七十個主站收集數據，並將數據
傳輸到普林斯頓大學的中央數據庫[75]。

一旦發生戲劇化事件吸引全球許多人的注意時，全球意識會同步聯動
而一致，亂數產生器的行為就會出現變化，偏移了隨機性。全球意識計畫
已持續追蹤這些變化二十多年，從中發現這些變化都與牽動人類意識的全
球重大事件有關。這些事件包括：

- 一九九八年：肯亞與坦尚尼亞的美國大使館遭受炸彈攻擊。
- 一九九九年：北大西洋公約組織（NATO）為了停止對塞爾維亞人
  的屠殺而空襲南斯拉夫。
- 二〇〇〇年：教宗首次出訪以色列。
- 二〇〇〇年：俄羅斯庫斯科（Kursk）號核子潛艇發生爆炸。
- 二〇〇三年：南非大主教戴斯蒙・屠圖（Desmond Tutu）與其他
  組織共同舉辦全球性燭光守夜活動，祈求世界和平。
- 二〇〇四年：美國民主黨黨代表大會。
- 二〇〇四年：俄羅斯貝斯蘭（Beslan）屠殺事件，一五〇名人質
  死亡。
- 二〇〇五年：伊拉克選舉。
- 二〇〇五年：巴基斯坦的喀什米爾發生地震。
- 二〇〇六年：印尼發生規模 6.2 的大地震，超過三千人死亡。
- 二〇〇八年：歐巴馬當選美國總統。
- 二〇一〇年：歐巴馬健保改革法案通過。
- 二〇一〇年：以色列攻擊親巴勒斯坦活動人士的船隊，有九位平民
  死亡。
- 二〇一〇年：智利三十三名礦工在受困地底十八天後獲救。

- 二〇一一年：「新實相團體」（New Reality Group）舉辦全球靜
  心活動，這是一群「相信我們的意識可以定義自己實相的物理學家
  與數學家」。
- 二〇一三年：「和平之門啟動團體」（Peace Portal Activations
  Group）舉辦全球冥想活動。
- 二〇一三年：南非前總統曼德拉去世。
- 二〇一五年：國際和平日。

　　全球意識計畫統計了這些變化發生的機率，也追蹤這些相關性純粹是
巧合的累計可能性。得出的結果是：純粹是巧合的機率只有一兆分之一[76]。

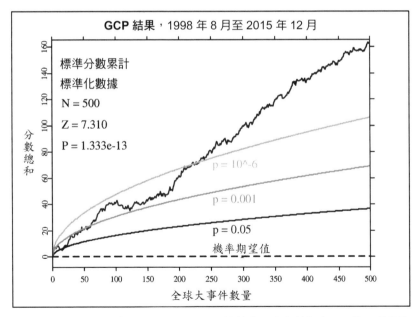

在這張圖表中，相關性單純只是巧合的可能性由下方虛線代表。三條平滑曲線
代表統計意義逐漸增加，最後的結果是上方鋸齒狀的線[77]。

　　這些大規模的測量，顯示人類集體意識會與物質世界互動。榮格
（Carl Jung）相信個人經驗的某些元素是來自所有人類共享的集體意識，
他稱之為集體潛意識（collective unconscious）。他認為「集體潛意識是

人類一路演化下來的共同精神遺產，會在每個人的大腦中重新誕生」[78]。

今日，像全球意識計畫及全球聯動倡議這一類大規模的科學計畫，讓我們得以測量共有經驗的效應。集體經驗會作用於物質世界，證據已日漸浮現。集體心智正在影響著整個心理環境的物質，而我們都是建構這個精神圈的一分子。

# 一個人的心念能引起全球共鳴

一旦進入心腦諧振的狀態，情緒、精神及生理的情況都會變得更好，因為皮質醇濃度下降了，而腦中的血清素及多巴胺等神經傳導物質也達到平衡。此外，所有促進療癒的腦波數量會增加，與焦慮相關的高β波數量會降低。當我們的主觀感覺良好，就會轉譯為細胞生物層次的客觀改變。當我們的腦內充滿帶來快樂的腦內啡、促進親密的催產素以及極樂分子大麻素時，無形的心境就會體現為具體的物質。

我們也會跟隨著相應的全球頻率共振，我們不是孤立的存在，而是偉大宇宙的共鳴節點。改善諧振狀態，我們改變的不僅僅是自己的身心，也將自己的諧振獻給整個星球，與其他具有同樣能量的人串連在一起。

因此，我們都是非常重要的小小螺絲釘，為了讓整個地球能夠欣欣向榮而努力。以下這個由喬・瑪拉納所提供的故事，就是個人事件可以跨越地理區隔而達到同步的例子。

## 妹妹從墳墓彼端傳來的愛

我把偉恩・戴爾（Wayne Dyer）的電子書《奇蹟》（*Real Magic*）借給朋友，一共有六卷帶子。

朋友把錄音帶還給我時，有一卷沒有倒帶。我有點不高興，心

想：「為什麼他沒有將這卷錄音帶倒好帶？」

接著我想：「或許這是要傳達給我的訊息。」於是我走到立體音響設備，把帶子放進去，按下播放鍵。

我聽到偉恩‧戴爾的聲音：「妳沒有妹妹的消息已經三年了，妳一定很想跟她說上話吧？」

我嚇了一大跳。那時我妹妹已經過世三年了，我非常想她。

不久後，郵差就送信來了。裡面有一封璜妮塔‧洛佩茲（Juanita Lopez）女士寫的信。住在巴拉圭的她罹患了多重硬化症，每年我都會送錢給她。每一次，璜妮塔都會回信並仔細列出她把錢花在什麼地方。比如給姪女買鞋子、換新屋簷或買淨水器等等。

我打開信，信紙最上方有手寫的粗體字，顯然不是璜妮塔的字跡，寫道：「我永遠都是妳的妹妹，我每天都惦記著妳，將我的愛傳送給妳。」

我跌坐在地，好久都止不住淚水。

我馬上寫了封航空信給璜妮塔，問她：「妳為什麼會這麼說？」

第二天，巴拉圭發生大地震，有四人死亡，其中之一就是璜妮塔‧洛佩茲。所以，我從來沒收到她的回信。

我將這個故事跟思維科學研究所的一位科學家分享，他說最可能的解釋就是纏結。那封信是在我聽到偉恩‧戴爾的訊息前就寫好的。所有事都莫名串連了起來。

本文作者是喬‧瑪拉納（Joe Marana）

這樣的共時性事件還可再記上一筆：我在一個廣播節目聽到瑪拉納的故事，那時我的車子正停在旅館外面，我坐在車裡等我太太克莉絲汀退房。那時候，我才剛剛完成一場專題演講，而那場活動就是……（你可能已經猜到了）……思維科學研究所的年度研討會。

# 生命互相纏結，隨著宇宙脈動重建人生

　　纏結或許也能在遠距治療及遠距溝通上發揮作用。情感上親密的人，也會表現在神經層次上，無論距離遠近。華盛頓大學及西雅圖巴斯帝爾大學（Bastyr University）的研究團隊檢視親密伴侶的腦電圖，結果發現，當其中一方看到某影像而腦波發生變化時，另一半即使距離遙遠，也會同步發展出同樣的腦波模式[79]。

　　套用量子力學的觀察者效應來解釋，靈性治療師可以視為觀察者，他們能夠將時空中的一個可能性塌陷為療癒的機率。而祈禱就是一種意圖，可以干擾往某個可能性推動的機率波，將其中一個可能性塌陷為一種特定的結果。

　　琳恩・麥塔格特在《念力的祕密》提到了一些大規模的國際性實驗，這些實驗評估人類意圖對物質界的可能效應。在書中，她說觀察者效應暗示了「在無形的量子世界被轉變為某種日常實相的過程中，鮮活的意識位居了核心的主導地位」，而且「實相是流動的，不是固定不變的，會永遠打開大門接納影響」[80]。根據比爾・賓斯頓的看法：「這暗示人類意識會在個人層次及集體層次製造出我們稱為『實相』的東西。」[81]

　　羅伯特・霍斯專精的是瀕死經驗及預知夢等超感官現象，他提出一個非常具衝擊性的問題：如果觀察行為會將能量波塌縮為物質粒子，藉此組成我們四周的世界，那麼**又是什麼人或什麼東西在進行觀察？**誘發物質世界所有物質創造的這個偉大的觀察者是誰？霍斯認為是意識──宇宙的非局域性意識。宇宙本身就是偉大的意識，持續從心智中創造出物質[82]。

　　這個觀點已獲得主流科學家日漸認同。格雷戈里・馬特洛夫（Gregory Matloff）是紐約城市技術學院的資深物理學家，他認為我們個人的局域心，或許能透過散布於所有空間的「原意識場」（proto-consciousness field）連結到宇宙的非局域心。據此，所有星體能在軌道上正常運行，或許是出於它們自我意識的掌控。宇宙或許真的有自我意識。除了馬特洛夫，還有不少人也抱持相同的觀點[83]。

一旦身為人類的我們放下自己的局域心，不再對狹隘的實相執著，並將本身受到限制的意識與宇宙的無限意識校準，就能讓局域心與非局域心達到同步。在這樣的聯動狀態下，我們以局域心所創造出來的事物自然能反映非局域心的大格局。我們不再受到被制約的老舊思維所局限，不再任憑走味的過往經驗去創造出同樣的實相。

從此，我們就能跳脫框架思考，會看到受制於局域心時看不見的可能性。我們能在非局域心浩瀚的意識海中，探索自己的潛能。我們能觀察到世界的變化趨勢，但當我們受困於個人失衡的實相場時，就會視而不見。觀察者效應顯示實相是有彈性的，只要把心腦諧振的力量導入經驗之中，我們的覺知便能創造出不凡的事物。

以我走過的人生來說，很容易陷入傳統「眼見為憑」的窠臼中，以為外在世界就是這個樣子。為了自我矯正，我經常會事先架構我的經驗，以便支持我完成目標。當我帶著覺知行動，我的心就能創造並維繫一個跟我目標一致的「實相場」（reality field）。

## 當現實不盡如人意，仍要堅守你想要的實相場

我在四十五歲時轉換職涯跑道。前幾年我離開了出版業，買下一間小旅館。在撫養兩個孩子的同時，過著半退休的生活。

我有時會無聊到想哭，覺得自己脫離了自我療癒的世界，也與出版業漸行漸遠。

為了找回寫作的感覺，我開始規畫《療癒之心》的出版計畫，重現我在一九八〇年代曾經有過的成功出書經驗。

我選了療癒圈三十個名人寄出推薦邀請，包括勞瑞‧杜西、狄帕克‧喬布拉（Deepak Chopra）、唐娜‧伊頓、伯尼‧西格爾（Bernie Siegel）以及克莉絲汀‧諾瑟普（Christiane Northrup）等人。

　　每封邀請函內都附有一張貼好郵票的藍色明信片。我請他們勾選願意或不願意，同時寫一句話來解釋他們如此回覆的理由。

　　在接下來的一個月，我每天焦急地檢查信箱，等待藍色明信片寄回來。然後，我收到第一張回函——伯尼‧西格爾的明信片，他的回覆是「願意」！我回到辦公室，告訴助理我終於鬆了一口氣，因為至少有一個人在十五年後還記得我！

　　接著是勞瑞‧杜西的回覆：「不願意」。

　　我回到辦公室，興奮地高舉明信片。在看到「不願意」的回覆後，助理皺眉看著我。

　　我興奮地說：「好歹我跟勞瑞‧杜西開始對話了！」

　　這是我用來理解每個不願意的方式。那張藍色明信片不是代表一扇關上的大門，而是一場對話的開始。我堅信這本書會成功，這樣的實相場我一直都沒有放棄，即使眼前的證據不是如此。

　　最後，幾乎所有當初回覆「不願意」的人都出現在這本書的推薦人中，這本書也真如我所願，成了當年的健康類暢銷書。至於勞瑞‧杜西，已經變成了我的朋友，也是最先將你手上這本書的推薦語寄給我的人之一。

## 培養心腦諧振，啟動創造力

　　我們可以重新訓練混亂四散的心，達到心腦諧振狀態。腦電圖顯示，心腦諧振狀態會產生大量的 γ 波，這是創造力增加及腦波同步的代表模式。然後，再努力連上宇宙的非局域心，我們的意圖就會像雷射一樣，擁有強大的聚焦力量。

　　就像我和克莉絲汀使用蓋革計數器時所發現的，使用意圖或心念去影響物質的能力，不是特異功能的人所專屬。只要接受過心腦諧振的訓練，

我們都能輕易做到。從纏結及雙狹縫實驗可以得知，意識時時刻刻都在影響著我們周遭的物質世界。

史丹佛大學教授威廉・提勒（William Tiller）提醒我們，白熾燈泡非同調的光與雷射同調光，兩者力量大不同。他說：「就像白熾燈泡的例子，有未受利用的廣大潛能存於我們的內在，基本材料早已在那裡，只是彼此之間尚未聯動同步。我們的任務，就是將大部分非同調的材料轉變為與系統同步。」[84]

有意識地去思考，讓這個珍貴的意識禮物去引導你的思維，而不是受到實相所擺布。即使環境再惡劣，都能推動我們走向完整，只要我們掌握了自己的心，有意識地讓心充滿愛與目標，而不是懷疑與恐懼。

心腦諧振擁有如雷射一般的力量，足以削鐵如泥。有意識地去操控實相，重新組織我們的神經傳導路徑。如此一來，我們的腦波就能同步一起諧振，我們的心以及所有身體系統都會緊跟在後。於是，我們的神經網絡得以重新組織，在這個狀態下，就能超越已知的物理法則去運作。

一旦發展到如此，就能自然而然地與其他人連結，依據正向共鳴的社群大能量場來校準自己。共時性現象會成為常態，而非例外。如同哲學家路易斯（C. S. Lewis）所宣稱的：「奇蹟是大千世界的微觀再現，是用小小的文字來講述大到讓人無法看清的同一個故事。」[85]

培養諧振的局域心，首先要讓我們的意識與非局域心的能量場校準，找回愛與創造力。每天早上，當你的大腦還處在 α 波主導、β 波尚未出現之前的狀態，第一件要做的事就是冥想，效果非常好。一旦思緒閘門被打開，要讓心平靜下來就不容易了。想要更容易進入冥想狀態，讓睡眠期的主要腦波 α 波盡量延長是個好方法。

每天早上一醒來，我就是這樣做的，一睡醒就立即開始冥想。然後帶著心腦諧振的最佳狀態開始新的一天，遠離穴居人躁動的心。樂觀的人能活得更久，悲觀的人死亡率會加倍，而有效降低壓力可以讓你的壽命多加十年 [86, 87]。

以宇宙無限的能量場來校準你的心，這是開啟美好生活的一把鑰匙。

它會推動身體的物質面走向健康與幸福，解開被封印的創造力，將我們的家庭與社群關係轉移到愛、慈悲、快樂的狀態，進而滋養自然世界並影響整個地球的精神圈。我們的心，若能重組為諧振狀態，足以照亮整個魔法世界。

## 將這些概念付諸實踐

本週要練習的活動包括：

- 每天早晚練習精簡靜心至少十分鐘。
- 每天刻意去碰觸家人，這包括：輕捏肩膀以示鼓勵；輕輕拍背；比平常擁抱得久一點。
- 看看你日誌上過去幾週的紀錄，你是否注意到有任何共時性事件？請將它們特別標示出來。

本章的延伸資源包括：

- 羅伯特・霍斯的訪談錄音
- 關於壓力的成因、症狀及影響的數據
- 全球意識計畫
- 全球聯動倡議

延伸資源請上網連結 MindToMatter.club/Chapter5。

# 第 6 章

# 共時性的神奇，
# 不只是巧合

Entraining Self with Synchronicity

共時性是有意義的巧合，是看似隨機事件背後所蘊藏的
秩序，具有示警、療癒、預知等多種作用。共時性隨時
提醒我們，這個宇宙永遠都跟我們連結在一起，並以巧
合來示現種種靈性覺醒的機會，正如愛因斯坦所說的：
「共時性，是上帝隱姓埋名的方式。」

　　人們常說摩洛凱島（Molokai）是最像夏威夷的小島，總面積大約六七〇平方公里，以沒有交通號誌燈為傲。全島有兩間加油站，為將近七千個居民提供服務，還有一家樸素的雜貨店。旅客居住之處名為「摩洛凱大飯店」，這也是全島唯一的旅館。旅客可以購買名為「摩洛凱夜生活」的明信片，畫面一片漆黑。

　　幾年前我和老婆克莉絲汀第一次去摩洛凱，輕鬆度假十天。當時我們兩人都有很強的意圖，渴望與當地居民建立連結。很巧的，在我們由茂宜島（Maui）飛往摩洛凱的前一天，認識了來自摩洛凱的音樂家兼薩滿——艾迪・田中（Eddie Tanaka）。他會在我們預定抵達摩洛凱島的幾天後回來，答應會帶我們到處看看。

　　我們在島上的第一天，在海岸公路開車兜風幾公里後，決定去散步並試著找到步道入口。我們正打算離開套房時，有事耽擱了，大約四十五分鐘後，終於晃到樓下開始按計畫去散步。

　　停車場有輛車子的保險桿貼紙引起了我的注意，貼紙上寫著：「不要改變摩洛凱島，讓摩洛凱島改變你。」我用手機拍了張照片，打算放到名為 Love Bathing 的臉書專頁，分享我和克莉絲汀的旅行點滴。

　　車主走了過來，注意到我用手機拍照，於是我們開始聊了起來。喬伊

夏威夷重新修復的霍拉（heiau）古神壇

說她是退休的會計師，提供我們豐富的資訊，告訴我們最近的步道在哪裡，又介紹當地人用來聯絡感情的歌唱會。她還分享了名為霍拉（heiau）的古神壇，這是夏威夷人的聖地。我們都很喜歡這些地方，可以感受到這些古老聖地的能量。

結果，喬伊和她的先生就住在我們樓下的套房。她也認識艾迪，常常和他一起彈奏烏克麗麗。她告訴我們他有一間相當獨特的房子，正面牆上擺了好幾百個玻璃瓶。那天早上，我們才開車經過。

第二天，喬伊邀請我們去參加摩洛凱大飯店舉辦的歌唱會，在這裡我們結識了她的朋友。大家熱情歡迎我們。表演結束時，在場的每個人都手牽手圍成一圈，一起高唱〈夏威夷驪歌〉（Hawaii Aloha）。我的心受到觸動，在美麗的歌聲中落淚。十天假期中，我們和喬伊、艾迪和其他新朋友幾乎無話不談。

但事實上，在此之前共時性已開始運作了。前一年，我們朋友的二十多歲女兒留職停薪了一年，跑到加勒比海去探險，要「尋找一座最美的島嶼」。我嫉妒她，很想自己也離開工作一整年去做這件事。但我放不下演講邀約、研習營等可以幫助他人的行程，所以當然只能做做白日夢。

然後有一天早晨，就在做完靜心冥想後，我突然領悟到：「你無須動身前往各處去尋找最美的島嶼，宇宙早就有答案，你只需去問問你內心的嚮導。」於是我提出了問題，一個微弱的聲音回答：「去摩洛凱島看看吧。」我已經在夏威夷群島玩了近二十年，但在那次冥想之前從未想到要去摩洛凱島看看。這就是我安排這次十日假期的緣由。

克莉絲汀和我玩得很開心。摩洛凱島有好長的沙灘，多數時候都空無一人，沙灘上通常只有我們兩人的足跡。在健行過程中，我們還發現多處古老的霍拉神壇，全都長滿了野草，只有親自踏上去才能發現。我們的十天假期，每天空氣中都充滿了魔法味道。

我還很小的時候，就對彩虹特別痴迷。有幾次開車途中，看到顏色特別鮮明的彩虹，還會突發奇想地去找它的起點，但是一直都沒有找到。

有一天午後，暴雨剛過，克莉絲汀和我開車繞過摩洛凱島崎嶇的西

摩洛凱島的沙灘,加上彩虹後的氛圍更是迷人。

側。彩虹就結束在車子前方的路上,或者我應該說是其中一道彩虹——其他兩道彩虹的尾端則落在道路兩側水氣氤氳的草叢裡。賜予我的,遠超過我許下的願。

離開摩洛凱島時,我們心中充滿了愛、閒適感,以及煥然一新的感覺。搭飛機離開的那天早上,我們先去參加最後一場歌唱會,地點就在一座老舊的咖啡農場,參加的島民不少,一派和樂。離開時,我眼中含著不捨的淚水,感覺就像找到了自己的第二個家。

後來仔細想想,如果不是我們在島上第一天發生的一連串「巧合」,十天假期就不會是這樣度過的:

- 我們決定第一天早上就去散步。
- 出發時,我們有事耽擱了,比原訂計畫晚了四十五分鐘離開房間。
- 我停下腳步去看汽車保險桿的貼紙,還停留足夠的時間拍照。
- 喬伊就在那一刻走了過來。

假如當初沒有因為當下的直覺去問內心的嚮導,我們永遠不會去摩洛

凱島。

　　當然，這所有一切都可能只是巧合。但是，像這樣的共時性總會發生在克莉絲汀和我的身上。

　　從我們兩人相遇起，就開始寫關係日記，記錄我們生活中發生的大小事及領悟。幾年後翻開日記，我們才驚訝地發現，有很多看似不可能的共時性事件發生在我們身上，而且凡是我們認真思考的事物似乎總會像變魔術一般出現。於是，我們兩人開始在日記上標記大大的「S」，提醒自己要懂得感恩。我們在摩洛凱島停留時寫的日記上，加了一個又一個的 S。

## 共時性，是上帝隱姓埋名的方式

　　我們不是第一個注意到共時性的世代，數千年來這個現象一直讓人深深著迷。兩千年前，現代醫學之父希波克拉底（Hippocrates）就曾觀察到：「有一個共有的流動，一個共有的呼吸，一切都處在相同的情感之中。整個有機體和它的每個部位都為同一目的協同工作……偉大原則延伸到最邊際，從最邊際又回到偉大原則，回到單一的本質，包括有生命與無生命。」[1] 羅馬皇帝及哲學家奧理略（Marcus Aurelius）相信：「所有一切彼此連結，這個網絡是神聖的。」

　　在二十世紀初期，偉大的瑞士精神醫學家榮格被共時性現象深深吸引。他將此一現象定義為：「兩個或多個事件的有意義巧合，牽涉到的不只是機率。」[2]

　　關於共時性，榮格最常被引用的對話是發生在某次的療程。有位年輕女子是榮格的患者，治療一直都沒什麼起色。有一次在療程中，她說起了一場夢。在夢中她看到一件珠寶，看起來就像黃金聖甲蟲。在古埃及的宇宙論中，聖甲蟲是重生的象徵。

　　在討論到這個夢時，榮格聽到窗戶傳出撞擊聲。開窗查看時，他發現了一隻甲蟲。他把甲蟲抓來給那個年輕女子看，同時說道：「這就是妳的聖甲蟲。」榮格表示這象徵她突破障礙、更新生命的潛能。榮格寫道：

「共時性揭示了主體世界與客體世界之間充滿意義的連結。」

　　愛因斯坦在構思相對論期間，也是榮格家中的常客。他們關於時空相對關係的討論，在榮格對共時性的概念發展中也占了一席之地。愛因斯坦用一句妙語來總結：「共時性，是上帝隱姓埋名的方式。」

## 共時性與夢的解析

　　夢通常是共時性的先行者。榮格會分析患者的夢，特別注意夢中出現的象徵。他尋找夢與現實生活之間的連結，比如聖甲蟲就是一個例子。令人吃驚的是，這種情況出現的頻率高得嚇人。

　　透過夢境，可以改變我們人生的歷程。夢境中，通常充滿了面對真實人生挑戰的共時性象徵與事件，為我們的經驗賦予意義，並提供清醒時候所無法觸及的資訊。

　　有一類共時性的夢境會攜帶健康訊息，人們通常在夢中會得知自己身體的相關實情，通常都已超過日常意識的範疇。

　　放射學家拉瑞・柏克（Larry Burk）收集並研究乳癌患者的夢境，已經持續了很多年。他分析世界各地乳癌患者的故事後，發現她們的夢境有許多是改變生命的經歷[3]。這些夢也有一些共同的特質，包括94%的作夢者感覺這個夢很重要；83%的患者，會覺得夢境特別生動、熱烈。多數的作夢者會感覺到害怕，而有44%的夢會出現「癌症」或「腫瘤」等明確字眼。

　　在柏克醫師所收集的例子中，超過半數的女人會因此去看醫生，而且通常都會得到罹癌的確診結果。夢先行預示了結果，而且經常會強調腫瘤的明確位置。

## 夢境會偷偷告訴你：你病了

　　汪妲‧伯奇（Wanda Burch）是柏克醫師研究的參與者之一。她做了一系列關於腫瘤的夢，後來她去做了身體檢查與乳房攝影，但兩者都沒有明確顯示有腫瘤。她的臨床醫師抱持開放的態度，願意傾聽並考慮她的夢境。她是這麼說的：

　　「巴林醫師傾聽我的夢境，他將麥克筆遞給我。『在妳的胸部把位置標出來。』我在左側乳房的右下方標出了一個點，然後告訴他在另一個夢境中出現了一座窗台，而『夢的碎片』——或者說腫瘤——就藏在窗台下方。巴林醫師將切片探針插進我標出的位置，發現有些受阻，這意味著可能有問題。切片檢查後，巴林醫師發現這是一種惡化快、高侵犯性的乳癌，由於腫瘤細胞尚未聚集，所以乳房攝影無法顯示。」

　　後來的發展是，汪妲治療成功並寫了一本書《做夢的她》（She Who Dreams），與其他女性朋友分享她的故事[4]。

　　柏克醫師的朋友，與醫師互動的過程就沒那麼幸運了。索妮亞‧李席德（Sonia Lee-Shield）同樣做了個預警夢，也在門診時描述了自己的夢境：

　　「我夢見自己得了癌症。我告訴家庭醫師胸骨部位有結塊和抽筋的感覺，醫師告訴我這是正常的胸部組織，完全忽視了我對胸骨的描述。這是個致命性的大錯誤，一年後，另一位醫師確診我為第三期乳癌患者。」

　　後來索妮亞的治療並不成功，沒能活下來。她的悲劇給了柏克醫師動力，讓他覺得需要將共時性預警夢的重要性告訴大家。從他找到的案例顯示，有許多其他類型的癌症在確診之前都先有夢境預警，包括皮膚癌、肺癌、腦瘤、攝護腺癌及結腸癌等[5]。

夢境充滿了許多對作夢者有獨特意義的象徵符號

　　汪妲與索妮亞等癌症患者的夢境，說明了心靈與物質的雙人舞非常精細複雜。意識在夢中對心靈說話，指出身體的問題，而且有時還能明確強調出問題的部位。意識所提供的資訊，比現代醫學儀器與最複雜的掃描還要詳細。

　　夢不僅警告我們身體或生活的異常之處，也參與了療癒過程。有許多人描述自己透過夢境療癒了身體，或幫他人進行療癒。夢境透露的訊息，都由後續的醫學診斷加以證實。以下的例子摘自《改變我們一生的夢》（*Dreams That Change Our Lives*）這本很有趣的故事集[6]，說的是一位治療師做了跟自己案主有關的夢。

## 聖母瑪利亞與球體

　　我的案主帶著她的女兒珍妮佛（為了維護病人隱私，這裡使用假

名）來看診，珍妮佛遭到同住的一名男性親戚殘暴毆打及性侵。對方一再威脅要殺害她和母親，她只能一路隱忍了下來。多年後她挺身而出，出面指控暴行，對方在被逮捕後又無罪獲釋。法官指責的對象，莫名地變成了她的母親。

珍妮佛開始自暴自棄，甚至走進了一段不堪的感情，就像重新複製了多年來被毆打的經歷。她吸食毒品，經常鬧失蹤，在脫衣舞俱樂部工作，再次被強暴……珍妮佛情感疏離，而她的母親日漸悲痛。

一段時間後，她的母親搬去另一個城市創業，就此中斷了療程。有一天，她母親打電話給我，說珍妮佛想回家，已經準備要重新開始新生活，並勇敢「面對自己的過去」。她母親堅持珍妮佛要回家，就得繼續接受治療。珍妮佛說她只信任我，而她離我住的地方需要三個小時的車程！

珍妮佛的駕照弄丟了，她的母親慷慨地答應每週請假一天，來回開車六小時帶她來見我。第一次見面時，我問珍妮佛是否做過婦科檢查。她說，從來沒有。我強烈建議珍妮佛去掛號，並進行徹底檢查。

下一次見面時，珍妮佛和母親一起進入診間，臉色凝重。切片檢查的結果，她的卵巢內有大面積的癌變，顯然預後不樂觀。

不願相信的珍妮佛去看了其他醫師，徵詢他們的意見。醫師們表示，珍妮佛卵巢有三處明顯可見的大面積癌變。第二次切片檢查，也發現了癌細胞，並確診為末期，生命只剩下六個月。母女兩人都很傷心害怕，驚惶到不知所措。

珍妮佛自嘲地說，她的一生都是屎。當她好不容易下定決心重新活過，卻只是死亡的開始，真是天大的諷刺。她的母親哭得心都碎了，絕望又無助。我們之間深刻的連結，讓我也為母女兩人感到悲傷。

當晚上床前，我跪下來為珍妮佛和她的母親祈禱。我祈求上帝幫幫她們。到了下半夜，我做了下面這個夢：

　　聖母瑪利亞從天而降，全身發光，四周充滿了無法想像的、最美麗的、如天堂般的藍色光芒。她向我飄過來，穿著一席美麗的藍色長袍，似乎還有金色的斑點，散發出平靜與愛的聖光。我看著瑪利亞，她伸出雙臂，有三個由金色、白色光構成的發亮球體從她手中射出來。不知為何，我就是知道這三個光球將會前往珍妮佛卵巢上的三個癌變部位。我看著球體完全包裹住癌細胞，當我觀看著這個驚人的情景時，突然從夢中醒來，篤定地相信珍妮佛身上的癌細胞應該完全消失了。

　　不管是在夢中或是睡醒時，我的心情都很篤定。接下來一整天，我常會想起那個夢。我白天的意識有些遲疑，思忖著該不該把這個夢境告訴珍妮佛。我不願給她不切實際的希望。後來我決定告訴她，同時提醒她我不知道那個夢有何意義。在我看來，我沒有權利不告訴珍妮佛這個夢，因為這是瑪利亞對珍妮佛的示現。

　　當我在下次門診告訴珍妮佛這件事時，她的眼睛睜得好大。我提醒她這只是個夢，但她說她知道這是真的，瑪利亞已經治好她了。

　　珍妮佛回頭去找那個幫她確診的醫師複診，醫師不敢相信僅僅一週癌細胞全都不見了。他反覆做了兩次切片，全都證實珍妮佛的癌症真的不藥而癒了。對於這個神蹟，我們既興奮又敬畏。即便事隔十五年了，珍妮佛的癌症依然沒有復發。

本文作者是卡蘿・華納（Carol Warner）

　　夢會參與治療並不令人意外。最生動鮮明的夢發生在快速動眼期的睡眠期間，在這個狀態下，我們的眼球快速移動，就像醒著時用眼睛看東西那樣。

　　在快速動眼期的做夢狀態下，優勢腦波是 θ 波，而 θ 波也可以在處於療癒高峰狀態的治療師大腦中觀察到[7]。腦電圖頻率的治療窗口會呼應做

夢的腦波頻率，在做夢與療癒狀態，優勢腦波都是 θ 波。我們的大腦和意識分享著同一個經驗，分別可以在物質層次及心靈層次測得。

# 時間不是單箭頭，不會只往前流

另一個被廣泛研究的異常經驗就是預知，是指能在事件發生之前就有所感知的一種能力。與預知相關的研究已經破百，其中以戴洛・拜姆所主持的一系列研究最具代表性。

在第五章，我們曾經簡單提到拜姆所做的實驗，他採用的是標準的心理學實驗模型。例如他在一項實驗中，交給學生一堆生詞字卡，要求他們盡可能記住拼寫。稍後，從這些字卡中隨機挑選幾張讓學生拼寫出來。從拼寫的結果來看學生的熟記程度，看是哪堆字卡上的生詞記得比較熟，是研究人員挑出的字卡，還是未被挑出的字卡。結果發現，研究人員隨機挑出的字卡正是學生先前就熟記的單字。

在另一項實驗中，研究人員在電腦螢幕上放了兩塊簾幕遮住後面的照片，要求學生猜出哪個後面有性感照片（照片由電腦隨機決定）。在連續三十六次的猜猜看中，學生猜中的比率偏高。按照正常機率來看，猜中的機率應該是一半，但實驗結果卻是 53.1%。

拜姆的實驗不論是設計或執行都十分嚴謹，前後花了十年時間才完成，總計九個實驗的參與學生超過了一千人，樣本數不小。思維科學研究所的迪恩・拉丁，對時間跨越七十五年的一〇一項預知相關研究的分析也呼應了拜姆的實驗結果[8]。這些實驗分別在二十五個實驗室進行，分屬美國、義大利、西班牙、荷蘭、奧地利、瑞典、英國、蘇格蘭、伊朗、日本及澳洲等國家。此一分析顯示，在這一百多份研究報告中有 84% 都具有統計學意義。

拜姆後來更將自己初步的研究，以更大規模的實驗來複製驗證[9]。他的研究在懷疑論者及徹底不相信預知有可能存在的人之間，引起風暴般的批評。無論科學有什麼發現，信者恆信，不信者恆不信，人都傾向於堅守

自己的世界觀。

　　然而，量子物理學不需要只能往前飛射出去的時間之箭，許多等式無論向前向後都同樣有效。愛因斯坦說：「過去、現在和未來之間的區別，只是一種頑固不化的錯覺。」[10]

## 無神論者也會有神祕體驗

　　我們所謂的異常經驗，例如預知與靈魂出竅，其實一點都不奇怪。針對美國、中國及日本大學生所做的調查，許多人都回報有過異常經驗，而且超過 30% 的人回報這些經驗經常發生[11]。其中至少有 59% 的人有過似曾相識的既視感（déjà vu），也有許多人曾經有過靈魂出竅的經驗。

　　有宗教信仰或相信超自然，並非這類經驗的先決條件：無神論者或不可知論者也有過這些經驗。研究人員分析相信者是否更傾向有異常經驗，他們發現並非如此。即使麥可・薛默（Michael Shermer）這位著名的懷疑論者及《懷疑論者》（Skeptic）雜誌，都描述過曾動搖他們信念根本的不尋常事件[12]。

### 壞掉的收音機傳出情歌

　　二〇一四年六月二十五日是麥可・薛默與珍妮佛・葛拉芙（Jennifer Graf）的大喜之日。新娘是德國科隆市（Cologne）人，被母親和祖父華特帶大。

　　結婚前三個月，葛拉芙將私人物品裝箱送到了薛默在加州的住宅。很多箱子在運送途中破損，因此弄丟了一些紀念品。其中一件完整送到的是一九七八年份出廠的飛利浦收音機，這是祖父華特的遺物。開箱取出後，薛默重新裝上電池，準備要「讓它從數十年的沉默

中重新活過來」。

　　但他的一番用心完全白搭，收音機無法運轉。他把收音機拆解檢查，看看是否有線路脫落，弄了半天，收音機還是一點聲音都沒有。

　　到了結婚當天，葛拉芙突然感覺很孤單，因為她最愛的祖父無法牽著她的手走紅毯。後來，她和薛默走到屋子後面時，聽到臥房傳出音樂聲。

　　他們先是查看電腦和手機，想找出音樂來自何處。後來甚至懷疑是由鄰居家傳過來，還打開後門確定。

　　發現都不是時，葛拉芙打開薛默的抽屜，一眼就看到了祖父的收音機。收音機正在播放情歌，兩個新人震驚到說不出話，只能沉默呆坐著，偶爾傳來葛拉芙的啜泣聲。

　　到了第二天，收音機不再發出任何聲音，而且從此都沒能再啟動。

　　對於異常經驗的調查，可以發現即使是硬科學的學生也有過這一類的經驗。種族背景倒是關係不大，不論是白人或黑人學生，都可能有過異常經驗。就像榮格所觀察的：「有眼睛能看的人都知道，共時性是一個無時不在的現實。」

　　即使死後，榮格都繼續以共時性撩撥著我們。這個主題最完整的一本著作，是著名的榮格學者約瑟夫‧坎伯瑞（Joseph Cambray）二〇〇九年的著作《共時性：自然與心靈合一的宇宙》（*Synchronicity: Nature and Psyche in an Interconnected Universe*）[13]。這本書的編輯大衛‧羅森（David Rosen）分享了與編輯這本書相關的驚人共時性：

　　「我的後院有個日式花園，池子裡養了許多錦鯉。就在約瑟夫‧坎伯瑞抵達〔要發表新書演說〕之前不久，有一條蛇正在吞食一條錦鯉。當我看到榮格的蛇吞魚石雕圖時，我猜這是不是也是一個共時性的例子……在此之前與之後，我都沒有見到這樣的事。」[14]

榮格在波林根（Bollingen）湖畔看到了蛇吞魚，後來就將這個畫面刻在他花園的一塊岩石上。

## 該如何解釋共時性？

我們已經合理確認了共時性會發生，但如何發生又是另一個問題。在實相的這麼多不同次元中，是什麼在操縱著其中的各種過程呢？許多生理現象，例如癌細胞擴散，又該如何連結到夢境或預知這樣的意識狀態呢？

癌細胞是物質，是有機體內的物質單位，會迅速成長及分裂。誘導老舊或受損細胞啟動細胞凋亡的訊息，對癌細胞完全沒有作用。癌細胞會失去細胞膜上用來固定位置的分子鍵，讓它們得以脫離周遭組織。接著它們會遷移到身體的遙遠部位，到了癌症第三期和第四期，失控的癌細胞會在全身轉移。它們是到處撒野的物質，是踏上自毀道路的分子團。

夢是純粹的心，完全主觀，其意義只屬於做夢的人。夢中通常充滿了吸引我們情緒和感覺的意象。一旦入睡，它們就牢牢霸占了我們所有層次的意識。既然夢是一種主觀經驗，如何能與癌細胞擴散一類的客觀現實連結呢？

答案是，透過共時性，主觀與客觀這兩個世界就能連結起來；也能把心與能量的非物質世界，以及形形色色的物質世界連結起來。心靈與物質這兩個世界，會在共時性事件的過程中發生共鳴。

## 小系統與大系統的共鳴

　　網上可以找到許多鐘擺達成共鳴諧振的影片。本章最後的延伸資訊也會提供一個影片連結，影片中有六十四個節拍器被逐一啟動，一開始，它們的狀態是各搖各的，隨機搖擺。

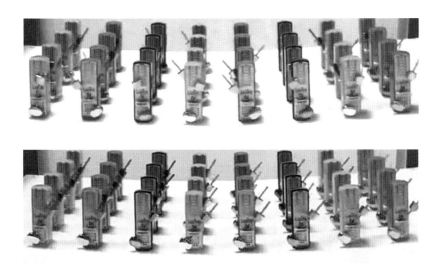

在第一張圖中，三十二個節拍器開始各自擺動起來。三分鐘後，共鳴產生了諧振，然後所有節拍器一起同步擺動。

　　接著，緩慢但確定地，一個重大改變發生了。兩個節拍器開始同步搖擺。不久後，第三個也加入，然後第四個比第三個更快進入諧振。在三分鐘內，整組一起開始精準地同步搖擺。

　　一六六五年，荷蘭物理學家克里斯蒂安・惠更斯（Christiaan Huygens）首度描述這種共鳴現象；事實上，早在八年前，他就申請了鐘擺時鐘的專利權。在他養病期間，有許多時間用來觀察周遭的環境，包括房間內的兩座鐘擺時鐘。於是，他注意到了一個古怪現象：無論兩個鐘擺從什麼位置開始擺動，都會緩慢同步，最後達到整齊一致的擺動。

　　共鳴是所有系統的特性，從非常小到無限大的系統都不例外。在原子層次，我們發現擁有類似特性的分子會彼此共鳴[15]。在細胞層次，細胞運

用共鳴來進行溝通、繁殖及療癒[16]。

　　將層次拉高，我們會發現共鳴也在有機體內運作，小至病毒，大至人類。再將層次拉高，共鳴也出現在整個星球。

　　在更高的層次，我們會在宇宙的「天籟之音」中找到共鳴，不論是太陽系、銀河系或全宇宙，共鳴都無所不在。從無限小到難以想像的大，共鳴是所有物質同聲吟唱的一首歌。

　　不僅是類似的系統會一起共鳴，它們也會與其他系統共鳴。即便是大到非常大、小到非常小，兩者之間也能產生共鳴。我們的身體可以與地球的共鳴耦合，我們大腦的松果體能夠捕捉這種共鳴，因為它的組成分子有30%是金屬成分，具有磁力敏感性[17]。

## 心跳與地球場力線共舞

　　我們的地球就像一塊大磁鐵，有自己的電磁場，當然也有極性相反的北極和南極。這塊巨大磁鐵所生成的磁力線，會向太空發散數十萬公里。

　　把這些場力線想像成小提琴的琴弦，你一撥弦，就會產生共鳴。地球

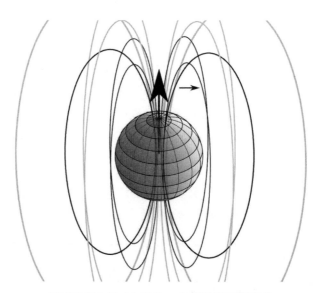

地球的場力線（field lines）圍繞著整個地球

場力線就是如此，受到撥動就會產生共鳴。例如，當太陽風以每小時三百萬公里的速度掃過地球時，就會持續撥動場力線。

許多共同的「音符」會被地球的地磁琴弦演奏出來，其中有些音符常會用到，就像是持續的和弦，有些音符則斷斷續續發聲，就像是琴弦不小心被撥動。因此，場力線共鳴可以分為持續脈動與不規則的脈動兩種[18, 19]。

科學家所量測的一個最重要的持續性地磁脈動，就是 0.1 到 0.2 赫茲這個頻率窗口；另一個則是介於 0.2 到 5 赫茲之間。而最低頻段的不規則脈動是 0.025 到 1 赫茲。

地球持續的地磁頻率，最低是 0.1 赫茲，這正是處於心腦諧振狀態下，人類心臟有節奏跳動的頻率。如果我們能夠學會像心能商數學會所開發的「快速諧振技巧」（Quick Coherence Technique）一類的放鬆方法，心臟就會開始協調地跳動。在這樣的狀態下，我們個人的心臟就會發出和地球磁場最低頻一樣的聲音[20]。

0.1 赫茲的頻率正好也是人體冠狀動脈系統的頻率。其他不同的動物、甚至個別細胞也會使用同樣的頻率來溝通，並與周遭的系統同步，就像逐漸調整到同步的節拍器一樣。

別人演奏樂器時，同處一個房間的你如果懷中抱著吉他或小提琴，就會感覺到音樂聲音所引起的振動。你懷中樂器的琴弦和音箱，會跟附近正在彈奏的樂器和諧共振，即使沒有人撥動你懷中那把小提琴的琴弦。

這就是共鳴。共鳴會讓調整到類似頻率的東西一起同步，即使中間隔著一段距離。

地球某些場力線的頻率，會跟我們的大腦和心臟所出現的同樣頻率產生共鳴。當地球奏起和弦，我們的大腦和身體也會跟著和聲，甚至能夠運用這種持續的天籟之音來調節生理運作。

# 傾聽地球的心跳聲：舒曼共振

　　你是否曾經張口對著瓶子吹氣？這會製造出低頻哨音。聲波在瓶身兩側來回彈跳，透過內部空氣來移動。所製造的聲音會有多高，則取決於瓶子的容積。

　　德國物理學家溫弗雷德・舒曼（Winfried Schumann）透過數學運算，推斷地球也會出現類似的效果。在此，決定頻率的不是瓶子的容積，而是地球表面到電離層邊緣的廣袤空間。

　　電離層是圍繞著地球的電漿泡泡，而電漿的特性之一就是會把低頻磁波反彈回去。就像鏡子一樣，電漿泡泡的內側會反射電磁波。

　　無線電就是這樣運作的。訊號發射出去，由電離層的鏡子反彈回來，然後在遙遠的地點由某人攜帶校準到該頻率的接收器所捕捉。當磁力脈衝導入地球表面到電漿泡泡頂端之間的這處空腔時，有些會消散，有些不會。其中只有共鳴波會前後一致地傳遞，就像你對著水瓶吹氣所聽到的哨音。這些共鳴波稱為舒曼波，而所發生的諧振現象就是所謂的舒曼共振（Schumann resonances）。

舒曼共振會被圍繞地球的電漿泡泡彈開

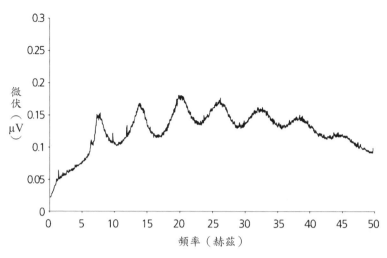

加州博德溪感應站記錄的舒曼共振數據。請注意，這些頻率與人類的腦波頻率遙相呼應。

　　一九六〇年，在舒曼以數學運算推斷這類共鳴波必定存在的多年之後，終於在實驗中被測量出來。主要的舒曼共振是 7.83 赫茲。諧波是原始頻率的共鳴倍數，而舒曼波會在 14.3 赫茲、20.8 赫茲、27.3 赫茲與 33.8 赫茲等頻率製造諧波。

　　以上這些頻率也出現在我們大腦處理訊息時所產生的腦波中：7.83 赫茲落在 θ 波頻段，這正是高峰治療時刻，由治療師腦波所測量到同一個頻率窗口 21, 22。

　　舒曼共振的第二個諧波為 14.3 赫茲，落在低 β 波的頻段，是身體基本運作功能的代表腦波頻率。基礎舒曼共振的第三個諧波為 27.3 赫茲，正是腦部專注於任務並認真思考時所產生的腦波頻率。33.8 赫茲的諧波落在 γ 波的頻段內，這是大腦在整合與領悟時會產生的腦波。

　　驚人的是，地球的舒曼共振與諧波，和人類主要腦波都落在同樣的頻率窗口。我們的心理狀態（大腦處理訊息時製造的電磁量所生成），會與我們居住的這個星球的頻率產生共鳴。當我們增加特定的腦波，例如在靈療過程中伴隨而來的 θ 波暴增，就能促進我們與地球的脈動產生共鳴。換句話說，地球與治療師在密集的能量融合中同步。

# 透過地球頻率，讓身體與腦同步

明尼蘇達大學醫學院的佛蘭茲・哈伯格（Franz Halberg）創造了「晝夜節律」（circadian rhythms）一詞來描述身體的日常週期[23]。直到他在一九九〇年代晚期過世前，每天都在實驗室做研究。二〇一七年，他針對身體時鐘的基因學研究獲得了諾貝爾醫學獎。

哈伯格認為，從 δ 波到 γ 波的頻率之所以普遍存在我們的大腦與身體中，是因為人類是在地球上演化而來，因此會與地球頻率同步。他在哈伯格時間生物學中心（Halberg Chronobiology Center）的研究，加上其他人的研究，都顯示地球場力線、舒曼共振與人類健康指標息息相關[24, 25]。

人類的情緒、行為、健康及認知功能等，全都受到太陽與地磁場的影響[26]。地球的電磁量被設想成一個「傳輸媒介，攜帶並連結著所有生命系統的生物資訊」[27]。

心能商數學會主任羅林・麥克雷提說道：「我們全都像地球大腦裡的小小細胞，透過精微的、無形的層次在所有生命系統之間分享資訊，不僅是人類，還包括動物、樹木等等。」[28]資訊在「地球大腦」的生命矩陣中四處流動，同步所有生命的活動，直抵細胞與分子層次。

人類的腦波會與電磁場校準

　　我們可以把人類大腦視為電磁器官，隨著神經連結與神經脈衝而搏動著，因此大腦對電磁場高度敏感。根據心能商數學會的研究顯示：「地球磁場的改變已經顯示會影響人類的心臟節奏，也與以下這些有所關聯：大腦與神經系統活動的改變；運動表現、記憶和其他功能；植物與藻類的營養合成；交通違規與交通事故的發生量；心臟病與中風的致死率；憂鬱症和自殺事件。」[29]

　　這些頻率充滿了整個地球，數十億年來我們就在其中逐漸演化而成，因此我們的身體、心靈、情感及細胞自然會與這些頻率同步。

## 共時性告訴你沒有憑空出現的事

　　一群荷蘭研究人員對一七五項生物場研究進行系統性回顧後，得出以下結論：諧振的量子頻率會調節生命組織的各種生理過程。他們發現電磁場會影響神經系統和意識，這或許意味著有一種「普遍的電磁法則，支持目前觀察到的維生效應，也可能在初始生命及量子意識的創造中扮演著關鍵角色。」[30]

　　物理學大師愛因斯坦、薛丁格（Erwin Schrödinger）、海森堡、包立（Wolfgang Pauli）、波耳及維格納，全都發現了量子力學、生物系統以及意識三者之間的關係。這些先驅人物認為能量、空間、時間、意識與物質不是分離的實體，而是在無邊無際的共時之舞中彼此互動。

　　季辛（J. H. Geesink）與梅傑（K. F. Meijer）兩人發現人類的電磁場「會與地球的電磁場進行雙向溝通，這是透過波的共鳴，並由此組成宇宙意識。全宇宙每個具有意識的存在，其感覺、認知、思維及情緒，宇宙意識都會經驗到」[31]。將所有科學的發現與共時性連結起來，共時性突然間就沒有那麼神祕了。

　　頻率或許能發揮共鳴的效應，將微觀事件與宏觀事件同步成一種共時性的存在。雖然我們看不到這些頻率，但是它們會滲透進心靈與物質之中。我們如魚得水，在其中優游，對形塑意識及物質世界的那個本源電磁

場渾然不覺。

不同層次的實相會互相交流，而我相信透過這些互動，能為共時性的探索提供可靠的科學依據。在所有情緒圈、精神圈、磁場圈之間多方向的相互溝通，會允許資訊快速穿過所有層次的實相，包括心靈與物質層次。這些不同的場域持續連結著我們，即使我們沒有意識到它們的存在。這樣的連結，恰恰能說明異常事件所有不可能的元素之所以能組合成共時性的原因。

## 為和平而飛行的男孩

一九八〇年代全球局勢緊張，美國與蘇聯隔著龐大的核武軍火庫彼此瞪視。萬一哪天有一方先開火，結果只會是同歸於盡的「相互保證毀滅」（mutual assured destruction，恐怖平衡下的一種戰略思想），其縮寫 MAD（瘋狂）真是神來之筆。

兩大帝國在亞洲與非洲打著代理人戰爭，而他們的歐洲盟友（美國盟友是北約組織，蘇聯盟友是華沙公約組織）則緊張地彼此對峙共存。有些國家被一分為二，比如東德和西德。萬一冷戰升溫，這些國家馬上就成為前線戰場。

任何事件都有可能成為導火線，點燃火藥桶。美蘇兩國的領導人，在各自的首都都有隨時能接通的熱線，以防爆發核戰大災難。

一九八三年，大韓航空 KAL 007 班機被蘇聯米格機擊落，機上二六九名乘客全數死亡。

當時的美國總統是雷根，蘇聯則接連更換了兩位強硬派的領導人安德洛波夫（Yuri Andropov）及契爾年科（Konstantin Chernenko），兩人都是在任內過世。一九八五年上任的戈巴契夫，成了蘇聯有史以來最年輕的最高領導人。

一九八六年，雷根與戈巴契夫在冰島的雷克雅維克舉行高峰會。他們的目標是削減彼此擁有的核子彈頭，但和談在最後一刻破裂。

西德青年馬提亞斯・魯斯特（Mathias Rust）非常關注高峰會，「因為萬一發生衝突，我們都知道第一個遭受打擊的就是我們」[32]。魯斯特當時才十八歲，已經在上飛行課程並學習操作 Cessna 172 型飛機。這型飛機於一九五〇年代早期設計，運用的是二次大戰之前的科技，例如氣冷式引擎及機身上方的機翼。

魯斯特對和平會談失敗感觸良深，於是擬定了一個計畫：在東西方之間搭建一座隱喻性的「和平之橋」。他預約使用 Cessna 三個星期，沒有告訴任何人他打算做什麼。一九八七年五月十三日，他從漢堡附近的于特森（Uetersen）起飛。

他先飛到冰島，並在此地準備下一段旅程。他特別造訪了小白宮（Höfdi House），這裡是戈巴契夫與雷根那次失敗和談的地點。事後他表示：「這讓我有了動力繼續飛。」

接著他飛往挪威，然後到芬蘭，這是最接近蘇聯的國家，也是邊界最容易穿越的國家。

他於五月二十八日再度起飛前，向有關單位提出飛行計畫，說明他預定飛往瑞典的斯德哥爾摩。不過在離開航空控制區之後，他就關閉了飛機上的詢答機，以免飛機受到追蹤，然後轉道飛向蘇聯邊界。

很快的，拉脫維亞的蘇聯雷達就發現他了。他離邊界越來越近，然後就飛進了世界上防空系統最繁複的領空，這裡有飛彈和戰鬥機全天候待命，隨時預備擊退入侵者。防衛機隊包括 MiG-25 這種能以接近音速三倍速度飛行的好飛機，以及有史以來最大型的戰鬥機 Tu-128 攔截機，體積與二次大戰的轟炸機不相上下，能發射五公尺長的飛彈。

魯斯特飛抵蘇聯邊界的那一天，正好是蘇聯的邊防軍節（Border

Guards Day）國定假日，多數戍守國界的軍人都放假去了。

儘管如此，雷達還是偵測到魯斯特的飛機，由於詢答機沒有回應，所以指派了米格機前往目視辨認。沒想到，米格機飛行員回報這是一架 Yak-12 聯絡機（蘇聯的一種訓練機，外觀與 Cessna 172 很類似）。接著，雲層就遮蔽了魯斯特飛機的蹤跡，但被第二波的米格機發現了。駕駛員飛近，接著向總部回報這架飛機其實是西德入侵者。

駕駛員的上級堅信他看錯了：西德飛機怎麼可能一路穿過邊界？

由於 KAL 007 號客機擊落事件引起軒然大波，蘇聯指揮官不敢自作主張，他們希望下達擊落命令的是最高層，也就是國防部長謝爾蓋・索科洛夫（Sergei Sokolov）。

地面的其他指揮官仍相信魯斯特駕駛的是 Yak-12 聯絡機，而在魯斯特飛進莫斯科時，所進入的航空管制區正好是 Yak-12 飛行員平常進行訓練的地方。

魯斯特只靠著從貨架上買來的一份簡單地圖來導航。當天稍晚，他辨認出了莫斯科。一看到聖巴索大教堂（Saint Basil's Cathedral）的洋蔥形圓頂，他就開始搜尋安全地點準備降落。

他在八線道的莫斯科河大橋找到淨空的跑道。正常情況下，橋上是電車道，但是那天早上有一段電纜因為維修而被移除。剛好有足夠的空間讓他降落。

魯斯特著地後，一群莫斯科人圍繞在飛機旁，每個人對他都很友善。英國籍醫師羅賓・斯托特（Robin Stott）剛好決定要呼吸點新鮮空氣，在傍晚時走出下榻的旅館，還隨身帶著錄影機。聽到飛機引擎聲時，他把鏡頭對著天空，即時錄下了飛機降落及後續的情況。KGB 探員也到場了，但只是站在一旁說話，不確定接下來該怎麼辦。

最後，他們羈押了魯斯特並將他的 Cessna 帶到附近機場檢查；沒有人相信這個年輕人能穿透蘇聯強大的防空網。在獄中停留近一年

後，魯斯特被遣送回西德。

　　魯斯特的飛機一路過關，讓戈巴契夫有了藉口鏟除軍方阻礙他改革的死硬派，其中就包括國防部長索科洛夫。戈巴契夫的改革為國家帶來新動力，包括稱為重建（perestroika）的經濟改革以及稱為開放（glasnost）的社會改革。三年之後，蘇聯解體。

魯斯特飛過的 Cessna 小飛機，目前在德國一家博物館展出。

　　馬提亞斯‧魯斯特可能永遠都不知道，他這次的行動對其他人的意識造成什麼效應。他只是跟隨著自己的心，然後做出如此戲劇化的個人表達，讓全世界都注意到。此後，他再也沒有開過飛機。

　　魯斯特的故事，說明了個人層次與全球層次如何銜接在一起。全球性大事件通常會因為加入了個人故事，顯得更戲劇化。就像魯斯特事件之後的兩年（一九八九年），在天安門廣場抗議中站在坦克車前面的男人一樣，個人行動通常會讓整個事件更突顯。涉及到數百萬人的巨大資訊場，

可以透過個人鏡頭而變得更清晰。

請注意，魯斯特的和平旅程，需要出現多少共時性事件才能完成：

- 守衛蘇聯國界的人，因為邊防軍節多數都放假了。
- 最初看到魯斯特飛機的蘇聯戰鬥機，把它當成蘇聯的訓練機。
- 低雲籠罩著魯斯特的大半航程。
- 正確看出魯斯特飛的是西德飛機的蘇聯飛行員，長官並未採信。
- 由於擊落南韓客機而引發的公關危機，讓蘇聯當局更為謹慎。
- 國防部長索科洛夫因為正在參加高層會議而聯繫不上。
- 地面塔台人員以為魯斯特的飛機是蘇聯訓練機 Yak-12，只是因為詢答機故障才沒有回應。
- 魯斯特碰巧飛進 Yak-12 訓練機平常用來訓練飛行的蘇聯領空。
- 魯斯特降落的那座橋，電車纜線當天早上恰好移除去維修。
- 就在魯斯特降落前不久，和平運動者羅賓・斯托特醫師決定走出旅館，外出散步。
- 斯托特醫師恰好帶了攝影機。
- 斯托特醫師聽到飛機引擎聲，在飛機降落前就將攝影機對到了正確的方向，捕捉到珍貴的畫面。

在歷史的關鍵時刻，共時性事件會大量出現。許多極度不可能的事件會累積起來，一件疊著一件，將未來推往特定的方向。當我們閱讀社會、政治或軍事等重大變化的紀錄時，通常會發現其中交織著大量不可能的共時性事件。

你眼中這個看起來似乎是波瀾不驚的世界，其實正在快速改變。一九五〇年名列《財星》五百大的美國大企業，到了今日僅剩下 10%。即使世界上組織最嚴明、資訊最豐富的大企業，在宇宙脈動改變時，往往也無法保住自己在業界的地位。

## 自發性的大自然共時秩序

　　康乃爾大學的數學教授史帝芬‧斯托蓋茨（Steven Strogatz）曾說，從次原子到宇宙最遙遠的角落，走向自發性的共時秩序是大自然最主要的特性[33]。從無生命的分子到最繁複的生命系統，自發顯現的秩序或許是天地萬物的最根本傾向。

　　斯托蓋茨所舉的共時性例子都是自發性的，包括一群魚、一群鳥，以及人體的生理時鐘。他甚至指出波的移動，是如何透過魚群和鳥群來推動。沒有領導者、不需計畫，也沒有超級電腦在協調這數百萬種繁複的行動。動物群或細胞會自發性地組織，自然而然地達到同步。

　　斯托蓋茨指出，自發性秩序會在全宇宙出現，從元素內的超導體到個別細胞的細胞核，從螢火蟲發亮的尾巴到讓心臟跳動的訊號，從交通號誌到宇宙最遙遠的角落，從最小到最大的每個層次都毫無例外。人體的生理時鐘基因會與星球晝夜週期同步，甚至與身邊的人同步。

　　自發性出現的秩序，也可以在我們細胞的運作中看出來。每個細胞每秒都會經歷大約十萬次的新陳代謝，身體數百萬個細胞所組成的細胞群

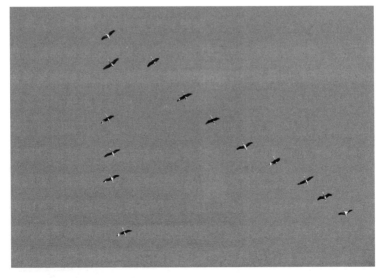

鳥群會自發性地一起同步行動

組，有時會分處於身體兩個遙遙相望的位置，但仍然會相互協調行動。它們是如何辦到的？答案是：電磁場。

比起化學或物理訊號，電磁場是更為有效的協調方法。假如你走向自己上鎖的車子，想將車門解鎖，你可以有不同的做法：一是拿鑰匙開鎖，這是物理手法；二是更快的方式，按下遙控器按鈕，這就是使用電磁場的方法。

同理，我們的身體也透過電磁場來溝通。

斯托蓋茨還舉了很多人類行為來說明共鳴的作用，包括潮流、從眾行為、股市交易等。其中一個例子，是發生在倫敦千禧橋（Millennium Bridge）一則意料之外的故事。

## 晃動的千禧橋

倫敦千禧橋原本是迎接千禧年的一大驚喜，是百年來第一座橫跨泰晤士河的人行橋，在二〇〇〇年六月十日開放時，吸引了不少熱情的民眾參與盛會。

負責設計的建築師盛讚它是「工程結構最純粹的表現」，將流利的線條比喻為光束之刃；參與的工程師們則稱它為「二十一世紀初，人類能耐的絕對陳述」。

然而，冷不防地，意料之外的事發生了。當橋上爭相湧進數千名情緒高昂的民眾後，千禧橋竟然開始輕微地搖晃起來。最後橋身左右擺動的幅度越來越大，不知所措的民眾開始大跨步試著緩衝，他們就像逐漸同步的鐘擺一樣，一會兒向左，一會兒向右。

最後因為搖晃太厲害，民眾只能慌亂地盡快爬離。當局立即宣布暫時封閉。

有全球最聰明的設計，還有一群頭腦最清楚、竭盡心力的工作人

員，為何還會發生這種事？當橋上的民眾感覺到輕微搖晃時，試著調整自己的步伐作為補償，卻在無意間讓人群產生了共鳴。當他們開始同步走時，只會讓搖晃更為嚴重。

科學家所謂的「突現系統」（emergent systems），這就是一個很好的例子。沒有計畫，也沒有領導者在引導，情況會發生是因為共鳴回饋而突然引發了一種全新的「突現反應」。

千禧橋搖晃的問題很快就解決了，在工程師加裝了阻尼器來緩衝後，重新對外開放。我們可以拿這個事件為例子，用來說明共鳴如何能在繁複的系統中觸發意料之外的後果。

橫跨泰晤士河的千禧橋

## 混亂中的共時秩序

　　諾貝爾獎得主伊利亞・普里高津（Ilya Prigogine），是率先研究自我組織（或稱自組織）系統的科學家之一。他專注於研究從無序的混亂系統中產生某種有序形式的方式，他的努力促成了聖塔菲研究所（Santa Fe Institute）的建立，這是專門研究複雜性與混沌理論的機構。

　　聖塔菲研究所的業務之一，就是檢視具備自組織特性、又稱為「突現性質」（emergent properties）的系統。之所以稱為「突現」，是因為它們並非源自系統本身，而是由外部環境的力量所激發出來的。在《緊急應變：螞蟻、大腦、城市和電腦軟體的生命共同體》（*Emergence: The Connected Lives of Ants, Brains, Cities, and Software*）一書中，研究人員史蒂芬・強生（Stephen Johnson）寫道：「在這些系統中，居住於某一階層的行動者開始在上一階層製造行為……下一階層會帶著新特性過渡到更複雜的上一階層，這種移動就是我們所謂的突現。」[34]

　　突現結構的五項特徵如下[35]：

- 極端創新：會自發性地發展出新特性。
- 諧振：會自我維持一段時間。
- 更高的整體秩序：彰顯完整的特質。
- 動態過程：會持續演化。
- 明顯：能夠被人感知到。

　　突現的其中一個例子，就是大城市出現落差明顯的街區。物以類聚、人以群分，志同道合的人會聚集起來並組織對他們最重要的事業、俱樂部、學校或宗教團體。這個過程是有機的且由下而上，與分區治理或計畫委員會那種由上而下的威權管理反其道而行。

　　這類「突現心智」無須意識便能組織，並回應改變的刺激。突現的系統會接收並回應資訊，去適應並自我組織成新的模式。物理學家多伊恩・

法默（Doyne Farmer）說：「這不是魔法，只是感覺起來像魔法。」[36]

　　二〇〇七年，多次獲獎的美國科普節目 Nova Science，使用蟻群作為解釋突現的例子：「螞蟻沒有強大的心智能力，牠們也無法看到全貌。但從牠們單純的行為（例如追蹤強大的費洛蒙蹤跡，或是受到攻擊時不惜代價保護蟻后），我們看到了突現的經典例子：蟻群。蟻群表現出不凡的集體智慧，牠們能夠探索並善用周遭的環境。牠們能察覺到大面積土地上的食物來源、洪水、敵人與其他現象，並且做出反應。每隻螞蟻只能存活幾天或幾個月，但牠們組織的蟻群會存活好幾年，時間越久會更為穩固，也更有組織。」[37]

螞蟻是突現行為的一個例子

　　榮格關於共時性的概念，意味著將自組織系統的概念運用於心理學上面。共時性涵蓋了個人經驗、大腦、場域以及環境的突現性質[38]。榮格派研究者約瑟夫‧坎伯瑞表示：「突現現象，尤其是在人類領域，對平凡的個別意識來說，可能是看似有意義卻令人費解的巧合……可以把共時性視為一種自我突現的形式來加以探索，並在個體化或者心理成熟的過程中發揮核心作用。」[39]

　　聖塔菲研究所的人員認為，自我組織系統在演化中或許和自然淘汰同

等重要：「生命及生命的進化，總是仰賴著自發性秩序與自然淘汰的相互包容。」[40]

　　一九五九年，榮格在寫給友人心理學家艾瑞旭·諾伊曼（Erich Neumann）的信中提到自己的觀察：「在混沌無序中，或許有共時性現象正在運作，既配合又抵抗已知的自然法則，藉此在原型時刻創造出對吾人看似奇蹟的整合……這假定不僅是有某種能由意識辨認的、無所不在的隱含意義，更假定在前意識時期，有一種心理過程與某個物理事件有意義地同時發生。」[41]

　　坎伯瑞的結論是：「有意義的巧合是心理性的類比，促成個人與集體心靈的進化，將意象與經驗組織為先前從未想像過的形式。」[42]

　　共時性是我們成長並進化為人、社會及物種的一部分。

## 九一一的共時性事件

　　和多數人一樣，我還記得二○○一年九月十一日當天我在哪裡。當時我和兩個孩子住在加州的格尼維爾（Guerneville），前妻知道我不看電視，特別打電話要我打開電視。我看著第二架飛機撞上雙子星大樓，看著雙塔崩塌，一時目瞪口呆，無法言語。就像其他好幾百萬人，我也感覺到所認識的世界瞬間崩塌了。

　　攻擊事件的死亡人數估計超過六千人，這個數字是記者根據在第一架飛機撞擊的八點四十六分平常雙塔內的員工人數計算出來的。兩個禮拜後，紐約市警局發布了官方統計的死亡人數：六六五九人。

　　然後幾個月過去了，故事還在持續發展，死亡人數持續下降。最終的死亡人數是二七五三人，不到最初統計數字的一半。要如何解釋如此大的差異呢？

　　部分答案是：人員撤離大致是成功的，在飛機衝擊點下層辦公室

工作的人大都想辦法離開了。然而，也有許多當天上午本應出現在雙子星大樓的人卻沒去。他們在哪裡呢？

《今日美國》（*USA Today*）在分析這個問題時指出：「許多公司在攻擊後清點人數……根據五十多層樓的統計指出，當時在兩座建築物工作的人不到平常的一半。」[43] 沒出現的人在哪裡？

當然，那天上午沒走進世貿中心的人有種種理由。在倖存者的訪談中，有些人說自己是因為直覺、夢境、預知而有所警覺，有些人說擠不上列車或因為家庭問題，所以那天意外地遲到了。

蕾貝卡（Rebeka Javanshir-Wong）是能量心理學的踐行者，她的先生正是當天沒有到班的人之一。她是這麼說的：

「我先生在南塔工作，當天他不太尋常地遲到了，在飛機撞擊雙子星大樓時還在上班的路上。

「他的公司剛邀請了兩位馬來西亞的年輕員工來美國受訓，前一晚才抵達，因為是第一次來美國，我先生和同事帶他們去吃晚餐，幫他們在雙子星大樓附近租的公寓安頓下來。這兩個年輕人有時差，所以大家決定第二天要晚一點上班，先讓兩個人好好休息。」

不尋常的遲到，救了他們的命。

許多名人通常會公開自己的行程，所以很容易追蹤得到。其中有許多人本應在九一一早上按照行程去世貿中心，但都因故缺席了，包括以下這幾位：

- 約克公爵夫人莎拉‧弗格森（Sarah Ferguson），原訂參加一〇一樓的一場慈善活動。她遲到了，早上八點四十六分第一架飛機撞擊雙子星大樓時，人還在 NBC 電視台接受訪問。
- 演員馬克‧華伯格（Mark Wahlberg）和一群朋友原本預定要搭乘美國航空一一號班機（九一一恐怖襲擊中被劫持的客機）。後

來臨時改變計畫，在最後一刻租用了私人飛機。

- 演員兼製作人賽斯·麥克法蘭（Seth McFarlane）原本也預訂搭乘美國航空一一號班機。但經紀人報給他錯誤的起飛時間，等他到登機門時，門已經關上了。

- 演員茱莉·斯托佛（Julie Stoffer）和男友吵架，因此錯過了同一航班。

- 雙子星頂樓的世界之窗（Windows on the World）餐廳主廚麥可·羅曼納科（Michael Lomonaco），在飛機撞擊前正要前往辦公室。他在樓下的眼鏡行約好了時間修理眼鏡，臨時起意想把時間提早，於是又轉身搭電梯下樓，因此逃過了一劫，前後只差了半個小時。

- 擁有世貿大樓產權的地產大亨拉里·希爾弗斯坦（Larry Silverstein）當天預約皮膚科看診，本來已決定要取消，直接去世貿上班，後來被太太說服去看醫生了。

- 澳洲籍奧運泳將伊恩·索普（Ian Thorpe）出門慢跑，最後一站是世貿中心的觀景台。但他忘了帶照相機，又跑回去旅館拿，一打開電視就看到北塔著火。

- 企業家吉姆·皮爾斯（Jim Pierce）原訂到南塔一〇五樓開會。但是前一天晚上，主辦單位發現他們那一組的人數太多，會議室無法容納，將場地移至對街的千禧飯店。皮爾斯後來得知，在原來會議室的十二人中有十一人在這場悲劇中喪生。

- 拉拉·隆斯壯（Lara Lundstrom）正在下曼哈頓的街上溜滑輪，突然發現正在等紅燈的銀色賓士車駕駛是演員葛妮絲·派特洛（Gwyneth Paltrow）。兩人說了幾分鐘的話，讓她錯過了前往南塔的列車，當天沒能準時出現在七十七樓的辦公室。

有時小小的共時性事件——忘了帶照相機、時差、巧遇某個女演員、修理眼鏡——會讓我們的人生來個大轉彎。像九一一這樣的重大事件似乎能夠催生許多共時性事件；或者也可以這樣說，我們是因為這些共時性事件在全球性事件襯托下，更顯得戲劇化而注意到它們。

## 共時性玄之又玄？錯了，它很科學

共時性一開始出現時，總像戴著神祕的面紗，但其實它的背後有堅實的科學解釋。自發性秩序會在活的有機系統中出現，從原子到銀河都是如此。我們的大腦、我們所居住的星球，都熟悉同樣的頻率。在意識改變的狀態下，例如做夢、入神、冥想、催眠、頓悟，我們能夠取用遠超過我們受限的心靈所能夠感覺到的宇宙無限訊息場。

能量場遍布全宇宙，也遍布我們居住的星球以及我們的身體。一旦微觀世界與宏觀世界發生共鳴，例如舒曼共振與腦波頻率，那麼這兩個世界

精神圈：相對於供養我們物質面的生態圈，精神圈指的就是我們生存在其間的心理環境。

就能一起協調啟動。身體若能與能量場同步，兩者之間便會開啟雙向的溝通。訊息會在所有層次的實相（包括心靈與物質）中流動，滲透進情緒圈、精神圈及磁場。這便是共時性事件所有看似神祕的部分，自我組織的方式。

二十世紀初早期，偉大的科學家們察覺到了量子場，發現這個在個體心靈運作的巨大能量。愛因斯坦說：「每個認真追求科學的人，都相信某種靈是宇宙法則的展現，這是一種遠超過人類的力量。」[44]

量子物理學創建者馬克斯・普朗克（Max Planck）曾說：「所有物質均源自某種力量並藉此力量而存在；這使得一個原子的粒子振動，並支撐這個最微小的原子太陽系。我們必須假設在這種力量的背後有一個有意識的智慧心靈，這種智慧心靈是所有物質的母體。」[45]科學家們越是深入探索物質的運作，小自次原子粒子大到銀河，越會注意到整體中存在著共時性調控。

# 大腦是宇宙場的轉換器

懷疑論者與物質主義者的觀點是心智位於大腦**之內**：「心是大腦的所有作為。」人們普遍相信心智是大腦的附帶現象，是大腦的延續。這個理論認為，進化讓腦容量越來越大也越複雜，於是從大腦中生出了心智。一旦有足夠的神經元同時放電，就會製造出稱為意識的東西。DNA 雙螺旋的共同發現者弗朗西斯・克里克爵士（Sir Francis Crick）總結了這個命題：「一個人的心智活動，完全是神經細胞、神經膠細胞，以及構成這兩種細胞的原子、離子與分子的行為所造成。」[46]

沒有證據支撐意識住在大腦的理論。劍橋行為研究中心（Cambridge Center for Behavioral Studies）一份回顧研究指出：「大腦導向的意識理論似乎面對難以跨越的困難。」[47]儘管目前缺乏證據，物質主義的懷疑論者仍信誓旦旦地說：科學終將填補所有漏洞。

諾貝爾醫學獎得主、神經生理學家約翰・埃克爾斯爵士（Sir John Ec-

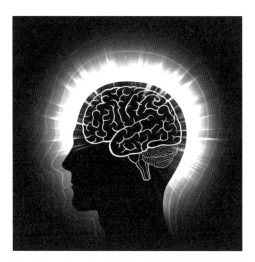

複雜的人腦產生意識，這個理論並未獲得科學支持。

cles）將此稱之為「約定唯物主義」（promissory materialism），只看到他們想看到的。他認為這是「沒有理性基礎的迷信……是篤信教條的物質主義者所信奉的宗教信仰……這些人混淆了自己的宗教與科學。此一理論具備救世預言的特徵」[48]。

　　另一方面，有許多證據指出意識存在於大腦之外。心智的表現不像是被困在大腦之內，而且有許多非局域性意識的經驗，無法以受困於人類頭顱之內的局域性心智來加以解釋。

## 感官邊界之外的意識

　　在轉換狀態下，我們的意識能夠超越感官的疆界，取得遠離我們局域性心智的訊息。過去幾十年來，有數十份研究意識轉換狀態的科學論文陸續發表，包括瀕死經驗（near-death experiences，簡稱 NDEs）和靈魂出竅的經驗（out-of-body experiences，簡稱 OBEs）[49]。醫學宣判死亡的人可能會有瀕死經驗，但有 37% 的瀕死經驗案例卻不是真的瀕臨死亡[50]。

　　這些經驗有一些共同特性。有過瀕死經驗和靈魂出竅經驗的人表示，他們確實有離開自己肉身的感覺。他們能完整使用感官，而且感覺還特別

敏銳。他們能自由行動，全身充滿了幸福感及完整感。他們也能看到通常無法看到的東西，例如擺在手術櫃子裡面的物件或附近建築物的屋頂，或是不在場的親人。此外，他們或許還能看穿其他人的想法，比如在病房內陪著自己的家人，或是能精準重述在全身麻醉後旁人的談話細節。

有過瀕死經驗和靈魂出竅經驗的人，心態都會發生變化。

一旦人們從這類經驗中回歸，他們心態完全不一樣了。他們不再害怕死亡，全心臣服於充滿愛與慈悲的宇宙，同時會更相信自己的覺知。

《大腦戰爭》（*Brain Wars*）一書的作者馬里奧・貝爾加（Mario Beauregard）認為，大腦的功能就像濾網。每個人的意識都存在於這種無限覺知的全知狀態，而這正是瀕死經驗和靈魂出竅經驗的特徵。然後，無限的心智會透過大腦去過濾出可供處理的經驗，最後才留存於物質身體之中[51]。

肯尼斯・林格（Kenneth Ring）博士與莎朗・庫柏（Sharon Cooper）有一項研究是檢視天生盲人的瀕死經驗[52]。研究結果提供了意識位於身體之外的可信證據，因為這些人一生下來就看不見。不同於其他瀕死經驗的人，天生盲人所描述的物件與人，完全沒有可供參考的架構。

## 看得見的盲眼婦人

　　經歷過瀕死經驗的天生盲人，幾乎都能清楚描述自己從未見過的東西細節。四十五歲的維琪‧烏彌佩（Vicki Umipeg）就是一例，她出生時因為氧氣過量毀損了視神經。她表示：「我完全看不見，即使做夢也都是一片黑漆漆。」

　　車禍後，她被送往急診室。她發現自己的意識飄浮在身體上方：「我發現自己人在醫院，正在俯視發生的一切。我非常害怕，因為我突然可以看見東西了。」維琪失去了方向感，而且認不出躺在病床上的人是自己：「我知道那是我的身體，因為我不在身體裡。」

　　維琪後來還清楚描述出當時照顧她的那群醫師和護理師，也能說出他們說過的話，而當時她已經陷入昏迷了。「他們一直在說：我們救不了她。我對自己的身體非常疏離，無法了解為什麼他們會那麼沮喪。我往上穿越過屋頂，聽到了美妙的風鈴聲。我能從這裡看到樹木、小鳥，還有其他人，但全都是由光所構成。我快崩潰了，因為以前的我無法想像光是什麼樣子，現在看來，那就像是一個藏著所有知識的寶庫。在一陣劇痛後，我被送回到自己的身體裡。」

　　此外，維琪也能描述從未見過的物件細節，例如戒指的圖案：「我一直以為我右手無名指戴的是一只素面的金戒指……我確實看到了我的婚戒，那是我最在意的，因為跟我想的非常不一樣。戒指的邊緣有橘色的花紋。」維琪說這個經驗是「唯一一次，我能真正了解什麼是看見、什麼是光，因為我親身經驗到了」。

　　《西藏度亡經》（Tibetan Book of the Dead）成書於一千三百年前，描述了非局域性意識的不同階段。在生與死的交界懸止著一處所在稱為「中陰狀態」（bardo state），在此，中陰身能夠無須感官的媒介就能感

知到一切。它能穿越物體，瞬間抵達任何地方，就像有過瀕死經驗和靈魂出竅經驗的人所描述的意識。

　　印度吠陀哲學相信，偉大的非局域性宇宙意識也投射在我們每個人之內，所用的譬喻是像太陽光反射在一桶桶的水中。儘管有許多不同的桶子，它們所映照出來的太陽都是同一個。

據說薩滿能在局域性與非局域性的世界穿梭移動

　　直到近年來才出現這樣的信念：非局域性意識是「超自然」或所謂的「通靈」。這也導致很多自詡為正統科學的人，對這類現象的研究避之唯恐不及。在人類數千年的歷史長河中，被冠上「聖」字的人或薩滿，都是部落中的特異功能人士。人們相信這樣的人能夠穿梭在局域性意識和非局域心的不同世界，從超意識的領地帶回智慧與療癒[53]。

　　薩滿可以跟動物溝通，也能和局域性意識以外的存在交流，通常也可以透過夢境與靈視，傳達來自非局域宇宙的訊息。意識轉換的狀態（例如做夢、極樂、天人合一、瀕死經驗及靈魂出竅），一直到最近才被視為尋常人也可能會有的經驗。

　　瀕死經驗和靈魂出竅都會帶來改變。約翰是非裔美國人、學歷高、同性戀，在愛滋病確診後，整個人生跌到了谷底。在他參與了一項針對愛滋

患者的研究後，走出了自怨自艾的執迷，還幫助一位酗酒成癮的白人。不久後，他有了第一次的靈魂出竅經驗。下文有他對這個經驗的描述[54]。

　　對愛滋患者的研究發現，比起認為得病是上帝施加的懲罰，相信上帝或宇宙是仁慈的患者，後續的病情發展會更樂觀[55]。該研究也發現，確診後的危險心態，反而是走向靈性突破的機會。

## 神蹟不是任何人的專利

　　我感覺飄在了自己身體的上方，我永遠忘不了當我往下看自己時的感覺：就像看到了一顆被風乾的梅子，除了乾巴巴的表皮，什麼都沒有。我的靈魂就在身體上方，與身體徹底分離，彷彿毫無關聯。我感覺自己就像跑到不同的次元，身體裡彷彿有一陣風在吹。記得我當時對上帝說：「上帝！我現在不能死，我還沒有實現我的人生目標。」就在我說完話時，靈魂突然撞進了身體裡，兩者重新合而為一。然後，當我能再度感覺到一陣風吹來時，我知道我又是一個完整的人了。

　　那真是突破性的一次經驗。在知道 HIV 陽性的結果之前，我是因為恐懼才信神，想融入，想被愛，卻一直找不到歸屬感。我能夠克服對上帝及改變的恐懼，是因為我領悟到神蹟不是某些人的專利。我開始能用對靈性的渴望取代許多毀滅性的行為。我認為我身上的變化，還包括渴望親近神、渴望真正去愛自己，以及渴望擁抱無條件的愛。

　　　　　　　　　　　　　　　　　　　　本文作者是約翰（化名）

# 心智是在大腦之內或在大腦之外？

心智不在大腦之內，就像電腦所顯示的圖片不在螢幕裡一樣。

打開電視看喜劇，這個節目並不存在於螢幕裡面。你的設備如何與你看這個節目當然有關，因為螢幕有裂痕就無法好好地呈現。然而，這不代表這個節目的存在，是取決於你的電視螢幕。節目，是獨立於你的螢幕及螢幕能發揮的功能之外的。

許多檢視大腦與心智研究的專家都指出，大腦也以類似方式運作[56, 57]。大腦是心智的轉換器，就像螢幕是攜帶節目訊號的轉換器一樣。不管是心智或意識，都獨立於螢幕之外。

研究顯示意識並非位於大腦。布魯斯・葛雷森（Bruce Greyson）博士曾在心臟加護病房進行瀕死經驗研究，他如此總結：「沒有任何生理或心理模式能單獨解釋所有瀕死經驗的共通特徵。在顯著的臨床死亡期間，清楚的感官及繁複的感知過程挑戰了意識完全存在於大腦的概念。」[58] 意識延伸的程度，遠超過局域性自我的範圍，而你的大腦可類比為接收者，將意識轉譯並納入你的日常經驗。

在異常狀態下，我們不再受制於局域性實相。

在平常的清醒狀態，意識穩穩地定錨於個人的局域性實相中。你開車上班、看孩子打棒球、遛狗、填寫退稅單，你的心智都會聚焦於這樣的局域性實相上。你感知為「你」的那個人正在開車、看著路上的交通情形、注意周遭的車子。非局域性的能量場仍然存在，但是你的心沒有與這些能量場校準。

在異常狀態下，例如做夢、入神、靜心、極樂狂喜或催眠的時刻，我們的意識不再被束縛於局域性實相，我們會失去與自己身體及局域性自我感的認同。就像處在中陰階段的靈魂，我們能瞬間位移，前往宇宙的任一地方，從局域性實相的束縛中解脫出來。

有些異常狀態是不引人注意的規律經驗，例如我們夜間的夢。其他則是超然經驗，比如我們在森林深處探索或是雙腳踩入海水時，會體驗某個充滿正念的時刻，感覺與自然合而為一。在這一類的時刻，我們自我的感覺會剝落，進而感覺到與萬有合而為一。在神祕體驗中，自我的界線消融了，我們與宇宙合一。

## 大腦，人類意識接通宇宙意識的橋梁

大腦也能銜接局域性實相與非局域性實相。除了提供生物錨點讓我們藉此參與非局域心之外，大腦還持續不斷地處理來自周遭環境的資訊。

這個資訊流是雙向的。如果我們在白日夢中恍神，意識會遠離自己的身體，這時如果窗外有輛車子的引擎回火，在受到驚擾下，我們的注意力瞬間回到了當下。半夜做夢時，夢中的你可能會跑到離清醒意識很遠很遠的地方，然後你聞到了煙味，大腦會警告有危險逼近，於是快速讓你返回到地球。

我們的大腦隨時都在接收外界的資訊，並傳達給我們的心智。

透過大腦應對並詮釋外在世界，有了這個關鍵能力，我們才能發揮身為人類的功能。但是，如果將所有注意力都投注在大腦中交替循環的外在世界及局域性想法，就有可能錯失與非局域心連結時可以獲得的狂喜狀

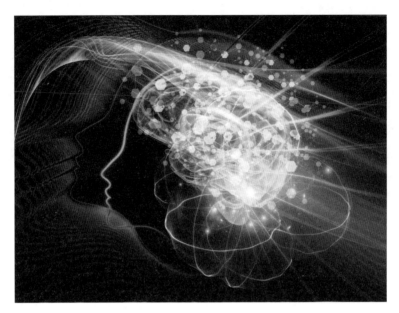

大腦銜接局域性實相與非局域性實相

態。只聚焦於局域性覺知與現象的人，他的經驗永遠都是貧乏的，僅僅汲取了意識的九牛一毛而已。

　　最近的研究指出，地球四周存在著大範圍的能量場，而這些能量場不僅會同步人類意識，也會受到人類意識影響[59]。人類大腦順理成章地成為生物性仲介，把大尺度的非局域性能量場與個別的人類意識連接起來，成為局域性自我和宇宙之間的橋梁。

## 選擇你要校準的頻率

　　我們可以選擇要讓自己的心智與哪種頻率校準。就像有數百萬個電台可供選擇的串流音樂服務一樣，隨時都有數百萬個彼此競爭的非局域性訊號供你選擇。

　　這些訊號有些是恐懼的排列變化，有些是愛的排列變化。我們可以選擇讓自己的局域心收發器，與現有的、無限變化的任何一種訊號校準。

　　我們可以選擇神奇的經驗，有覺知地將自己的意識導向它們，然後它

們就會成了我們的默認設定，不再只是偶爾隨機碰上。我們可以決定每天一醒來就冥想，而不是碰運氣看看哪天能跟宇宙對上頻率。感受到壓力時，我們可以敲打情緒點，讓受到干擾而失衡的情緒回復平衡，保持自己更清醒的覺知。

我們可以決定去自己最愛的自然景點，或是聽聽能讓情緒揚升到狂喜狀態的音樂。我們可以換廣播頻道、關掉新聞台，去聽靈性導師有啟迪性的話語，接收語言傳遞的能量。我們可以有意識地決定要將注意力由尋常的局域性實相移開，轉向宇宙心崇高的非局域性訊號。

當我們主動選擇這些作為，就是有覺知地運用自己的心智去誘發超然狀態。這樣的狀態不再只是不小心出現的快樂意外，而是我們有意安裝的升級版新生活。

## 沙灘上的紙鈔

夢中的我正在演講。演講廳很暗，在一片黑暗中，透過現場串流，有數百萬人專注聆聽。我正在使用 PowerPoint 做簡報。

倒數第二張投影片是一扇大門，兩側有巨大的木製門柱，中央掛著黃色招牌，上方是矮城牆。招牌上寫著：「快樂的宇宙」。

我告訴聽眾，他們每個人都值得住在那裡。沒有什麼會阻擋他們；嗯，是幾乎。我換到了最後一張投影片。

投影片出現的是一張票，上面寫著：「僅限一人入場」。

我告訴他們必須付費購票，入場費就是他們所受到的苦難。如果他們對苦難還有一丁點執著，無法放下，就無法入場。他們必須絕對地放棄所有苦難碎片，才能購買門票。只要這麼做，就能入場。

一張票只能讓一人入場。你無法帶著你的摯愛一起進入，他們必須下定決心自己買票；同樣是放下自己的所有苦難才能進去，而且你

無法幫別人放下。

　　夢到此結束。醒來時，這些意象深深烙印在我的心裡。

　　這是我寫完這本書那天所做的夢。所有寫作過程，幾乎都與共時性交織在一起。

　　在前一個新年前夕，我禱求自己能快速進入深度的冥想狀態。通常我需要一段時間才能放下心裡的喋喋不休，我想要立刻就能潛入深度冥想，不用花太多時間等心智平靜下來。

　　幾個禮拜後，事情開始有了變化，我能夠很快地做到校準。

　　兩個月之後，我在主持的研習營結束後短暫休息，前往聖地牙哥的海灘。我渴望寫一本書來說明連結心智與物質的科學證據。不過，當時我手上有一本計畫要出版的書已完成了一半，還有其他工作待完成。所以，我有更充足的理由繼續把手上的工作做完，而不是轉頭去寫一本新書。

　　那是一個寒冷的冬日，我太太克莉絲汀決定留在車子裡。我在海灘上隨意走了一英里，與寫新書的想法奮戰。我避開孩子、狗、風箏，他（它）們全都不懼寒冷到處橫行。我無法釐清想法，所以向宇宙請求給我一個明顯的訊息。

　　我沒有當下就大徹大悟，我轉身要走回車子。然後，我注意到海灘上有個東西，是一張十塊美元的紙鈔。四周不見可能的主人，我彎身撿起了那張鈔票。

　　我回到車子裡，把鈔票拿給克莉絲汀看。就跟所有鈔票一樣，上面寫著「我們信靠神」（In God We Trust）。

　　這似乎是個恰當但不尋常的訊息。為什麼是十元鈔票，而不是一元、五元或二十元呢？

　　接著，我突然明白了其中的連結。在我所有的著作中，我使用的都是零到十的量尺；還有，如果你非常相信某件事，你的信念是十分

掉在海灘上的紙鈔

中的十分。這個象徵似乎指出，我應該信任宇宙去推動新計畫，而且這將會是個十分滿分的大成功。

一週後，我完成了寫作大綱。兩週後，我和 Hay House 出版社的社長瑞德・崔西（Reid Tracy）討論，他非常喜歡這個構想。比起我取的另一個書名 Thoughts to Things，他更喜歡 Mind to Matter 這個名字，所以後者就成了書名，而 Thoughts to Things 則成了這本書的線上課程名稱。

我寫了一份詳盡的計畫書，寄出那天我的電子信箱就收到麥克・杜利（Mike Dooley）的一封訊息，他也是 Hay House 出版社的作者，會每天發郵件給他的訂閱者。那封電子郵件的主旨是「把想法變成物質，夢想會成真」。這是另一個共時性事件。

我每週會撥出三到四天專心寫作。那段日子，我發現自己早晨四點就會醒來，然後我會用一個小時冥想，讓心智完美校準，接著我開始閱讀，並堅持伏案寫稿十五個小時。

在我完成前三章的書稿後，我的朋友大衛・費恩斯坦給了我非常

珍貴的回饋。有天早晨在冥想後，我渴望要感謝他，決定那天早晨晚點打電話給他。我很少使用電話，我寧願寫電子郵件，而且我還知道他多半時間都在外旅遊，幾乎不會把電話打開。所以，我知道自己應該在他的語音信箱留一通溫暖的感謝訊息。

然後，我很驚訝地發現大衛竟然接了電話，他說他才旅遊完回來，在我打電話前幾分鐘才把手機打開。電話鈴聲響起時，沒有顯示來電號碼，而他通常不會接這一類的電話。但他的直覺讓他接起了這通電話。又一次的共時性事件。

在寫到這本書關於星球效應的相關章節時，我正在努力理解舒曼共振。那個月，我還不小心地答應要在同一個週末做兩場研習會演講。一場在加勒比海，另一場在另一端的加州。我必須切割自己的時間，在週六做一場演講，然後週日早晨飛回加州好趕上另一場演講。

週日下午，我加入第二場研習會的科學專題小組。坐在我身旁的是心能商數學會的主任羅林・麥克雷提。他剛發表了一份重要的論文，主題是……你應該猜到了。除了舒曼共振，他還提到了我聽都沒聽過的場力線共振。然後，它們都成了該章節的主要內容。共時性隨處可見！

在前往另一場研習會的途中，克莉絲汀和我轉往亞歷桑納州去探望我們的朋友霍斯夫婦。羅伯特・霍斯是夢的神經科學專家，最近在研習會上做了專題演講，以榮格、集體潛意識、雙狹縫實驗為主題準備了一份報告。他的 PowerPoint 簡報填補了我知識的漏洞。又是共時性！

同一天，傑克・坎菲爾（Jack Canfield）、約翰・葛瑞、艾瑞克・列茲科維都寫了電子郵件給我，說他們會推薦這本書。

出版社告訴我正式的出版日期——六月十二日，聽到後我身上彷彿有電流竄過。這個日期對我非常重要。一九八二年六月十二日，我

一九八二年六月十二日的和平集會

在紐約中央公園和數十萬人一起抗議美蘇兩國的核子對峙。在那場集會後，國務卿喬治‧舒茲（George Schultz）上電視說抗議集會活動不會對美國政策有任何影響。

　　幾個月後，雷根總統的政策有了驚人的逆轉。這個鷹派總統提出了一個撼動全世界的打算，他提議要舉行戰略武器限制談判，與蘇聯簽定削減戰略武器條約（Strategic Arms Reduction Treaty）。每年六月十二日的紀念日，我都能記起當時在那場強大的集體心靈活動上，我們決定不要炸掉這顆星球並連帶炸掉自己。

　　最後，就在我寫作期限的最後一天，我去附近的雜貨店買早餐。在收銀機旁邊我瞄到了最新一期的《時代》（Time）雜誌的特別報導，標題是〈情緒的科學〉（The Science of Emotions）。我隨手翻開的那一頁，標題旁的說明寫到了共時性可以預測，而且不僅是巧合。那篇文章指引我找到了所需要的四篇新研究，讓我能完成討論共時性的這個章節。

　　每天我都從校準心靈開始新的一天。我知道如果我開始與存在於精神圈內的恐懼和匱乏產生共鳴，它們就會吸收我的注意力。相反的，我會刻意讓心智去校準對我及地球來說最好的可能性，提高發生的機率。

　　我們可以選擇與愛、和平及喜悅的能量場校準。就像調整廣播電台的頻道一樣，我們可以讓大腦與身體這樣的設備，去播放透過星球場共鳴、充滿愛與驚喜的旋律。當我們允許自己這樣做，就會在我們的世界產生共鳴，以共時性方式將最高的可能性化為真實。

# 潛能大開發，專注會讓大腦成長

　　針對揚升狀態的人所做的大腦研究顯示，這些人處理訊息的方式完全不同於平常意識的運作方式。當大腦以全然不同的方式運作，δ 波、β 波、α 波、θ 波與 γ 波的比例會有劇烈變化。一旦這些神經運作的模式規律地改變，就會開始建造新的突觸連結；不同腦區的容積開始改變，因為大腦組織開始重新調配來符合刻意創造的心智。

　　接著，大腦會變得更擅長轉換這些訊號。有了更多神經連結來攜帶資訊流，大腦就更能從宇宙場中挑選訊號，也更能與宇宙場發出的訊號校準，還有更高級的神經迴路來促成共時性。

　　蘇黎世大學的研究人員所做的一項研究，是從慷慨程度來看幸福感。實驗剛開始時，研究人員承諾會給五十名受試者一定金額的費用。然後他們被分成實驗組與對照組，實驗組被要求採取慷慨的行動把錢花在其他人身上；而對照組則被要求把錢都花在自己身上。但實際操作時，研究人員並沒有真正支付這些錢。

　　然後，兩組人被要求做一系列的試驗，讓他們自行決定是要慷慨一點或自私一點。在此期間，研究人員使用核磁共振成像來測量受試者做決策前後的大腦變化。結果發現，表現得最慷慨的受試者，大腦中與快樂相關的腦區變化最大。研究人員驚訝地發現，只要有將錢花在他人身上的意圖，即使慷慨的行動沒有真正發生，就足以觸發神經模式改變[60]。

每一時刻我們都在選擇要將自己的覺知帶向何處

　　每個時刻，我們都面臨這樣的選擇：要把自己的意識帶向何處。是要專注於媒體企圖捕捉我們意識的那些令人心痛的苦難？或是，此刻就要將自己的意識導向永恆？我們是要陷進人類處境的瑣碎戲碼，或是讓想法跟宇宙心校準？透過每個選擇，我們都在形塑自己的大腦。只要前後一致地選擇幾個月和幾年，確實能夠創造一個與無限同步的大腦。

　　研究大腦神經突觸而獲得諾貝爾獎的約翰‧埃克爾斯爵士說過：「我們必須體認到，我們是存在於靈性世界具有靈魂的靈性生命，也是存在於物質世界具有身體和大腦的物質生命。」[61] 如果在生活中，我們將自己當成是有物質身體的靈性生命，並每天以那種方式去引導意識，我們就能用自己的心智去創造出完全不同的物質。

## 接通天線，與共時性連結

　　共時性是自發性的，還是我們可以鼓勵它發生？是隨機發生的巧合現象，還是我們能踏入某種共時性經常會發生的那個實相中？

　　共時性不只是偶爾出現的巧合，我發現它是能加以培養的。我們能有覺知地讓自己的心和宇宙意識同步，而宇宙的意識永遠存在著一種自發性

的協調性。透過練習，跟宇宙同步生活，個人生命就能和宇宙達成和諧，從而成為我們心靈的內建狀態。

自從我開始在日誌中把共時性事件出現的時間標上大大的 S 後，發現這些事件似乎越來越常發生。這是因為我每天都會留意觀察，所以熟悉了它們的樣子。就像練習任何一種新技巧，我也在不斷建構攜帶訊息的新神經路徑。我正在有意識地運用觀察者效應，將可能性的波塌縮為我所渴望得到的機率。

但這不代表我能用魔法創造想要的東西，也不是像魔術師從帽子拉出兔子。在這個過程中，我要做的是去推動實相，而不是憑空就能顯化出某樣東西。我們要運用自然法則，而不是去反抗這些法則。

例如我想學法文，讓我去法國旅遊時可以用得上。當這個可能性波塌縮時，不代表我能立即開口說法文。我仍然需要買線上課程，練習發音，學習字彙。

接著，會出現一些尋常的事物來支持我的意圖。比如朋友提到了一本好用的工具書，書中附有寫好法文字彙的貼紙，讓你黏貼在該字彙所指的

把法文貼紙貼在家裡的日常用品上

東西上。每天看著這些貼紙，就能很快建好你的法文字彙庫。

接下來，我在農夫市集認識了一個法國人，我們可以用少量法文字彙交流。另一個朋友告訴我，可以在看電影時設定法文字幕或是用法文發音搭配英文字幕。我們夫妻兩人偶爾會帶著各自的平板電腦一起吃晚餐，打開翻譯視窗來練習簡單的法文對話。如此種種，當我決定學法文，似乎整個宇宙都動起來支持我的目標。

# 神經元連著神經元，想法接著想法

我們可以透過一致的想法來培養共時性。你正在準備晚餐，然後發現白胡椒粉沒有了，這是食譜不可缺少的材料。最近的便利商店在三公里外，你坐上車子，開離車道，進行必要的直行和轉彎，停好車，走進店裡，然後找到放白胡椒粉的貨架。你不是光站在廚房，發現少了胡椒粉，它就瞬間出現在放調味品的貨架前。過程中會有許多步驟，而你一路護持的想法，就是用來創造這些必要的步驟。

紐約大學的研究人員發現心中嚮往戀情，並相信自己會找到約會對象的學生，有更大的機會找到對象。當高爾夫選手知道自己使用的是好運球時，推桿練習的得分會更好。在機率遊戲中，樂觀者得到的獎勵會多過悲觀者。能在烏雲中看到光明面、運用心智以正向方式重新架構負面事件的人，可以讓杏仁核這個處理恐懼的大腦中央結構停止運作。根據心理學家李察・韋斯曼（Richard Wiseman）的看法，這些人「期待最佳的結果，而這些期待成為自我實現的預言」[62]。暢銷作家提摩西・費里斯（Timothy Ferriss）曾說：「我認識的人中最功成名就、最有效率的人——全球著名的創意人、億萬富翁、思想領袖等等——都認為自己的生命旅程有四分之一是用來**發現**自己，有四分之三是用來**創造**自己」[63]。

由羅徹斯特大學的羅伯特・葛雷姆林（Robert Gramling）博士所帶領的團隊，在十五年間調查了年齡介於三十五到七十五歲的二八一六位成年人。他的研究重點，在於辨認出有心臟疾病風險的人。結果顯示，信念對

健康有巨大的影響。

相信自己罹患心臟病機率低的人，出現中風與心臟病的情形只有一般人的三分之一。即使針對膽固醇含量、抽菸、高血壓、家族病史與其他風險因素進行控制，效應依然不變[64]。對心臟病的信念和恐懼，與罹患冠狀動脈疾病的機率有關。

這就是心智改變物質的方式。我們用一個接一個的想法來操控神經傳導路徑，當你對自己的心臟持有某種信念，當你年復一年在心中實踐那個信念，就會打造出新的神經元，一個接一個的神經元出現了。當然，我不是說你心中有個關於心臟病的負面念頭，就會立即心臟病病發猝死；也不是說你有個正向的念頭，馬上就發現疾病獲得療癒了。就像你需要白胡椒粉時，它不會瞬間就位移到你面前一樣，想法與事實之間還有許多步驟，你必須讓信念反覆出現，讓想法變成事物，讓神經元來形塑生理結構。堅定抱持某個想法，你就能創造出生理與環境條件，將實現那個想法的事物吸引到你身邊。

## 思維場與集體潛意識

在研習營的現場活動中，我發現人們普遍都能有效掌握某個生活層面。我們通常處理的是以下這五個生活面向：

- 工作（包含職涯與退休）
- 愛情（包含所有親密關係）
- 金錢
- 健康（包括體重、飲食、運動）
- 心靈

一般說來，人們在這些領域中至少有一個領域是完全沒問題的。例如，有些人是生涯大師，從青少年時期就一路打通關；有些人能輕鬆維持

深刻且持續不間斷的靈性修持，與生活其他面向緊密結合；有些人，比如我老婆，會自然而然地維持好一個幸福的婚姻，與家人和孩子建立美好的關係。

我的朋友菲爾‧湯恩（Phil Town）是避險基金這一行的翹楚，曾出版過兩本關於掌握金錢的暢銷書。錢是他的媒介，也讓他能在這個圈子裡毫無窒礙地演講、思考及行動。

安德魯‧維迪奇（Andrew Vidich）是我的另一個朋友，是個靈性大師。從青少年開始就天天靜坐冥想，每天早晨都會做一個多小時的冥想，仁慈與喜悅從他的眼神與他的存在向外綻放。他身處靈性的能量場中，在他面前不用隻字片語，就能感覺自己有了改變。讀他的書《層疊之光》（*Light upon Light*）與《愛是祕密》（*Love Is a Secret*）時，會進入他經常待的那個能量場中，感覺到自己向上提升。

在這五個生活面向中，雖然我們可能輕鬆成為某一面向的大師，但在其他面向卻可能吃力不討好。我有個朋友在一九八〇年代晚期創辦了一間非常成功的個人成長公司，二十多歲就成了百萬富翁。他很健康，也很享受成功帶來的名與利。但是在一次同儕聚會裡，兩杯黃湯下肚後，他向我坦承愛情帶給他椎心之痛。他悲傷地說：「我才剛剛和第三任妻子離婚，我得賣掉私人飛機給她錢。我知道她為什麼跟我離婚……我是個混蛋，毀了自己人生的每段感情。」在一個領域成為大師，並不能保證在另一個領域就能稱心如意。

臨床心理師羅傑‧卡拉漢（Roger Callahan）是 EFT 情緒釋放技巧的首創人之一，他開發出一種稱為「思維場療法」（thought field therapy）的方法，「思維場」聽起來就嚇嚇叫。卡拉漢相信，每個人都有習慣性的意識模式，他將此稱為思維場。當我們參與思維場的運作，就會棲止在思維場的能量之中，而且會透過思維場的角度來觀看物質世界。

思維場也能是大範圍的，類似榮格所謂的集體潛意識。榮格相信我們多數的行為都是由潛意識所驅動。我們覺知到的心智只是冰山一角，而我們卻認為那就是全部。實際上，我們的行為正受到洋面下的大冰山——集

集體潛意識就像冰山，我們思維的所有過程只是冰山一角，真正推動行為的
是下面的集體潛意識。

體思維場——所操縱，即使我們沒有察覺。

　　集體潛意識的能量類型也會形成思維場，其中有些是無害的，比如與
拼布嗜好有關的思維場。我曾在一間大型會議中心辦過研習營，該中心同
時還有幾個其他團體在開會，其中之一就是拼布大會。

　　我和一些拼布愛好者同桌用餐，根本不知道什麼是拼布。但是我卻被
他們的思維場吸引住了，與他們的熱誠產生共鳴，甚至覺得拼布就是全世
界最迷人的活動。

　　掌握了五種人生面向之一的人，會優游於那個特定的思維場。讓兩個
投資客待在一起，他們會自然而然地開始分享投資心得，因為他們彼此共
鳴。讓兩個冥想者在一起，也會在互動過程中強化冥想的思維場。

　　不過，其他的思維場就沒有那麼友善了。當你花時間與毒品成癮者或
酗酒者相處，你可以感覺到讓他們成癮習慣無法動搖的思維場。有類似模
式的人會彼此共鳴，因此成癮者如果和其他成癮者相伴就不可能不受彼此
影響。他們已經習慣與那樣的思維場共鳴，會在靠近時，被吸入對方的思

維場中。

　　處在充滿恐懼的心理狀態下，恐懼就會餵養恐懼。恐懼的思維場會尋找讓人害怕的外在刺激。充滿恐懼的心會從可能性波之內的無限可能性中，促成充滿恐懼的可能性波塌縮為機率。你或許會相信問題都是來自外界，是由其他人、企業、政府或隨機事件所造成的。事實上，你正身處於能形塑物質空間的思維場內。我們的心智會以正面或負面的方式製造出物質。聖經中的哲人約伯感嘆道：「因我所恐懼的臨到我身，我所懼怕的迎我而來。」

## 準備好，老師就會出現

　　如果你參加過安德魯‧維迪奇的冥想工作坊，可能會覺得冥想似乎簡單易行。他的思維場會分享他對靈性經驗毫不動搖的熟悉，如此類似的頻率也會在你內在啟動。這些頻率會與安德魯局域性能量場的類似頻率共鳴，然後透過他，與非局域性能量場的相同頻率共鳴。透過強大的共鳴模式與冥想所創造的能量場連結，你也會參與那個能量。

　　我在菲爾‧湯恩的賺大錢研習會也有過類似經驗。當你置身於菲爾所生成的專業金融思維場中，他的解釋會讓你覺得清晰又簡單。你對股市和財報的理解一躍千里，因為你讓自己的意識與菲爾的思維場校準。在一個聚集兩百人的房間裡，當所有人都與同樣的專業金融頻率同步時，你會自動調整自己的心智與大腦進入共鳴。

　　等到你離開冥想工作坊或賺大錢研習會後，這些觀念很快就變得模糊不清。你會開始忘記自己學到什麼以及你達到的那個狀態，除非你經常練習。一旦你練習透過閱讀書籍、觀看影片來接通那個思維場，並學習更多事物，就能維持自己與思維場的共鳴。很快的，你的大腦會建造起符合那個思維場的典型神經路徑與腦波狀態。你已經從碰觸思維場，走到了示現思維場。你正在走向大師的路上。

　　當我們以這種方式使用自己的心智，就能調整具體的物質。當我們有

當你與冥想團體的局域性能量場達成共鳴時，要進入冥想狀態就很容易。

意識地選擇在某個思維場達到大師級水準，就會啟動與該思維場有關的所有共鳴，包括建造那個思維場的材料。有些材料或許就存在你所待的層次；有些或許存在於非局域性的層次，遠在宇宙一角。心念和意圖中充滿著我們的意識，那是開啟通往共時性大門的鑰匙。機會與連結看似憑空出現，但其實是由我們參與的特定思維場所產生的。

身為作家及訓練師，我很幸運能與許多生命轉化的領袖共享個人時光。他們所創造的思維場，帶著滿滿的能量。當他們齊聚在一起，效應會更強大。我跟這些人相處總能很快產生共鳴，從而調整我的思維與能量。所以，身邊有能提升你的人，是促進心理與生理健康的最佳方式之一。

下一個故事是由其中的一個領導人所分享，那是一個關於顯化的神奇故事。誰曾經想過示現一百萬美元呢？這類的祈願看似不可能，但正如德國哲學家歌德所說的 [65]：

> 無論你能做什麼，或者夢想能做什麼，就開始吧！
> 勇氣裡有天賦、力量，以及魔法。

## 如何得到一百萬美元？

我帶領生命轉化團隊，在每場活動一開始有個練習，我們會請學員說說自己在研習營的活動過程中最有機會顯化的事物。

進行團體活動時，通常人們會選一般性的目標，例如不要再失眠、體悟該做哪種生涯規畫或是不要和另一半發生衝突等等。

沒想到，竟然有人說他想要一百萬美元。他剛創辦一家高科技公司，有新科技能收取幹細胞，是未來健康研究的先鋒。他的目標就是財務自由可以讓他勇敢築夢。

我心裡想：「天啊，這是多大的目標啊！」

輪到下一位學員發言，他決定也要學剛剛那個人。他說，他也想要一百萬美元。

我的內心在哀號。竟然有兩個人都想無中生有得到一百萬美元！這似乎不可能辦到。

三天後，這兩個人非常興奮地跟整個營隊分享好消息。第二個人的父親是個投資銀行家，他把幹細胞公司的事告訴父親，並安排了與公司負責人見面。結果是，他父親很看好這家新創公司的潛能，馬上答應幫他籌募一億美元。不是一百萬，是一億！

「我還拿到了百分之一的仲介費，」第二個人說。「那可是一百萬美元啊！」

本文作者是雷蒙・艾朗（Raymond Aaron）

# 心靈調校，最好的生命狀態

共時性並非表面所顯示的那樣，看似一系列事件以神祕方式排列起來，製造出顯著的結果。

事實上，共時性代表了對所有生命的同步調控，從最遙遠的非局域性空間，到離我們最近的局限性想法，都涵蓋在內。所有一切全都由共鳴的能量場同步調控，而且正如我們用心智做選擇的方式，我們也會設定好向無限延伸的共鳴模式。

我們的想法有高度的創造能力。一旦領悟到這一點，就會有覺知地引導想法，去做應該做的事來調校我們的心智，以配合最有可能成真的可能性。我們會有覺知地運用創造力量。歌德說：「我們內在全都有某些電力與磁力，我們會自行運用吸引力與排斥力。」[66] 理解我們的想法擁有神奇的創造能力，將能賦予我們有意識地運用它們，調整頻率去對準充滿愛、仁慈及創造力的思維圈。

我早晨醒來的優先事務就是進行心靈調校。如果不這樣，我的心會不停轉動，注意力渙散，無法專注於處理接下來的問題。惡夢和我從電視看到的揪心片段，也會伺機浮現又消失。

如果以這種方式開始新的一天，負面及散亂的思維場會把我帶到物質實相。我會以那個失能場的能量來調校自己的物質世界。

所以我每天做的第一件事，就是把思維盡可能提到最高狀態。我會運用 EFT 情緒釋放技巧，排除憂慮和緊張，平靜地坐下來靜心冥想。我知道處在與無限同步的狀態下，我的身體會有什麼感覺。我的大腦製造出高振幅的 α 波、θ 波及 δ 波，開始接通無限的頻率。一旦完成調校，我就能在那個狀態下待上一段很長的時間。我的思維會離開剛醒來時的那些混亂漩渦。

我會感覺到快樂與樂觀在內心湧現，像是春天繁花盛開。我會禮讚那種美妙的感覺，再次使用 EFT 情緒釋放技巧來將它安頓在身心中。如果附近有草坪，我會走出去赤腳踩上露珠，將自己安頓於地球的頻率中。我

將調校當成每天第一優先的工作，重新校準你的局域性能量場。

或許會聆聽啟發性的 CD，給思維定個方向。如果在家裡，我會看著願景板一再肯定自己的目標；我會在日誌上記錄關於未來生命旅程的正面意圖；會讓內心充滿了對生命的禮讚；會一再品味自己的期待，迎接幾小時後將會出現的共時性事件。

　　然後，保持在安住及獲得啟發狀態的我，正式迎接這全新的一天。

　　如此做上一個月，每天都要練習，你的生命就會開始改變。有覺知地運用你的心智，物質將隨之改變。你會將共時性召喚到你身邊。無論你面對的難關是金錢、健康、愛情、工作或心靈，一旦開始運用心智進行有意識的創造，你會發現很快就能進入嫻熟程度。讓自己與能量場同步，物質就會隨之改變。共時性會在你身邊自我組織，你的生活就能與宇宙的天籟之音同步。

　　人生無常，生命風暴會突然掩至；但人生的美好，也會像風暴一般猛烈來襲。我經常會突然停下腳步，眼眶含淚，因為太過震驚而無法理解其意義。我會停下正在做的事，允許感覺擴展開來。我把自己的心開啟到最大，用來擁抱自己獲得的全部祝福。

　　一旦我擴展這些感受來接收生命的美好，這樣的我便能享受這些時刻，仔細品味。有意識地和宇宙達成同步，你就能擁有一個美好的人生。

# 將這些概念付諸實踐

本週要練習的活動包括：

- 早晚練習精簡靜心時，心中要抱持讓生命與共時性同步的意圖。
- 注意突現現象如何出現在你個人的世界。你可以觀察到它們的地方包括：昆蟲群落、鳥群、魚群或城市的車流。
- 在日誌上寫下自己人生曾經出現過的重大或重要的共時性事件，至少列出三件。
- 同樣在日誌上簡單記錄過去幾天，你親眼見證的任何突現經驗。

本章的延伸資源包括：

- 馬提亞斯‧魯斯特飛航影片與完整報告
- 突現如何滲透我們的日常生活
- 節拍器達成同步的影片
- YouTube 上 IZ 演唱 Hawaii Aloha 的影片
- 集中營倖存者傑克‧史瓦茲（Jack Schwarz）的療癒故事
- 在九一一事件中逃過一劫的十位名人

延伸資源請上網連結 MindToMatter.club/Chapter6。

# 第 7 章

# 超越局限心，帶來無窮可能性

Thinking from beyond Local Mind

以諧振的心腦與宇宙一起聯動，讓你的局域心融入宇宙意識。從此，你興起的念頭會不一樣，你所採取的行動會不一樣，你的渴望與期待也將截然不同，而且將會沐浴在自己所創造的，充滿愛、智慧及光明的能量場中。

　　以諧振的心腦與宇宙一起聯動，讓你的局域心融入宇宙的非局域心。從此，你興起的念頭會不一樣，你所採取的行動會不一樣，你的渴望與期待也將截然不同，而且將會沐浴在自己所創造的，充滿愛、智慧及光明的能量場中。

　　繆爾森林國家紀念公園（Muir Woods National Monument）是加州最可愛的地方之一，是以生態保護者約翰・繆爾（John Muir）來命名的。他十一歲時全家由蘇格蘭移民美國。他熱愛戶外生活，這個嗜好讓他踏遍整個大陸。在滿三十歲前，他就由印第安納波利斯步行到墨西哥灣，兩地之間相距一千六百公里。

　　最後繆爾定居在加州，寫了一系列名為《山脈研究》（*Studies in the Sierra*）的文章，並且出版了十本書來探討自己的自然主義哲學。他在一九〇一年出版的書《我們的國家公園》（*Our National Parks*）引起了老羅斯福總統的注意，並於一九〇三年特別到優勝美地谷（Yosemite Valley）拜訪繆爾。繆爾的人生成為與大自然連結的禮讚。

　　公園內的森林相當原始，其中的紅杉是地球上活得最久的生命體，樹

巨大的紅杉擁有強大的力量

高可達一百公尺以上。在兩千年前耶穌還在世時，現今最古老的紅杉還是株小樹苗；而有些如今存活的紅杉，甚至在哥倫布橫跨大西洋時就已經有一千歲了。化石樣本顯示這些物種，在地球上已經存在了超過兩億年。

緲爾森林所在的土地是由生態保護者威廉與伊莉莎白・肯特（William and Elizabeth Kent）於一九〇五年購買。他們相信這裡是聖地，想保護巨大的紅杉不被濫伐。肯特夫婦被迫向銀行貸款來取得這塊土地，伊莉莎白很擔心財務問題，但威廉跟她說：「倘若我們失去了所有金錢，但拯救了這些樹木，這樣也值得，不是嗎？」後來，老羅斯福總統在一九〇八年宣布要用這塊土地成立緲爾森林國家紀念公園。

在二次大戰之後的那個歷史性春天，來自世界主要國家的代表聚集於舊金山草擬聯合國憲章。就在預定為此會議開場之前，小羅斯福（Franklin D. Roosevelt）總統去世了。一九四五年五月十九日，與會代表在著名的聖殿叢林（Cathedral Grove）舉辦紀念小羅斯福的一個肅穆儀式。今日，每年都有近百萬人到緲爾森林，驚嘆地看著這些活得比人類歷史還久的珍貴紅木。

## 當宇宙要你大轉彎時

有一天下午，在前往拜訪朋友的途中，克莉絲汀和我開車經過緲爾森林——純粹是意外，我們在一英里外的十字路口忘記轉彎了。

那天是陣亡將士紀念日（Memorial Day）的假期週末，也是美國夏日正式開始。公園遊客成千上萬，入口前後的交通都相當壅塞，所有的停車場都停滿了，從一英里外就得把車子停在路邊。行人走在狹窄的道路兩側，人流穩定地來來去去。

雖然我們都很想進去森林看看，但想等到人沒那麼多時再去。

我們和朋友度過美好的傍晚，決定向他們借宿一夜。第二天一早，我們開車往回家的路走。突然間克莉絲汀大叫：「既然離緲爾森林那麼近，我們現在就去看看？」車子來個大回轉開回了公園。

　　那時是早晨七點四十五分,停車場幾乎沒有車子。我們沿著步道走向森林核心的聖殿叢林。一路上,我們啜飲著紅木、空氣、鳥鳴、松鼠、溪流的美好能量。克莉絲汀說:「我們就當成一次步行冥想吧!」於是,我們一路默默無言,在沉默中走向目的地。

　　我們走了超過一英里路,全都是聖殿叢林最受歡迎的景點。這花了我們一小時,我們經常會停下腳步,帶著敬畏之心,駐足注視著雄偉的紅木。

紅杉的樹幹會吸引你的眼睛往上看

　　一路上都沒看到什麼人。回程時,我們來到公園入口,靈魂深獲滋養,感覺與自然深刻連結,和偉大的宇宙場合而為一。

　　等我們回到停車場,回到這段旅程的起點,遊客已經川流進園。從四輛遊覽車上放下了好幾百人,入口處人擠人,我們得一路擠出來。

　　幸好我們來得很早,能夠怡然地享受整座森林的靜謐,這裡只屬於我們,我們沐浴在大自然的神聖空間內,就在兩次人潮入侵的夾縫間偷得浮生半日遊。我們只是依隨著自己的心,沒有既定計畫,隨著心流而行動,這滿足了我們能不受人潮干擾來享受繆爾森林的心願,那可是一年中遊客最多的週末。

# 心流，一種渾然忘我的境界

　　能和宇宙的能量流同步，就能與宇宙的所有共時性、恩典、美好與智慧同步。你，一個人類，只有單一的局域性心智，當你跟偉大的無限心智（所有心智背後的心智，讓所有意識得以出現的偉大心智）校準頻率，當你融入並與那個心智合而為一，你的心，你那顆受到局限的單一心智，就不再如同疏離的、分開的、孤立的碎片那般運行，不再因為分離的幻覺而與整體分開。

　　相反的，無所限制的心流如今就在你的內在，而你就在那個心流之中。你不再是受到限制的意識，而是成了宇宙的無限意識。你已經跳脫受擺布的位置，能採用真正行動者的觀點。

　　創造力的大門會向你開啟，可能性的願景會流入你的意識。你知道自己和宇宙智慧、宇宙力量、宇宙心智以及宇宙的愛合而為一。從那個意識的位置，你會活出智慧、心智及充滿愛的人生。你不再要求愛、不再需要愛、不再渴望愛，因為你就是愛。你不再祈禱智慧，因為你就是智慧。你不再尋求內在的平靜，因為你的本質就是平靜。站在那個位置上，你就能取得這宇宙間所有的智慧、平靜與愛。

　　這就是有史以來神祕主義者所經驗、所描述的超然狀態。頂尖運動員在顛峰表現時所經驗的，正是這種心流狀態。藝術家正是進入這種狀態，才能創造出最不了起的作品。這也是孩童全心投入遊戲時，會自然進入的狀態。

　　我們本該要時時處在這種狀態來活出自己的人生，但是它卻被視為日常折磨之外的某種偶發的特例。事實上，這應該是我們每天開始與結束的方式，我們的每一天，都應該在可能性的開展中流動。

　　我在研習營上認識的人，會敘述自己的人生故事，我因為他們的苦難而深深被觸動。但是讓我震驚的，還包括這種苦難如何隨著他們一日日的生活而不斷累積。他們並非生來就要受苦。孩提時代，他們知道怎麼笑、怎麼愛、怎麼玩耍，接著他們有了負面經驗，逐漸從自發喜悅的童年狀

態，進入擔憂、磨損及飽受壓力的成年狀態。

## 將心流付諸實踐

　　我們如何逆轉這個過程？這或許是我們一生中最重要的課題。我們可以學著主動，在意識、行動上做那些會讓我們回歸和宇宙同步的事。我們可以學習釋放自己的苦難，並再次學會如何嬉戲玩耍。我們可以練習自己童年時熟悉的意識狀態，將我們的成年生活轉變成可能性的歡樂遊戲場。將這些付諸實踐的方式，其實很簡單。

　　每天早上一醒來，單純地將你的意識與你能夠達到的最高頻率校準。靜靜坐著，讀一些最能啟發你的字句，進入冥想狀態。在你開始這一天之前，在你開始思考或創造之前，請先校準你自己。依據就你所知可能最高的振動頻率來校準你自己，依據你意識到最為揚升的能量場來校準你自己。

每天第一個有意識的行動，就是跟無限的宇宙能量場校準。

　　運用這個稱為意識的禮物來持續校準自己，在每天一開始就與那可能最高的能量場同步。當你這麼做的時候，感覺得到身體的變化。你將會感

覺到生理層面就像來到了一個新層次，這就是開始進入改變狀態的感覺。

　　練習跟宇宙場校準、與宇宙的無限心智合一，如此的生理感覺，完全不同於你在孤立的、受限的心智時所產生的生理經驗，你將不再產生與無限心智的愛、智慧、光明以及崇高視野脫離的幻覺。

　　在你每天早晨為自己所創造的空間內，在和宇宙合一的狀態下，你興起的念頭會不一樣，所採取的行動會不一樣，你會有的渴望也將截然不同。你所抱持的期待會改變，所做的假設將完全不同於在疏離的局限心智狀態下所做的假設。你看待生命與一切創造的世界觀將會非常寬廣，所感知的可能性場域將會是無限的。你的自我感覺，你對身為人類的觀點，都會完全轉換。

## 跟著宇宙場一起生活

　　每天都跟宇宙場校準的你，自我感覺完全不能與局域心的孤立感相提並論，這兩者的自我感覺完全不同。如果你覺知到自己和這個同步的宇宙

當我們和宇宙場產生共鳴，就能與同樣產生共鳴的其他人同步。

合而為一，你就會帶著鎮靜、力量、和平、喜悅、愛及富足感過日子。你會與天賦的頻率校準，會依據從宇宙心智的實相場所汲取的遠見來形塑你的外在世界。

突然間，你脫離了疏離的局限性，不再孤獨且猝不及防地與不同問題或挑戰衝撞。相反的，你會成為同步的管弦樂隊的一分子，跟宇宙合一的你會與同類的人合一；跟宇宙合一的你，會與任何同類的力量及現象合一；跟宇宙合一的你，會隨著創造的自然和聲一起飛舞。

## 所有心靈的共鳴交響樂

當你和宇宙校準，你受到局限的心智會自動與其他也跟宇宙同步的心靈聯動同步，而不跟宇宙同步的心智也會與你不同步。

你愛他們、祝福他們，透過你的仲介調和，也邀請他們一起參與調和。你無法在脫離調和的狀態下，進入處於不調和狀態下的人來幫助他們，即便那是你所愛的人，你只能透過和宇宙保持聯繫的調和狀態去幫他們。那時的你會成為邀請的燈塔，歡迎他們參與這場調和之舞，開啟無限的可能性。

一旦他們加入，會自然且毫不費力地與你校準，而如果他們做出其他選擇，你也會祝福他們所選擇的道路。你無須說服，也不必刻意誘導，只要他們準備好了，就會加入這場調和之舞。讓他們去吧！因為你會發現，將會有數千人、數百萬人、數十億人準備與生命校準，並與你共舞。

這是宇宙對你的期許：希望你找到並維持這種校準狀態；希望你每天一開始就依照宇宙場來調整自己；希望你每天一開始就拋下自己是個充滿掙扎、受限實體的幻覺。每天一開始，你都能接收到與萬有合一的實相。這，就是宇宙對你的殷殷期許。

## 捨棄幻覺，不再自我設限

宇宙知道，一旦你放下自己是個疏離、受限實體的幻覺，並擁抱你和宇宙心智合一的實相，頃刻之間你便是心流的一部分。以共時性的方式，你會與身屬宇宙之舞的每個存在共舞。你的生命會輕鬆且有機地流動。你在受限心智這個層次所體驗到的所有摩擦、雜音都會退去。你會活得很輕鬆、很快樂，自然而然便有創造力。你會與宇宙實相的感受同步，並從這樣的視角，為自己創造新生命，然後與由疏離的局限性自我所創造的生命漸離漸遠。

我們生命的每一天，都將有意識地與宇宙場校準。

日復一日做出這樣的選擇，在每天早晨做頻率校準，你的生命將會被送上嶄新的航道，一個充滿可能性的航道。這條航道洋溢著喜樂，有洶湧如潮的活力與熱誠。你正處在這個時刻的十字路口，一個抉擇點。在這個轉捩點上，你要麼擁抱你與慈憫宇宙合一的實相，要麼繼續活在你的幻覺之中。此刻你就面對這個選擇，每一刻你都在面對這個選擇。

# 你將面對的是生命最重要的選擇

　　這是你一生中最重要的選擇：要校準，或是不校準。當你此刻做出選擇，並在這一刻選擇校準，再下一刻，再下下一刻、第二天、下星期、下個月，當你無限次做出校準的選擇，就會變成不是選擇而是事實。那就不是選擇，而是一種生活方式。當它變成生活方式，變成意識的標準設定，你就會開始建造新的神經路徑來將它內建於物質層面。你身體的物質層面不再是局限心智的媒介，而是無限心智的媒介。

　　無限心智推動著你大腦與身體的神經路徑，因而創造出新大腦和新身體。它會建造細胞、更新 DNA、創造連結場域；會在你的思想、言語及行動中創造諧振；會在你的影響圈中開啟可能性；也會在你的物質實相層次與你共同創造。

　　在你和宇宙心智合一時所創造的物質實相，完全不同於你與宇宙心智阻絕時所創造的物質實相。你在校準狀態下所產生的想法會變成物質，於是你身體的物質層面就會開始轉變，因為用來建構物質實相的材料不一樣了。然後在一刻又一刻又一刻的校準之後，這樣的你，會與被囚禁於受限心智與自我之內的你，創造出全然不同的物質實相。

　　那麼，我們會在這個合一場內共同創造什麼？且讓我們慢慢發現吧！

# 將這些概念付諸實踐

本週要練習的活動包括：

- 在大自然中散步，然後練習慢慢走路。好好感受每次雙腳踏到地面的感覺。
- 每天花幾分鐘在沙地或潮濕的草地上行走或站立。
- 在早晚的精簡靜心練習中，有意識地將局限性自我與宇宙的無限心智校準。
- 找一天在冥想後，把自己的局限性自我與無限實相描繪在日誌上。

你不必是偉大的藝術家，幾筆簡單的線稿就很好。

- 問問宇宙的無限心智：「你對我的最大期許是什麼？」然後將自己腦中浮現的想法寫在日誌上。

本章的延伸資源包括：

- 人類心臟能量場的影片
- 如何讓自己穩穩地專注於地球能量場的指引
- 研究人員史蒂芬·施瓦茲（Stephan Schwartz）探討異常經驗與量子意識

延伸資源請上網連結 MindToMatter.club/Chapter7。

# 【結語】
# 接下來，心靈會帶我們前往何處

　　我有幸能生活在令人驚異的創造者之中。就在此刻，你和我正在運用我們的思維來創造周遭的世界。時時刻刻都如此。

　　我們都是藝術家社群的成員，時時刻刻都在描繪我們的世界使之存在。我們以心的眼睛所看到的願景會隨著一個個想法，將自己詮釋成周遭具體的物質實相。當我們挑選自己的想法，事實上就是在選擇自己的物質實相，無論我們是否覺知到這一點。在接下來的時時刻刻、日日月月、歲歲年年，我們將會創造出怎樣的世界？

　　我相信，那會是一個和平、慈悲、美、機會與智慧的世界。過去幾個世紀，我們都在與求生存、恐懼、憤怒、戰爭、憎恨、競爭、羞恥、罪惡感掙扎對抗。身為人類這個物種，我們已歷經了數千個世代，並屢屢經驗到由這類思維所創造出來的物質環境。

　　我們已經看到它所製造的苦難。現在我相信，我們已經準備好接受新的經驗，已經準備好描繪新的世界。隨著固有能力的逐漸甦醒，我們可以自主選擇並創造出想要的世界，而這一切都從有意識地選擇能夠創造出那個世界的想法、經驗及信念開始。

　　一旦發現能透過自己的心靈來創造時，一開始我們會有意識地去製造出自己最微小的創作。接下來會不確定地試探，就像小寶寶學步時猶猶豫豫踏出的一小步。

　　但是，如果你看過寶寶學步，就知道這種遲疑很快會被滿滿的自信取代。這個孩子如今已能自由地探索世界，熱情地踏步四處走。他會前往自己從前不能去的地方；隨著他從自己的出發點前往越來越遠的地方冒險，他的影響圈會擴展得更寬。他會很快調整自己的心靈來適應新實相，達成自己過去踏出第一步之前從未經歷的動力和自由。

　　那就是今日的我們。身為人類這個物種，我們才剛開始觸及到自己力量的表面，還不知道自己有何能耐。我們甚至還沒踏出自己的第一步，才剛開始領悟自己能做成什麼。

　　儘管未來如何不可知，仍包覆著神祕的外衣，但我們可以回顧並清楚看到過去發生過什麼。我們看到二十世紀的兩次世界大戰，看到十九世紀及更早之前的血腥衝突。我們看到數千年來人類這個物種，浸泡在無知、貧困、飢餓、不正義及殘酷之中。儘管一千年來科學與哲學的進展，已經給予我們最初的啟蒙微光，但有史以來，人類的存在與進步，大都是在嚴苛的生存條件下被迫推動的。

　　身為物種之一，在漫長的旅途中，我們什麼都做過、經歷過，還買了紀念品。現在該到下一站了。在我們還不知道自己的想法會創造出實相前，會假設自己經歷的所有苦難是不可改變的、客觀的實相。

　　現在我們知道得更清楚了。我們已經開始了解自己的心靈具有非常大的潛能，可以創造實相。我們了解自己在微觀與宏觀層面都擁有調動能力，在微觀尺度，我們了解自己的想法會時時刻刻形塑自己細胞的結構與生理系統，讓分子存在或消失，就像中世紀鍊金術士所幻想的那樣。

　　在宏觀層面，我們的想法會與同一物種的其他成員結合，以創造歷史的大方向。過去我們身陷這樣的幻覺，以為實相是由單純發生在我們身上的隨機事件所構成的，並在此幻覺中盲目地勞動並創造歷史。一旦我們了解自己的力量，將會創造與先前截然不同的歷史。

　　身為有意識的創造者，我們會有不同的選擇。當生存需求敦促我們產生憤怒與苦澀的想法（出於匱乏與競爭的幻覺）時，此刻的我們會選擇不去想它們。不去想，我們就會加入其他數百萬個做出類似選擇的人。我們會發現自己受到這個新社群的實相場所吸引，同時，這個共享的能量場也會因為我們的加入而提高共鳴，於是就能夠扭變社會的方向。

　　當你選擇不去想那些負面的想法，而以正向想法來取代，那麼你不僅轉化了自己的實相，你也在為整個人類物種轉化實相。這是因為你為世界上的善良與慈悲注入了一股新能量，你正在強化那個新的實相場。你是數

百萬個將自己的正向能量加入新實相的人之一，你正在幫它轉變成一種難以對抗的力量，足以扭轉歷史的浪潮。

　　儘管命運或許曾經主宰了世界數千年（反過來，人們也為了求生存，無視於自己正在創造他們深感恐懼的那個黑暗世界），但是今天已經不一樣。我們了解自己的力量，做出困難的選擇，我們不僅運用了自己的力量去形塑個人的實相，也眾志成城地一起創造出地球的實相。

　　我們曾親自經歷過充滿恐懼的思維及其後果，因此我相信我們已經開始了新的體驗。如同開始學步的寶寶，我們學著將光引進過往受到制約的黑暗思維空間裡。第一道光就像寶寶邁出的第一步，會遲疑是自然的。但是帶著溫暖的那道光，你感覺還不錯。當我們照亮自己的思維，在自己體內創造的分子也會感覺良好。一旦我們照顧好自己的心，就會在周遭世界創造出一個更讓人享受的環境。在正向回饋的循環中，這會強化我們對更多相同事物的渴望。

　　我們對自己的新力量能創造正向世界越來越有信心，因此開始有了大膽的想法。我們想像著一個沒有戰爭、沒有飢餓或貧困的世界，這個主觀的、非物質的遠見正是客觀物質實相的胚胎。

　　這是我們目前要一起做的工作。全世界有其他數百萬人都在致力為自己和全人類創造正向的未來；我們要與他們攜手創造一個無法抗拒的愛的能量場。我們所創造的愛，不與任何人對抗。我們不會批判、譴責、抱怨，就只是去愛。

　　隨著愛的能量場日益強大，它會滌淨在範圍之內的所有一切。由於這個共享的能量場，新的物質實相誕生。這個物質實相反映振動實相的能量。在新的物質實相中，人們會直覺地依循愛與慈悲來行動，而尊重與利他是人類關係中的新常態。

　　未來的孩子從受精那一刻起，便在這樣的認知中成長。從受精那一刻起，他們便沐浴在愛的能量之中，因此這就是他們全部的經驗。他們會成為充滿活力的創造者，他們的遊戲、社交互動、對生命的期許都帶著確信的愛。他們在愛的世界中成長，因此他們的生涯與家庭都會一再創造愛。

世界也會隨之改變，以反映出他們的期待。

　　我不知道我們的孩子，或是我們孩子的孩子，到時候會創造些什麼。但我確信，浸淫在愛中的人類所創造出來的，將會是快樂的產物。我相信他們鮮活的創造，會將科學、技術、教育、藝術、音樂、哲學、宗教、建築、環境、文明及社會帶到我們這個世代完全無法想像的地步。

　　這是我計畫下半生都要生活在其中的世界，這是我選擇要用自己個人的想法來創造的世界，就從每個新的一天我張開眼睛的那一刻開始。這也是我邀請你一起加入的世界，與我一起時時刻刻運用你的個人想法來創造。沒有比這個更好的賴以維生的所在了。

　　感謝你與我作伴，一起踏上這段探索之旅。我們已經看到心靈創造物質這個命題並非僅是形上學的推測，而是科學事實。我們已經發現心靈會創造實相，也意識到每個人所擁有的、運用驚人的思維力量來創造友善實相的潛能。讓我們從這一點開始一起玩耍，我期待能與你共同創造這個愛與喜悅、值得細細品嘗的世界。

# EFT 情緒釋放技巧（EFT 敲打操）

一、你**身體的哪個位置**最能清楚感覺到情緒問題？

二、運用 0 到 10 的分數量表來**判定該部位的不適程度**，10 強度最大，0 代表完全沒有：

10　9　8　7　6　5　4　3　2　1　0

三、**設定**：複誦以下的陳述句三次，同時持續敲掌緣的「空手道手刀」點（下圖手掌圖中最大的一點）：

「儘管我有＿＿＿＿＿＿＿（問題），但是我仍然深刻且完全地接受我自己。」

四、**敲打順序**：在下面兩張圖所標示的每個能量點敲打約 7 次，同時簡短複誦能提醒自己問題為何的一兩句話。

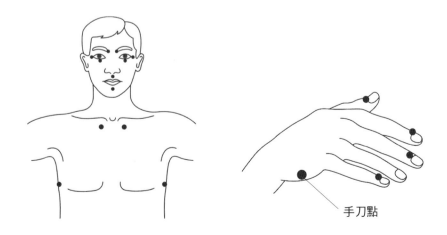

手刀點

五、再次用 0 到 10 的分數量表來判定自己的不適程度。如果分數仍然偏高，請對自己說：

「儘管我還有 ＿＿＿＿＿＿（問題）尚未解決，但是我仍然深刻且完全地接受我自己。」

六、從步驟一開始反覆進行，直到你的不適程度盡可能接近 0 分。

# 精簡靜心（**EcoMeditation**）七步驟

　　開始前，先將手機、筆電、簡訊通知等設備關掉。把這不受干擾的二十分鐘當成給自己的禮物。你可以把這個練習當成早上的第一件要事（這是我最愛的時間）及晚上就寢前的最後一件事，或是在一天當中的休息時間進行。找個安靜且不會受到干擾的地方，端正坐好。

　　**一、用指尖敲打每一個「情緒釋放技巧（EFT）」的指壓點，順序隨意**，同時心中要抱持這樣的意圖：你處在平靜祥和的狀態，除了此刻你贈予自己的這段不受干擾的時間，其他都不重要。由上而下敲打，等做完最後一個指壓點，再次從第一個指壓點開始。如果你不知道敲打的指壓點，可以參考第 319 頁的圖示。

　　這段時間只屬於你。讓你所有的憂慮消失，允許自己完全處在當下。在敲打時說：「我釋出所有通往內在平靜道路的阻礙。我釋出身體所有緊張。我釋出自己過去、現在及未來阻礙我抵達內在平靜的一切事物。」

　　**二、閉上眼睛，讓舌頭輕鬆地放在口腔內休息。**

　　**三、想像雙眼後方有個巨大而空曠的空間。**如果在冥想的任何時候冒出任何**想法，只需靜待它們自行離去。**看著它們如同雲朵一般飄過天空，不對它們有任何執著。

　　**四、慢慢呼吸，每次吐氣維持六秒，吸氣維持六秒。**每次吸氣時，默數到六；每次吐氣時也一樣。注意自己的舌頭是否放鬆。觀想雙眼後方那個巨大的空間。保持舌頭放鬆。

如果身體出現任何**生理感受**，例如痠或痛，只需單純地觀察它們。無須對它們做任何事。注意力集中在呼吸上，吸氣默數六秒，吐氣默數六秒。

五、觀想胸腔心臟所在的位置。想像**經由你的心臟來吸氣、吐氣**，同時維持六秒吸氣、六秒吐氣。保持舌頭放鬆。

六、**想像一道愛的光線由你的心臟向外湧出**，隨著每次吐氣湧向你愛**的人或地方**。保持在這個狀態，維持幾回深呼吸。注意眼睛後方的巨大空間，注意你的舌頭在口腔內有多麼放鬆。

七、**將愛的光線導回自己的身體**，進入你的心臟部位。**將那股愛的能量傳送到你身體任何感覺不適或疼痛的部位**。結束冥想前，先做三次深度的六秒呼吸。

一旦覺得已經完成冥想，就**將注意力引導回你所在的房間**。睜開眼睛，注視離你最近的物體，觀察其特徵，包括顏色、肌理、重量等等。轉移視線，注視離你最遠的物體。注意自己的呼吸。注意你身體的重量施加在椅子或是你所坐的東西上。感覺你的雙手、雙腳。對時間保持覺知。

**將你自己帶回此時此地**。儘管冥想狀態會支持我們的身心健全，但是在每次冥想結束後，要將自己帶回「真實的世界」，並且有效地在這個世界持續發揮冥想效果。

每天做這個練習，持續一個星期，你會注意到即使不在冥想時段，感受也不一樣了。持續一個月每天練習，你就會上癮。每次只需要練習二十分鐘，不過你或許會想要逐漸把冥想時間增加到三十或四十五分鐘。

精簡靜心網址：Ecomeditation.com

# 致謝

如此規模的一本書不是一人之力所能完成的，我非常感激所有參與其中、讓它成為可能的人。牛頓曾經說過我們都站在巨人的肩膀上，科學家最怕的，就是閉門造車。我們都是立足於他人的發現及成果之上。感謝數百名深具遠見的研究人員，因為有他們的心血研究為基礎，我才能完成這本書。無論我在何處尋找證據，我通常都會找到，而從這些同儕著作中所發現的廣博心智與想像經常讓我震驚，也讓我更加謙卑。

在療癒領域的每個人，尤其是我，都得感激臨床心理學家大衛・費恩斯坦。他嚴謹的心智力、絕佳的學術書寫技能、倫理的覺知，形塑了整個時代的能量療癒專業工作。他針對本書前幾章提供了詳盡的意見，並協助讓這本書以最合適的形式出版。

還有許多專業人士都選讀了與他們專精領域相關的部分章節，並矯正錯誤與誤解之處。腦電圖專家 Gary Groesbeck 就腦波相關章節提供詳盡的回饋，他的同事 Judith Pennington 則針對覺醒之心及進化之心模式提供清晰的解釋。精神科醫師 Ron Ruden 提醒我 δ 波的重要性，以及能夠增加 δ 波的許多方法。

心能商數學會的羅林・麥克雷提針對舒曼共振與場力線共鳴給我清晰與明確的解釋，還針對此一主題進行主要的研究。思維科學研究所的迪恩・拉丁幫助我了解預知相關研究的數據基礎，並經營即時更新的網站，列出超凡人類經驗的科學出版物。他的驚人實驗為本書提供健全的科學基礎。

我的摯友羅伯特・霍斯聰明又多才多藝，他的心靈沒有疆界。他是夢的神經科學專家，非常了解大腦如何運用象徵來解決問題。本書關於榮格、集體潛意識、情緒腦、量子現象等段落都是由他提供支柱。

感謝麗莎・蘭金，我們精彩的對話讓我更清楚心靈如何變成物質。我

還要感謝比爾・賓斯頓關於運用能量來療癒癌症的挑戰性著作，還要感謝他幫助我了解這個研究的動物與人類層面。

感謝所有贊助現場研習營的機構與工作坊，例如伊色冷、Kripalu、Omega 學院與紐約開放中心（New York Open Center）。在這些現代的心靈聚會所，我認識了許多令人欽佩的導師，他們的洞見讓我的理解更豐富。

我很幸運能與許多志同道合的人互動，他們都是轉型領導議會（Transformational Leadership Council）的成員。我要感謝傑克・坎菲爾創建並維繫由這群遠見者所組成的團體，許多推薦這本書的人都是這個團體的成員。

此外，我也要感謝懷疑論者。他們提出許多專業的反駁意見，宣稱人類是物質存在而非能量存在。他們對能量療癒領域的嚴詞攻擊，尤其是他們一手操控的維基百科條目，以及對本書所描述的科學一味否定，在在滿足了一個有用的目的：許多實驗都是為了反駁他們的論點而設計的。緊咬不放的諸多批評，也間接促成了數千份能量療癒研究在同儕審查的期刊上發表。

我要特別感謝我的朋友也是 Hay House 總裁瑞德・崔西。本書是因為我們兩人的一席話而催生出來的，這本書的書名也是他神來之筆。他帶領 Hay House 整個團隊，包括發行人 Patty Gift、編輯 Anne Barthel、行銷主管 Richelle Fredson，都是很好相處的人，無論是在個人或專業方面。

我的朋友兼編輯 Stephanie Marohn 在專業上跟我合作已超過了十年，我很感激她敏銳的眼光與溫暖的鼓勵。Karin Kinsey 的專業眼光負責本書插圖與排版，一直都給我熱情的支持。我也要感謝 Hay House 編輯 Anne Barthel 充滿啟發性的編輯指引，以及文字編輯 Rachel Shields 出色的文字功力。

Heather Montgomery 為我的生活提供了非常多的幫助，我無法一一道盡，她是我公司能量心理學組織（Energy Psychology Group）的總經理，運用智慧與幽默管理一個複雜的組織。她親手挑選的團隊，包括 Seth Buffum、Marion Allen、Kendra Heath、Jackie Viramontez 與 Mack Diesel，

都有高度的專業水準，即使在壓力下也都能把工作變得很有趣。我們的辦公室，歡笑永遠比淚水多！

我還要感謝我創建的非營利組織「國家整合健康照護機構」（NIIH）的董事會成員及志工，我們如今已經執行或幫助了超過一百項的科學研究，照顧了兩萬多名罹患創傷後壓力症候群的退伍軍人。回饋是我生命的轉捩點，而跟著我這麼做的 NIIH 數百位志工都讓我深受感動。

許多和我一起轉型蛻變的企業家都支持本書的出版計畫，我要感謝 Nick Ortner、Mastin Kipp、麗莎‧蘭金、喬‧迪斯本札、Natalie Ledwell、Joe Mercola、Dave Asprey 以及許多在社群分享這本書的人。

二○一七年十月，當一把火吞噬了我的家與辦公室時，有一群熱心的人自動前來幫我們復原家園。那個月我多半在外出差，我的妻子克莉絲汀在家善後。我們兩人的孩子茱麗亞、潔西、蕾珂娜及萊諾，以及茱麗亞的先生泰勒，組成了一個臨時委員會來處理數百項細節，從尋找緊急庇護所到清點財物損失等等。這個意外的干擾原本會拖延這本書的進度，所幸有大家的努力，終於能如期出版。

我非常幸運的能擁有這樣的大家庭。每個月都有數萬人來到我的情緒療癒法的網站，並有數千人接受我們的訓練。我們體驗到的情緒親密與深度的心靈分享，無論是面對面或是在社群網路上，都讓人不再感到孤單，知道我們都是全球大運動的一部分。

我的妻子克莉絲汀用她美好的能量來創造魔法，只要在她身邊就能感覺像包裹在溫暖輕柔的毯子裡一樣。她提供我充滿善意與快樂的能量環境，正是她鼓勵我和 Hay House 出版社合作，而她也每天營造美好的家庭環境與能量生態，讓這本書得以順利完成。

# 參考書目

## 第1章　我們的大腦如何形塑世界

1. Stoll, G., & Müller, H. W. (1999). Nerve injury, axonal degeneration and neural regeneration: Basic insights. *Brain Pathology, 9*(2), 313–325.

2. Kim, S., & Coulombe, P. A. (2010). Emerging role for the cytoskeleton as an organizer and regulator of translation. *Nature Reviews Molecular Cell Biology, 11*(1), 75–81.

3. Barinaga, M. (1998). New leads to brain neuron regeneration. *Science, 282*(5391), 1018–1019. doi:10.1126/science.282.5391.1018b.

4. Kandel, E. R. (1998). A new intellectual framework for psychiatry. *American Journal of Psychiatry, 155*(4), 457–469.

5. 同上

6. Phillips, G. (2016). Meditation. *Catalyst*. Retrieved May 16, 2017, from www.abc.net.au/catalyst/stories/4477405.htm.

7. Tang, Y. Y., Hölzel, B. K., & Posner, M. I. (2015). The neuroscience of mindfulness meditation. *Nature Reviews Neuroscience, 16*(4), 213–225.

8. Goleman, D., & Davidson, R. J. (2017). *Altered traits: Science reveals how meditation changes your mind, brain, and body.* New York: Penguin.

9. Schlam, T. R., Wilson, N. L., Shoda, Y., Mischel, W., & Ayduk, O. (2013). Preschoolers' delay of gratification predicts their body mass 30 years later. *The Journal of Pediatrics, 162*(1), 90–93.

10. Schweizer, S., Grahn, J., Hampshire, A., Mobbs, D., & Dalgleish, T. (2013). Training the emotional brain: Improving affective control through emotional working memory training. *Journal of Neuroscience, 33*(12), 5301–5311.

11. Oschman, J. L. (2015). *Energy medicine: The scientific basis.* London: Elsevier Health Sciences.

12. Frey, A. H. (1993). Electromagnetic field interactions with biological systems. *FASEB Journal, 7*(2), 272–281.

13. Hameroff, S., & Penrose, R. (1996). Orchestrated reduction of quantum coherence in brain microtubules: A model for consciousness. *Mathematics and Computers in Simulation, 40*(3–4), 453–480.

14. Oschman, J. L. (2015). *Energy medicine: The scientific basis.* London: Elsevier Health Sciences.

15. Smith, L. (2004). Journey of a Pomo Indian medicine man. In D. Church (Ed.), *The heart of healing* (pp. 31–41). Santa Rosa, CA: Elite Books.

16. Radin, D., Schlitz, M., & Baur, C. (2015). Distant healing intention therapies: An overview of the scientific evidence. *Global Advances in Health and Medicine 4*(Suppl.):67–71. doi:10.7453/gahmj.2015.012.suppl. Retrieved from http://deanradin.com/evidence/RadinDistantHealing2015.pdf.

17. Chiesa, A., Calati, R., & Serretti, A. (2011). Does mindfulness training improve cognitive abilities?

A systematic review of neuropsychological findings. *Clinical Psychology Review, 31*(3), 449–464.

18. Oschman, J. L. (2015). *Energy medicine: The scientific basis.* London: Elsevier Health Sciences.

19. Bengston, W. F. (2010). *The energy cure: Unraveling the mystery of hands-on healing.* Boulder, CO: Sounds True.

20. Bengston, W. F., & Krinsley, D. (2000). The effect of the "laying on of hands" on transplanted breast cancer in mice. *Journal of Scientific Exploration, 14*(3), 353–364.

21. Lerner, L. J., Bianchi, A., & Dzelzkalns, M. (1966). Effect of hydroxyurea on growth of a transplantable mouse mammary adenocarcinoma. *Cancer Research, 26*(11), 2297–2300.

22. Bengston, W. F. (2007). A method used to train skeptical volunteers to heal in an experimental setting. *The Journal of Alternative and Complementary Medicine, 13*(3), 329–332.

23. Oschman, J. L. (2015). *Energy medicine: The scientific basis.* London: Elsevier Health Sciences.

24. Schmidt, S., Schneider, R., Utts, J., & Walach, H. (2004). Distant intentionality and the feeling of being stared at: Two meta-analyses. *British Journal of Psychology, 95*(2), 235–247.

25. McTaggart, L. (2007). *The intention experiment: Using your thoughts to change your life and the world.* New York: Free Press.

26. Bengston, W. F. (2010). *The energy cure: Unraveling the mystery of hands-on healing.* Boulder, CO: Sounds True.

27. Eden, D., & Feinstein, D. (2008). *Energy medicine: Balancing your body's energies for optimal health, joy, and vitality.* New York: Penguin.

28. Shealy, N., & Church, D. (2008). *Soul medicine: Awakening your inner blueprint for abundant health and energy.* Santa Rosa, CA: Energy Psychology Press.

29. Siegel, D. (2017). *Mind: A journey into the heart of being human.* New York: Norton.

30. Baker, S. J. (1925). *Child hygiene.* New York: Harper.

31. King, C. R. (1993). *Children's health in America: A history.* New York: Bantam.

32. Hugo, V. (1877). *The history of a crime.* (T. H. Joyce & A. Locker, Trans.). New York: A. I. Burt.

33. Malik, T. (2006, March 26). Fuel leak and fire led to falcon 1 rocket failure, SpaceX says. *Space. com.* Retrieved from www.space.com/2200-fuel-leak-fire-led-falcon-1-rocket-failure-spacex.html.

34. Church, D. (Ed.). (2004). *The heart of healing.* Santa Rosa, CA: Elite Books.

## 第2章　能量如何建構物質

1. Vardalas, J. (2013, November 8). A history of the magnetic compass. Retrieved from http://theinstitute.ieee.org/tech-history/technology-history/a-history-of-the-magnetic-compass.

2. Clarke, D., Whitney, H., Sutton, G., & Robert, D. (2013). Detection and learning of floral electric fields by bumblebees. *Science, 340*(6128), 66–69.

3. Czech-Damal, N. U., Liebschner, A., Miersch, L., Klauer, G., Hanke, F. D., Marshall, C., Dehnhardt, G., & Hanke, W. (2017). Electroreception in the Guiana dolphin (*sotalia guianensis*). *Proceedings of the Royal Society, Biological Sciences, 279*(1729), 663–668. doi:10.1098/rspb.2011.1127.

4. Burr, H. S., & Mauro, A. (1949). Electrostatic fields of the sciatic nerve in the frog. *Yale Journal of Biology and Medicine, 21*(6), 455.

5. Burr, H. S. (1973). *The fields of life: Our links with the universe.* New York: Ballantine.

6. 同上

7. Langman, L., & Burr, H. S. (1947). Electrometric studies in women with malignancy of cervix

uteri. *Obstetrical and Gynecological Survey, 2*(5), 714.

8. Grad, B. (1963). A telekinetic effect on plant growth. *International Journal of Parapsychology, 5*(2), 117–133.

9. Scofield, A. M., & Hodges, R. D. (1991). Demonstration of a healing effect in the laboratory using a simple plant model. *Journal of the Society for Psychical Research, 57*(822), 321–343.

10. Kronn, Y. (2006, April 6). *Subtle energy and well-being.* Presentation at California State University, Chico, CA.

11. Schwartz, S. A., De Mattei, R. J., Brame, E. G., & Spottiswoode, S. J. P. (2015). Infrared spectra alteration in water proximate to the palms of therapeutic practitioners. *Explore: The Journal of Science and Healing, 11*(2), 143–155.

12. Lu, Z. (1997). Laser raman observations on tap water, saline, glucose, and medemycine solutions under the influence of external qi. In L. Hui & D. Ming (Eds.), *Scientific qigong exploration* (pp. 325–337)*.* Malvern, PA: Amber Leaf Press.

13. Kronn, Y. (2006, April 6). *Subtle energy and well-being.* Presentation at California State University, Chico, CA.

14. Rao, M. L., Sedlmayr, S. R., Roy, R., & Kanzius, J. (2010). Polarized microwave and RF radiation effects on the structure and stability of liquid water. *Current Science, 98*(11), 1500–1504

15. Bengston, W. (2010). *The energy cure: Unraveling the mystery of hands-on healing.* Boulder, CO: Sounds True.

16. Kröplin, B., & Henschel, R. C. (2017). Water and its memory: New astonishing results in water research. Germany: GutesBuch Verlag.

17. Radin, D., Hayssen, G., Emoto, M., & Kizu, T. (2006). Double-blind test of the effects of distant intention on water crystal formation. *Explore: The Journal of Science and Healing, 2*(5), 408–411.

18. Church, D. (2013). *The EFT manual* (3rd ed.). Santa Rosa, CA: Energy Psychology Press.

19. Grad, B. (1967). The "laying on of hands": Implications for psychotherapy, gentling, and the placebo effect. *Journal of the American Society for Psychical Research, 61*(4), 286–305.

20. Kaplan, M. (2013, February 21). Bumblebees sense electric fields in flowers. *Nature News Online.* Retrieved from www.nature.com/news/bumblebees-sense-electric-fields-in-flowers-1.12480.

21. Wheatstone, C. (1833). On the figures obtained by strewing sand on vibrating surfaces, commonly called acoustic figures. *Philosophical Transactions of the Royal Society of London 123*, 593–633. Retrieved from http://archive.org/stream/philtrans07365800/07365800#page/n17/mode/2up.

22. Yan, X., Lu, F., Jiang, H., Wu, X., Cao, W., Xia, Z., . . . Zhu, R. (2002). Certain physical manifestation and effects of external qi of Yan Xin life science technology. *Journal of Scientific Exploration, 16*(3), 381–411.

## 第3章　情緒威力強大，決定你過得好不好

1. Millett, D. (2001). Hans Berger: From psychic energy to the EEG. *Perspectives in Biology and Medicine, 44*(4), 522–542.

2. 同上

3. Hughes, J. R. (1964). Responses from the visual cortex of unanesthetized monkeys. In C. C. Pfeiffer & J. R. Smythies (Eds.), *International review of neurobiology 7* (pp. 99–153). New York: Academic Press.

4. Nunez, P. L., & Srinivasan, R. (2006). *Electric fields of the brain: The neurophysics of EEG.* New

York: Oxford University Press.

5. Davidson, R. J., & Lutz, A. (2008). Buddha's brain: Neuroplasticity and meditation. *IEEE Signal Processing Magazine, 25*(1), 176.

6. Llinás, R. R. (2014). Intrinsic electrical properties of mammalian neurons and CNS function: A historical perspective. *Frontiers in Cellular Neuroscience, 8,* 320.

7. Tononi, G., & Koch, C. (2015). Consciousness: Here, there and everywhere? *Philosophical Transactions of the Royal Society of London B: Biological Sciences, 370*(1668), 20140167, 1–17.

8. LeDoux, J. (2002). *Synaptic self: How our brains become who we are.* New York: Penguin.

9. Kershaw, C. J., & Wade, J. W. (2012). *Brain change therapy: Clinical interventions for self-transformation.* New York: W. W. Norton.

10. Cade, M., & Coxhead, N. (1979). *The awakened mind: Biofeedback and the development of higher states of awareness.* New York: Dell.

11. 同上

12. Gruzelier, J. (2009). A theory of alpha/theta neurofeedback, creative performance enhancement, long distance functional connectivity and psychological integration. *Cognitive Processing, 10*(Suppl. 1), S101–109.

13. Johnson, M. L. (2011). Relationship of alpha-theta amplitude crossover during neurofeedback to emergence of spontaneous imagery and biographical memory. Doctoral dissertation, University of North Texas. Retrieved from http://citeseerx.ist.psu.edu/viewdoc/download?doi=10.1.1.842.2019&rep=rep1&type=pdf.

14. Fehmi, L. G., & Robbins, J. (2007). *The open-focus brain: Harnessing the power of attention to heal mind and body.* Boston: Trumpeter Books.

15. Groesbeck, G., Bach, D., Stapleton, P., Banton, S., Blickheuser, K., & Church, D. (2016, October 12). *The interrelated physiological and psychological effects of EcoMeditation: A pilot study.* Presented at Omega Institute for Holistic Studies, Rhinebeck, NY.

16. Wright, R. (2017). *Why Buddhism is true: The science and philosophy of meditation and enlightenment.* New York: Simon and Schuster.

17. Kotler, S., & Wheal, J. (2017). Stealing fire: How silicon valley, the navy SEALs, and maverick scientists are revolutionizing the way we live and work. New York: HarperCollins.

18. Lehmann, D., Faber, P. L., Tei, S., Pascual-Marqui, R. D., Milz, P., & Kochi, K. (2012). Reduced functional connectivity between cortical sources in five meditation traditions detected with lagged coherence using EEG tomography. *Neuroimage, 60*(2), 1574–1586.

19. Pennington, J. (in press). The brainwaves of creativity, insight and healing: How to transform your mind and life. *Energy Psychology: Theory, Research, and Treatment.*

20. Hoyland, J. S. (1932). *An Indian peasant mystic: Translations from Tukaram.* London: Allenson.

21. Smith, H. (2009). *The world's religions* (50th anniv. ed.). San Francisco: HarperOne.

22. 同上

23. Kotler, S., & Wheal, J. (2017). Stealing fire: How silicon valley, the navy SEALs, and maverick scientists are revolutionizing the way we live and work. New York: HarperCollins.

24. Thatcher, R. W. (1998). EEG normative databases and EEG biofeedback. *Journal of Neurotherapy, 2*(4), 8–39

25. Dispenza, J. (2017). *Becoming supernatural.* Carlsbad, CA: Hay House.

26. Thatcher, R. W. (1998). EEG normative databases and EEG biofeedback. *Journal of Neurotherapy, 2*(4), 8–39

27. Dispenza, J. (2017). *Becoming supernatural.* Carlsbad, CA: Hay House.

28. ADInstruments. (2010). *Electroencephalography.* Retrieved May 21, 2017, from web.as.uky.edu/Biology/_./Electroencephalography%20Student%20Protocol.doc

29. Greeley, A. M. (1975). *The sociology of the paranormal: A reconnaissance.* Beverly Hills, CA: Sage Publications.

30. Castro, M., Burrows, R., & Wooffitt, R. (2014). The paranormal is (still) normal: The sociological implications of a survey of paranormal experiences in Great Britain. *Sociological Research Online, 19*(3), 16.

31. Dispenza, J. (2017). *Becoming supernatural.* Carlsbad, CA: Hay House.

32. Benor, D. J. (2004). *Consciousness, bioenergy, and healing: Self-healing and energy medicine for the 21st century* (Vol. 2). Bellmar, NJ: Wholistic Healing Publications.

33. Bengston, W. (2010). *The energy cure: Unraveling the mystery of hands-on healing.* Boulder, CO: Sounds True.

34. Hendricks, L., Bengston, W. F., & Gunkelman, J. (2010). The healing connection: EEG harmonics, entrainment, and Schumann's Resonances. *Journal of Scientific Exploration, 24*(4), 655.

35. Restak, R. M. (2001). *The secret life of the brain.* New York: Joseph Henry Press.

36. Schwartz, J. M., & Begley, S. (2009). *The mind and the brain.* New York: Springer Science & Business Media.

37. Schwartz, J. M., Stapp, H. P., & Beauregard, M. (2005). Quantum physics in neuroscience and psychology: A neurophysical model of mind-brain interaction. *Philosophical Transactions of the Royal Society of London B: Biological Sciences, 360*(1458), 1309–1327.

38. Cohen, S. (2017). Science can help you reach enlightenment—but will it mess with your head? New York Post, February 26, 2017, retrieved at https://nypost.com/2017/02/26/science-can-help-you-reach-instant-enlightenment-but-will-it-mess-with-your-head/.

39. Kotler, S., & Wheal, J. (2017). Stealing fire: How silicon valley, the navy SEALs, and maverick scientists are revolutionizing the way we live and work. New York: HarperCollins.

40. 同上

41. 同上

42. Goleman, D. (1987, June 9). Personality: Major traits found stable through life. *New York Times.* Retrieved from www.nytimes.com/1987/06/09/science/personality-major-traits-found-stable-through-life.html.

43. Harris, M. A., Brett, C. E., Johnson, W., & Deary, I. J. (2016). Personality stability from age 14 to age 77 years. *Psychology and Aging, 31*(8), 862.

44. Goldhill, O. (2017, February 19). You're a completely different person at 14 and 77, the longest-running personality study ever has found. *Quartz Media.* Retrieved from https://qz.com/914002/youre-a-completely-different-person-at-14-and-77-the-longest-running-personality-study-ever-has-found.

45. Liu, Y., Piazza, E. A., Simony, E., Shewokis, P. A., Onaral, B., Hasson, U., & Ayaz, H. (2017). Measuring speaker-listener neural coupling with functional near infrared spectroscopy. *Scientific Reports, 7,* 43293.

46. Leskowitz, E. (2007). The influence of group heart rhythm on target subject physiology: Case report of a laboratory demonstration, and suggestions for further research. *Subtle Energies and Energy Medicine Journal, 18*(3), 1–12.

47. Morris, S. M. (2010). Achieving collective coherence: Group effects on heart rate variability

coherence and heart rhythm synchronization. *Alternative Therapies in Health and Medicine, 16*(4), 62–72.

48. Schaefer, M., Heinze, H. J., & Rotte, M. (2012). Embodied empathy for tactile events: Interindividual differences and vicarious somatosensory responses during touch observation. *Neuroimage, 60*(2), 952–957.

49. Osborn, J., & Derbyshire, S. W. (2010). Pain sensation evoked by observing injury in others. *Pain, 148*(2), 268–274.

50. Zahn-Waxler, C., Radke-Yarrow, M., Wagner, E., & Chapman, M. (1992). Development of concern for others. *Developmental Psychology, 28*(1), 126.

51. Hatfield, E., Cacioppo, J. T., & Rapson, R. L. (1994). *Emotional contagion.* New York: Cambridge University Press.

52. Chapman, R., & Sisodia, R. (2015). *Everybody matters: The extraordinary power of caring for your people like family.* New York: Penguin.

53. Fowler, J. H., & Christakis, N. A. (2008). Dynamic spread of happiness in a large social network: Longitudinal analysis over 20 years in the Framingham Heart Study. *British Medical Journal, 337,* a2338.

54. Fredrickson, B. (2013). *Love 2.0: Finding happiness and health in moments of connection.* New York: Plume.

55. Barsade, S. G. (2002). The ripple effect: Emotional contagion and its influence on group behavior. *Administrative Science Quarterly, 47*(4), 644–675.

56. Kramer, A. D., Guillory, J. E., & Hancock, J. T. (2014). Experimental evidence of massive-scale emotional contagion through social networks. *Proceedings of the National Academy of Sciences, 111*(24), 8788–8790.

57. Reece, A. G., & Danforth, C. M. (2017). Instagram photos reveal predictive markers of depression. *EPJ Data Science, 6*(1), 15.

58. Shirer, W. (1941). *Berlin diary: The journal of a foreign correspondent, 1934–1941.* New York: Alfred A. Knopf.

59. Ferguson, N. (2008). *The ascent of money: A financial history of the world.* New York: Penguin.

60. Shiller, R. J. (2015). *Irrational exuberance* (3rd ed.). Princeton, NJ: Princeton University Press.

61. Ferguson, N. (2008). *The ascent of money: A financial history of the world.* New York: Penguin.

## 第4章　心靈能量如何影響DNA與細胞

1. Bianconi, E., Piovesan, A., Facchin, F., Beraudi, A., Casadei, R., Frabetti, F., . . . Perez-Amodio, S. (2013). An estimation of the number of cells in the human body. *Annals of Human Biology, 40*(6), 463–471.

2. Wahlestedt, M., Erlandsson, E., Kristiansen, T., Lu, R., Brakebusch, C., Weissman, I. L., . . . Bryder, D. (2017). Clonal reversal of ageing-associated stem cell lineage bias via a pluripotent intermediate. *Nature Communications, 8,* 14533.

3. Azevedo, F. A., Carvalho, L. R., Grinberg, L. T., Farfel, J. M., Ferretti, R. E., Leite, R. E., . . . Herculano-Houzel, S. (2009). Equal numbers of neuronal and nonneuronal cells make the human brain an isometrically scaled-up primate brain. *Journal of Comparative Neurology, 513*(5), 532–541.

4. Sukel, K. (2011, March 15). The synapse—a primer. *Dana Foundation.* Retrieved from www.dana.

org/News/Details.aspx?id=43512.

5. Walløe, S., Pakkenberg, B., & Fabricius, K. (2014). Stereological estimation of total cell numbers in the human cerebral and cerebellar cortex. *Frontiers in Human Neuroscience, 8.*

6. Nadalin, S., Testa, G., Malagó, M., Beste, M., Frilling, A., Schroeder, T., . . . Broelsch, C. E. (2004). Volumetric and functional recovery of the liver after right hepatectomy for living donation. *Liver Transplantation, 10*(8), 1024–1029.

7. Laflamme, M. A., & Murry, C. E. (2011). Heart regeneration. *Nature, 473*(7347), 326–335.

8. Boyd, W. (1966). *Spontaneous regression of cancer.* Springfield, Il: Thomas.

9. Boyers, L. M. (1953). Letter to the editor. *JAMA, 152,* 986–988.

10. Zahl, P. H., Mæhlen, J., & Welch, H. G. (2008). The natural history of invasive breast cancers detected by screening mammography. *Archives of Internal Medicine, 168*(21), 2311–2316.

11. Krikorian, J. G., Portlock, C. S., Cooney, D. P., & Rosenberg, S. A. (1980). Spontaneous regression of non-Hodgkin's lymphoma: A report of nine cases. *Cancer, 46*(9), 2093–2099.

12. O'Regan, B., & Hirshberg, C. (1993). *Spontaneous remission: An annotated bibliography.* Novato, CA: Institute of Noetic Sciences.

13. Wu, M., Pastor-Pareja, J. C., & Xu, T. (2010). Interaction between RasV12 and scribbled clones induces tumour growth and invasion. *Nature, 463*(7280), 545–548.

14. Sood, A. K., Armaiz-Pena, G. N., Halder, J., Nick, A. M., Stone, R. L., Hu, W., ...Han, L. Y. (2010). Adrenergic modulation of focal adhesion kinase protects human ovarian cancer cells from anoikis. *Journal of Clinical Investigation, 120*(5), 1515.

15. Sastry, K. S., Karpova, Y., Prokopovich, S., Smith, A. J., Essau, B., Gersappe, A., . . . Penn, R. B. (2007). Epinephrine protects cancer cells from apoptosis via activation of cAMP-dependent protein kinase and BAD phosphorylation. *Journal of Biological Chemistry, 282*(19), 14094–14100.

16. Ventegodt, S., Morad, M., Hyam, E., & Merrick, J. (2004). Clinical holistic medicine: Induction of spontaneous remission of cancer by recovery of the human character and the purpose of life (the life mission). *Scientific World Journal, 4,* 362–377.

17. Frenkel, M., Ari, S. L., Engebretson, J., Peterson, N., Maimon, Y., Cohen, L., & Kacen, L. (2011). Activism among exceptional patients with cancer. *Supportive Care in Cancer, 19*(8), 1125–1132.

18. Bengston, W. (2010). *The energy cure: Unraveling the mystery of hands-on healing.* Boulder, CO: Sounds True.

19. Foletti, A., Ledda, M., D'Emilia, E., Grimaldi, S., & Lisi, A. (2011). Differentiation of human LAN-5 neuroblastoma cells induced by extremely low frequency electronically transmitted retinoic acid. *Journal of Alternative and Complementary Medicine, 17*(8), 701–704. doi:10.1089/acm.2010.0439.

20. Geesink, H. J., & Meijer, D. K. (2016). Quantum wave information of life revealed: An algorithm for electromagnetic frequencies that create stability of biological order, with implications for brain function and consciousness. *NeuroQuantology, 14*(1).

21. Gronfier, C., Luthringer, R., Follenius, M., Schaltenbrand, N., Macher, J. P., Muzet, A., & Brandenberger, G. (1996). A quantitative evaluation of the relationships between growth hormone secretion and delta wave electroencephalographic activity during normal sleep and after enrichment in delta waves. *Sleep, 19*(10), 817–824.

22. Van Cauter, E., Leproult, R., & Plat, L. (2000). Age-related changes in slow wave sleep and REM sleep and relationship with growth hormone and cortisol levels in healthy men. *JAMA, 284*(7), 861–868.

23. Ahmed, Z., & Wieraszko, A. (2008). The mechanism of magnetic field-induced increase of excitability in hippocampal neurons. *Brain Research, 1221,* 30–40.

24. Kang, J. E., Lim, M. M., Bateman, R. J., Lee, J. J., Smyth, L. P., Cirrito, J. R., . . . Holtzman, D. M. (2009). Amyloid-$\beta$ dynamics are regulated by orexin and the sleep-wake cycle. *Science, 326*(5955), 1005–1007.

25. Cosic, I., Cosic, D., & Lazar, K. (2015). Is it possible to predict electromagnetic resonances in proteins, DNA and RNA? *EPJ Nonlinear Biomedical Physics, 3*(1), 5.

26. Sisken, B. F., Midkiff, P., Tweheus, A., & Markov, M. (2007). Influence of static magnetic fields on nerve regeneration in vitro. *Environmentalist, 27*(4), 477–481

27. Becker, R. O. (1990). The machine brain and properties of the mind. *Subtle Energies and Energy Medicine Journal Archives, 1*(2).

28. Kelly, R. (2011). *The human hologram: Living your life in harmony with the unified field.* Santa Rosa, CA: Elite Books.

29. Tekutskaya, E. E., Barishev, M. G., & Ilchenko, G. P. (2015). The effect of a low-frequency electromagnetic field on DNA molecules in aqueous solutions. *Biophysics, 60*(6), 913.

30. Sakai, A., Suzuki, K., Nakamura, T., Norimura, T., & Tsuchiya, T. (1991). Effects of pulsing electromagnetic fields on cultured cartilage cells. *International Orthopaedics, 15*(4), 341–346.

31. Fumoto, M., Sato-Suzuki, I., Seki, Y., Mohri, Y., & Arita, H. (2004). Appearance of high-frequency alpha band with disappearance of low-frequency alpha band in EEG is produced during voluntary abdominal breathing in an eyes-closed condition. *Neuroscience Research, 50*(3), 307–317.

32. Lee, P. B., Kim, Y. C., Lim, Y. J., Lee, C. J., Choi, S. S., Park, S. H., . . . Lee, S. C. (2006). Efficacy of pulsed electromagnetic therapy for chronic lower back pain: A randomized, double-blind, placebo-controlled study. *Journal of International Medical Research, 34*(2), 160–167.

33. Tekutskaya, E. E., & Barishev, M. G. (2013). Studying of influence of the low-frequency electromagnetic field on DNA molecules in water solutions. *Odessa Astronomical Publications, 26*(2), 303–304.

34. Fumoto, M., Oshima, T., Kamiya, K., Kikuchi, H., Seki, Y., Nakatani, Y., . . . Arita, H. (2010). Ventral prefrontal cortex and serotonergic system activation during pedaling exercise induces negative mood improvement and increased alpha band in EEG. *Behavioural Brain Research, 213*(1), 1–9.

35. Yu, X., Fumoto, M., Nakatani, Y., Sekiyama, T., Kikuchi, H., Seki, Y., . . . Arita, H. (2011). Activation of the anterior prefrontal cortex and serotonergic system is associated with improvements in mood and EEG changes induced by Zen meditation practice in novices. *International Journal of Psychophysiology, 80*(2), 103–111.

36. Takahashi, K., Kaneko, I., Date, M., & Fukada, E. (1986). Effect of pulsing electromagnetic fields on DNA synthesis in mammalian cells in culture. *Experientia, 42*(2), 185–186.

37. Tang, Y. P., Shimizu, E., Dube, G. R., Rampon, C., Kerchner, G. A., Zhuo, M., . . . Tsien, J. Z. (1999). Genetic enhancement of learning and memory in mice. *Nature, 401*(6748), 63–69.

38. Destexhe, A., McCormick, D. A., & Sejnowski, T. J. (1993). A model for 8–10 Hz spindling in interconnected thalamic relay and reticularis neurons. *Biophysical Journal, 65*(6), 2473–2477.

39. Gray, C. M. (1997). Synchronous oscillations in neuronal systems: Mechanisms and functions. *Pattern Formation in the Physical and Biological Sciences, 5,* 93.

40. Razavi, S., Salimi, M., Shahbazi-Gahrouei, D., Karbasi, S., & Kermani, S. (2014). Extremely low-frequency electromagnetic field influences the survival and proliferation effect of human adipose

derived stem cells. *Advanced Biomedical Research, 3,* 25–30.

41. Iaccarino, H. F., Singer, A. C., Martorell, A. J., Rudenko, A., Gao, F., Gillingham, T. Z., . . . Adaikkan, C. (2016). Gamma frequency entrainment attenuates amyloid load and modifies microglia. *Nature, 540*(7632), 230–235.

42. Yong, E. (2016, Dec 7). Beating Alzheimer's with brain waves. *Atlantic.* Retrieved from www. theatlantic.com/science/archive/2016/12/beating-alzheimers-with-brain-waves/509846.

43. Saltmarche, A. E., Naeser, M. A., Ho, K. F., Hamblin, M. R., & Lim, L. (2017). Significant improvement in cognition in mild to moderately severe dementia cases treated with transcranial plus intranasal photobiomodulation: Case series report. *Photomedicine and Laser Surgery, 35*(8): 432–441.

44. Lim, L. (2014, July 21). The potential of treating Alzheimer's disease with intranasal light therapy. *Mediclights Research.* Retrieved from www.mediclights.com/the-potential-of-treating-alzheimers-disease-with-intranasal-light-therapy.

45. Lim, L. (2017). *Inventor's notes for Vielight "Neuro Alpha" and "Neuro Gamma."* Retrieved September 4, 2017, from http://vielight.com/wp-content/uploads/2017/02/Vielight-Inventors-Notes-for-Neuro-Alpha-and-Neuro-Gamma.pdf.

46. De Girolamo, L., Stanco, D., Galliera, E., Viganò, M., Colombini, A., Setti, S., . . . Sansone, V. (2013). Low frequency pulsed electromagnetic field affects proliferation, tissue-specific gene expression, and cytokines release of human tendon cells. *Cell Biochemistry and Biophysics, 66*(3), 697.

47. Ardeshirylajimi, A., & Soleimani, M. (2015). Enhanced growth and osteogenic differentiation of induced pluripotent stem cells by extremely low-frequency electromagnetic field. *Cellular and Molecular Biology, 61*(1), 36–41.

48. Lin, H., Goodman, R., & Shirley-Henderson, A. (1994). Specific region of the c-myc promoter is responsive to electric and magnetic fields. *Journal of Cellular Biochemistry, 54*(3), 281–288.

49. Ying, L., Hong, L., Zhicheng, G., Xiauwei, H. & Guoping, C. (2000). Effects of pulsed electric fields on DNA synthesis in an osteoblast-like cell line (UMR-106). *Tsinghua Science and Technology, 5*(4), 439–442.

50. Lomas, T., Ivtzan, I., & Fu, C. H. (2015). A systematic review of the neurophysiology of mindfulness on EEG oscillations. *Neuroscience and Biobehavioral Reviews, 57,* 401–410. doi:10.1016/j.neubiorev.2015.09.018.

51. Kim, D. K., Rhee, J. H., & Kang, S. W. (2013). Reorganization of the brain and heart rhythm during autogenic meditation. *Frontiers in Integrative Neuroscience, 7,* 109. doi:10.3389/fnint.2013.00109.

52. Jacobs, T. L., Epel, E. S., Lin, J., Blackburn, E. H., Wolkowitz, O. M., Bridwell, D. A., . . . King, B. G. (2011). Intensive meditation training, immune cell telomerase activity, and psychological mediators. *Psychoneuroendocrinology, 36*(5), 664–681.

53. Church, D., Yang, A., Fannin, J., & Blickheuser, K. (2016, October 14). *The biological dimensions of transcendent states: A randomized controlled trial.* Presented at Omega Institute for Holistic Studies, Rhinebeck, New York. Submitted for publication.

54. Church, D., Geronilla, L., & Dinter, I. (2009). Psychological symptom change in veterans after six sessions of Emotional Freedom Techniques (EFT): An observational study. *International Journal of Healing and Caring, 9*(1), 1–14.

55. Church, D., Hawk, C., Brooks, A., Toukolehto, O., Wren, M., Dinter, I., & Stein, P. (2013).

Psychological trauma symptom improvement in veterans using Emotional Freedom Techniques: A randomized controlled trial. *Journal of Nervous and Mental Disease, 201*(2), 153–160. doi:10.1097/NMD.0b013e31827f6351.

56. Geronilla, L., Minewiser, L., Mollon, P., McWilliams, M., & Clond, M. (2016). EFT (Emotional Freedom Techniques) remediates PTSD and psychological symptoms in veterans: A randomized controlled replication trial. *Energy Psychology: Theory, Research, and Treatment, 8*(2), 29–41. doi:10.9769/EPJ.2016.8.2.LG.

57. Church, D., Yount, G., Rachlin, K., Fox, L., & Nelms, J. (2016). Epigenetic effects of PTSD remediation in veterans using clinical Emotional Freedom Techniques: A randomized controlled pilot study. *American Journal of Health Promotion,* 1–11. doi:10.1177/0890117116661154.

58. Maharaj, M. E. (2016). Differential gene expression after Emotional Freedom Techniques (EFT) treatment: A novel pilot protocol for salivary mRNA assessment. *Energy Psychology: Theory, Research, and Treatment, 8*(1), 17–32. doi:10.9769/EPJ.2016.8.1.MM.

59. Church, D., Yang, A., Fannin, J., & Blickheuser, K. (2016, October 14). *The biological dimensions of transcendent states: A randomized controlled trial.* Presented at Omega Institute for Holistic Studies, Rhinebeck, New York. Submitted for publication.

60. Park, E. J., Grabińska, K. A., Guan, Z., & Sessa, W. C. (2016). NgBR is essential for endothelial cell glycosylation and vascular development. *EMBO Reports, 17*(2), 167–177.

61. Cantagrel, V., Lefeber, D. J., Ng, B. G., Guan, Z., Silhavy, J. L., Bielas, S. L., . . . De Brouwer, A. P. (2010). SRD5A3 is required for the conversion of polyprenol to dolichol, essential for N-linked protein glycosylation. *Cell, 142*(2), 203.

62. Hall-Glenn, F., & Lyons, K. M. (2011). Roles for CCN2 in normal physiological processes. *Cellular and Molecular Life Sciences, 68*(19), 3209–3217.

63. Deutsch, D., Leiser, Y., Shay, B., Fermon, E., Taylor, A., Rosenfeld, E., . . . Mao, Z. (2002). The human tuftelin gene and the expression of tuftelin in mineralizing and nonmineralizing tissues. *Connective Tissue Research, 43*(2–3), 425–434.

64. Salvatore, D., Tu, H., Harney, J. W., & Larsen, P. R. (1996). Type 2 iodothyronine deiodinase is highly expressed in human thyroid. *Journal of Clinical Investigation, 98*(4), 962.

65. Akarsu, E., Korkmaz, H., Balci, S. O., Borazan, E., Korkmaz, S., & Tarakcioglu, M. (2016). Subcutaneous adipose tissue type II deiodinase gene expression reduced in obese individuals with metabolic syndrome. *Experimental and Clinical Endocrinology and Diabetes, 124*(1), 11–15.

66. Wei, G., Luo, H., Sun, Y., Li, J., Tian, L., Liu, W., . . . Chen, R. (2015). Transcriptome profiling of esophageal squamous cell carcinoma reveals a long noncoding RNA acting as a tumor suppressor. *Oncotarget, 6*(19), 17065–17080.

67. Omary, M. B., Ku, N. O., Strnad, P., & Hanada, S. (2009). Toward unraveling the complexity of simple epithelial keratins in human disease. *Journal of Clinical Investigation, 119*(7), 1794–1805. doi:10.1172/JCI37762.

68. Hong, Y., Ho, K. S., Eu, K. W., & Cheah, P. Y. (2007). A susceptibility gene set for early onset colorectal cancer that integrates diverse signaling pathways: Implication for tumorigenesis. *Clinical Cancer Research, 13*(4), 1107–1114.

69. Lee, D. J., Schönleben, F., Banuchi, V. E., Qiu, W., Close, L. G., Assaad, A. M., & Su, G. H. (2010). Multiple tumor-suppressor genes on chromosome 3p contribute to head and neck squamous cell carcinoma tumorigenesis. *Cancer Biology and Therapy, 10*(7), 689–693.

70. Xiang, G., Yi, Y., Weiwei, H., & Weiming, W. (2016). RND1 is up-regulated in esophageal

squamous cell carcinoma and promotes the growth and migration of cancer cells. *Tumor Biology, 37*(1), 773.

71. Groesbeck, G., Bach, D., Stapleton, P., Banton, S., Blickheuser, K., & Church, D. (2016, October 15). *The interrelated physiological and psychological effects of EcoMeditation: A pilot study.* Presented at Omega Institute for Holistic Studies, Rhinebeck, New York.

## 第5章　心腦諧振，讓你能完成任何事

1. Klinger, E. (1996). The contents of thoughts: Interference as the downside of adaptive normal mechanisms in thought flow. In I. G. Sarason, G. R. Pierce, & B. R. Sarason (Eds.), *Cognitive interference: Theories, methods, and findings* (pp. 3–23). Hillsdale, NJ: Lawrence Erlbaum.
2. Hanson, R. (2013). *Hardwiring happiness: The practical science of reshaping your brain—and your life.* New York: Random House.
3. Russ, T. C., Stamatakis, E., Hamer, M., Starr, J. M., Kivimäki, M., & Batty, G. D. (2012). Association between psychological distress and mortality: Individual participant pooled analysis of 10 prospective cohort studies. *British Medical Journal, 345*, e4933.
4. Church, D., & Brooks, A. J. (2010). The effect of a brief EFT (Emotional Freedom Techniques) self-intervention on anxiety, depression, pain and cravings in healthcare workers. *Integrative Medicine: A Clinician's Journal, 9*(5), 40–44.
5. McMillan, P. J., Wilkinson, C. W., Greenup, L., Raskind, M. A., Peskind, E. R., & Leverenz, J. B. (2004). Chronic cortisol exposure promotes the development of a GABAergic phenotype in the primate hippocampus. *Journal of Neurochemistry, 91*(4), 843–851.
6. Joergensen, A., Broedbaek, K., Weimann, A., Semba, R. D., Ferrucci, L., Joergensen, M. B., & Poulsen, H. E. (2011). Association between urinary excretion of cortisol and markers of oxidatively damaged DNA and RNA in humans. *PLoS ONE, 6*(6), e20795. doi:10.1371/journal.pone.0020795
7. Sapolsky, R. M., Uno, H., Rebert, C. S., & Finch, C. E. (1990). Hippocampal damage associated with prolonged glucocorticoid exposure in primates. *Journal of Neuroscience, 10*(9), 2897–2902.
8. Ward, M. M., Mefford, I. N., Parker, S. D., Chesney, M. A., Taylor, B. C., Keegan, D. L., & Barchas, J. D. (1983). Epinephrine and norepinephrine responses in continuously collected human plasma to a series of stressors. *Psychosomatic Medicine, 45*(6), 471–486.
9. Nesse, R. M., Curtis, G. C., Thyer, B. A., McCann, D. S., Huber-Smith, M. J., & Knopf, R. F. (1985). Endocrine and cardiovascular responses during phobic anxiety. *Psychosomatic Medicine, 47*(4), 320–332.
10. Church, D., Yount, G., & Brooks, A. J. (2012). The effect of Emotional Freedom Techniques on stress biochemistry: A randomized controlled trial. *Journal of Nervous and Mental Disease, 200*(10), 891–896. doi:10.1097/NMD.0b013e31826b9fc1.
11. Church, D. (2013). Clinical EFT (Emotional Freedom Techniques) as single session therapy: Cases, research, indications, and cautions. In M. Hoyt & M. Talmon (Eds.), *Capture the moment: Single session therapy and walk-in service.* Bethel, CT: Crown House.
12. Bach, D., Groesbeck, G., Stapleton, P., Banton, S., Blickheuser, K., & Church, D. (2016, October 15). *Clinical EFT (Emotional Freedom Techniques) improves multiple physiological markers of health.* Presented at Omega Institute for Holistic Studies, Rhinebeck, New York.
13. Nakamura, T. (2013, November 14). *One man's quest to prove how far laser pointers*

*reach.* Retrieved from http://kotaku.com/one-mans-quest-to-prove-how-far-laser-pointers-reach-1464275649.

14. Shelus, P. J., Veillet, C., Whipple, A. L., Wiant, J. R., Williams, J. G., & Yoder, C. F. (1994). Lunar laser ranging: A continuing legacy of the Apollo program. *Science, 265,* 482.

15. LeDoux, J. (2003). The emotional brain, fear, and the amygdala. *Cellular and Molecular Neurobiology, 23*(4), 727–738.

16. Davidson, R. J. (2003). Affective neuroscience and psychophysiology: Toward a synthesis. *Psychophysiology, 40*(5), 655–665.

17. Yan, X., Lu, F., Jiang, H., Wu, X., Cao, W., Xia, Z., . . . Zhu, R. (2002). Certain physical manifestation and effects of external qi of Yan Xin life science technology. *Journal of Scientific Exploration, 16*(3), 381–411.

18. Bengston, W. (2010). *The energy cure: Unraveling the mystery of hands-on healing.* Boulder, CO: Sounds True.

19. Kronn, Y., & Jones, J. (2011). Experiments on the effects of subtle energy on the electro-magnetic field: Is subtle energy the 5th force of the universe? *Energy Tools International.* Retrieved July 5, 2017, from www.saveyourbrain.net/pdf/testreport.pdf.

20. Moga, M. M., & Bengston, W. F. (2010). Anomalous magnetic field activity during a bioenergy healing experiment. *Journal of Scientific Exploration, 24*(3), 397–410.

21. 同上

22. Kamp, J. (2016). It is so not simple: Russian physicist Yury Kronn and the subtle energy that fills 96 percent of our existence but cannot be seen or measured. *Optimist,* Spring, 40–47.

23. 同上

24. McCraty, R., Atkinson, M., & Tomasino, D. (2003). *Modulation of DNA conformation by heart-focused intention.* Boulder Creek, CA: HeartMath Research Center, Institute of HeartMath, Publication No. 03-008.

25. 同上

26. 同上

27. 同上

28. Blake, W. (1968). *The portable Blake.* New York: Viking.

29. Yan, X., Shen, H., Jiang, H., Zhang, C., Hu, D., Wang, J., & Wu, X. (2006). External Qi of Yan Xin Qigong differentially regulates the Akt and extracellular signal-regulated kinase pathways and is cytotoxic to cancer cells but not to normal cells. *International Journal of Biochemistry and Cell Biology, 38*(12), 2102–2113.

30. Hammerschlag, R., Marx, B. L., & Aickin, M. (2014). Nontouch biofield therapy: A systematic review of human randomized controlled trials reporting use of only nonphysical contact treatment. *The Journal of Alternative and Complementary Medicine, 20*(12), 881–892.

31. Feynman, R. P., Leighton, R. B., & Sands, M. (1965). The Feynman lectures on physics (Vol. 1). *American Journal of Physics, 33*(9), 750–752.

32. Hensen, B., Bernien, H., Dréau, A. E., Reiserer, A., Kalb, N., Blok, M. S., . . . Amaya, W. (2015). Loophole-free Bell inequality violation using electron spins separated by 1.3 kilometres. *Nature, 526*(7575), 682–686.

33. Radin, D., Michel, L., & Delorme, A. (2016). Psychophysical modulation of fringe visibility in a distant double-slit optical system. *Physics Essays, 29*(1), 14–22.

34. Moreva, E., Brida, G., Gramegna, M., Giovannetti, V., Maccone, L., & Genovese, M. (2014). Time

from quantum entanglement: An experimental illustration. *Physical Review A, 89*(5), 052122–052128

35. Heisenberg, W. (1962). *Physics and philosophy: the revolution in modern science.* New York: Harper & Row.

36. Fickler, R., Krenn, M., Lapkiewicz, R., Ramelow, S., & Zeilinger, A. (2013). Real-time imaging of quantum entanglement. Nature–Scientific Reports, 3, 2914.

37. Goswami, A. (2004). *Quantum doctor: A physicist's guide to health and healing.* Hampton Roads, VA: Hampton Roads Publishing.

38. Ironson, G., Stuetzle, R., Ironson, D., Balbin, E., Kremer, H., George, A., . . . Fletcher, M. A. (2011). View of God as benevolent and forgiving or punishing and judgmental predicts HIV disease progression. *Journal of Behavioral Medicine, 34*(6), 414–425.

39. Rosenthal, R., & Fode, K. (1963). The effect of experimenter bias on performance of the albino rat. *Behavioral Science, 8,* 183–189.

40. Rosenthal, R., &. Jacobson, L. (1963). Teachers' expectancies: Determinants of pupils' IQ gains. *Psychological Reports, 19,* 115–118.

41. Sheldrake, R. (2012). *Science set free: 10 paths to new discovery.* New York: Deepak Chopra Books.

42. Wolf, F. A. (2001). *Mind into matter: A new alchemy of science and spirit.* Newburyport, MA: Red Wheel/Weiser.

43. Hoss, R. (2016, June 12). *Consciousness after the body dies.* Presentation at the International Association for the Study of Dreams, Kerkrade, Netherlands.

44. Chambless, D., & Hollon, S. D. (1998). Defining empirically supported therapies. *Journal of Consulting and Clinical Psychology, 66,* 7–18.

45. Begley, C. G., & Ellis, L. M. (2012). Drug development: Raise standards for preclinical cancer research. *Nature, 483*(7391), 531–533.

46. eLife. (2017). Reproducibility in cancer biology: The challenges of replication. *eLife*, 6, e23693. doi: 10.7554/eLife.23693.

47. Kaiser, J. (2017, January 18). Rigorous replication effort succeeds for just two of five cancer papers. *Science.* Retrieved from www.sciencemag.org/news/2017/01/rigorous-replication-effort-succeeds-just-two-five-cancer-papers.

48. Open Science Collaboration. (2015). Estimating the reproducibility of psychological science. *Science*, 349(6251), aac4716.

49. Baker, M. (2016). 1,500 scientists lift the lid on reproducibility. *Nature, 533*(7604), 452–454.

50. Cooper, H., DeNeve, K., & Charlton, K. (1997). Finding the missing science: The fate of studies submitted for review by a human subjects committee. *Psychological Methods, 2*(4), 447.

51. Sheldrake, R. (1999). How widely is blind assessment used in scientific research? *Alternative Therapies in Health and Medicine, 5*(3), 88.

52. Watt, C., & Nagtegaal, M. (2004). Reporting of blind methods: An interdisciplinary survey. *Journal of the Society for Psychical Research, 68,* 105–116.

53. Bem, D. J. (2011). Feeling the future: Experimental evidence for anomalous retroactive influences on cognition and affect. *Journal of Personality and Social Psychology, 100*(3), 407.

54. Radin, D. I. (2011). Predicting the unpredictable: 75 years of experimental evidence. *AIP Conference Proceedings, 1408*(1), 204–217.

55. Wagenmakers, E. J., Wetzels, R., Borsboom, D., & Van Der Maas, H. L. (2011). Why

psychologists must change the way they analyze their data: The case of psi: Comment on Bem (2011). *Journal of Personality and Social Psychology, 100*(3), 426–432.

56. Radin, D. I. (2011). Predicting the unpredictable: 75 years of experimental evidence. In *AIP Conference Proceedings 1408*(1), 204–217.

57. Bem, D. J., Utts, J., & Johnson, W. O. (2011). Must psychologists change the way they analyze their data? *Journal of Personality and Social Psychology, 101*(4), 716–719.

58. Radin, D. I. (2011). Predicting the unpredictable: 75 years of experimental evidence. In *AIP Conference Proceedings 1408*(1), 204–217.

59. Ritchie, S. J., Wiseman, R., & French, C. C. (2012). Failing the future: Three unsuccessful attempts to replicate Bem's 'Retroactive Facilitation of Recall' Effect. *PLoS ONE, 7*(3), e33423.

60. Bem, D., Tressoldi, P., Rabeyron, T., & Duggan, M. (2015). Feeling the future: A meta-analysis of 90 experiments on the anomalous anticipation of random future events. *F1000Research, 4*, 1188.

61. Radin, D. I. (2011). Predicting the unpredictable: 75 years of experimental evidence. In *AIP Conference Proceedings 1408*(1), 204–217.

62. Baker, M. (2016). 1,500 scientists lift the lid on reproducibility. *Nature, 533*(7604), 452–454.

63. Born, M., (Ed.). (1971). *The Born–Einstein letters: Correspondence between Albert Einstein and Max and Hedwig Born from 1916–1955* (I. Born, Trans.). New York: Macmillan.

64. Lee, K. C., Sprague, M. R., Sussman, B. J., Nunn, J., Langford, N. K., Jin, X. M., ... Jaksch, D. (2011). Entangling macroscopic diamonds at room temperature. *Science, 334*(6060), 1253–1256.

65. Romero, E., Augulis, R., Novoderezhkin, V. I., Ferretti, M., Thieme, J., Zigmantas, D., & Van Grondelle, R. (2014). Quantum coherence in photosynthesis for efficient solar-energy conversion. *Nature Physics, 10*(9), 676–682.

66. Gane, S., Georganakis, D., Maniati, K., Vamvakias, M., Ragoussis, N., Skoulakis, E. M., & Turin, L. (2013). Molecular vibration-sensing component in human olfaction. *PLoS one, 8*(1), e55780.

67. Thiagarajan, T. C., Lebedev, M. A., Nicolelis, M. A., & Plenz, D. (2010). Coherence potentials: Loss-less, all-or-none network events in the cortex. *PLoS Biology, 8*(1), e1000278.

68. Grinberg-Zylberbaum, J., Delaflor, M., Attie, L., & Goswami, A. (1994). The Einstein-Podolsky-Rosen paradox in the brain: The transferred potential. *Physics Essays, 7*, 422.

69. McCraty, R., & Deyhle, A. (2016). *The science of interconnectivity*. Boulder Creek, CA: HeartMath Institute.

70. Tchijevsky, A. L. (1971). Physical factors of the historical process. *Cycles, 22*, 11–27.

71. McCraty, R., & Deyhle, A. (2016). *The science of interconnectivity*. Boulder Creek, CA: HeartMath Institute.

72. McCraty R. & Childre, D. (2010). Coherence: Bridging personal, social, and global health. *Alternative Therapies in Health and Medicine, 16*(4), 10.

73. McCraty, R., & Deyhle, A. (2016). *The science of interconnectivity*. Boulder Creek, CA: HeartMath Institute.

74. Leskowitz, R. (2014). The 2013 World Series: A Trojan horse for consciousness studies. *Explore: The Journal of Science and Healing, 10*(2), 125–127.

75. Nelson, R. (2015). Meaningful correlations in random data. *The Global Consciousness Project*. Retrieved August 20, 2017, from http://noosphere.princeton.edu/results.html#alldata.

76. 同上

77. 同上

78. Jung, C. G. (1952). The structure of the psyche. In *Collected works, vol. 8: The structure and*

*dynamics of the psyche.* London: Routledge & Kegan Paul.

79. Standish, L. J., Kozak, L., Johnson, L. C., & Richards, T. (2004). Electroencephalographic evidence of correlated event-related signals between the brains of spatially and sensory isolated human subjects. *Journal of Alternative and Complementary Medicine, 10*(2), 307–314.

80. McTaggart, L. (2007). *The intention experiment: Using your thoughts to change your life and the world.* New York: Free Press.

81. Bengston, W. (2010). *The energy cure: Unraveling the mystery of hands-on healing.* Boulder, CO: Sounds True.

82. Hoss, R. (2016, June 12). *Consciousness after the body dies.* Presentation at the International Association for the Study of Dreams, Kerkrade, Netherlands.

83. Powell, C. S. (2017, June 16). Is the universe conscious? Some of the world's most renowned scientists are questioning whether the cosmos has an inner life similar to our own. National Broadcasting Company (*NBC*). Retrieved from www.nbcnews.com/mach/science/universe-conscious-ncna772956.

84. Tiller, W. A. (1997). *Science and human transformation: Subtle energies, intentionality and consciousness.* Walnut Creek, CA: Pavior Publishing.

85. Lewis, C. S. (1970). *God in the dock: Essays on theology and ethics.* London: Eerdmans.

86. Giltay, E. J., Geleijnse, J. M., Zitman, F. G., Hoekstra, T., & Schouten, E. G. (2004). Dispositional optimism and all-cause and cardiovascular mortality in a prospective cohort of elderly Dutch men and women. *Archives of General Psychiatry, 61*(11), 1126–1135.

87. Diener, E., & Chan, M. Y. (2011). Happy people live longer: Subjective well-being contributes to health and longevity. *Applied Psychology: Health and Well-Being, 3*(1), 1–43.

## 第6章　共時性的神奇，不只是巧合

1. Jung, C. G. (1952). Synchronicity: An acausal connecting principle. In *Collected works, vol. 8: The structure and dynamics of the psyche.* London: Routledge & Kegan Paul.

2. 同上

3. Burk, L. (2015, October 13). Dreams that warn of breast cancer. *Huffington Post blog.* Retrieved from www.huffingtonpost.com/larry-burk-md/dreams-that-warn-of-breas_b_8167758.html.

4. Burch, W. (2003). *She who dreams: A journey into healing through dreamwork.* San Rafael, CA: New World Library.

5. Burk, L. (2015, October 13). Dreams that warn of breast cancer. *Huffington Post blog.* Retrieved from www.huffingtonpost.com/larry-burk-md/dreams-that-warn-of-breas_b_8167758.html.

6. Hoss, R. J., & Gongloff, R. P. (2017). *Dreams that change our lives.* Asheville, NC: Chiron.

7. Oschman, J. L. (2015). *Energy medicine: The scientific basis.* London: Elsevier Health Sciences.

8. Radin, D. I. (2011). Predicting the unpredictable: 75 years of experimental evidence. In *AIP Conference Proceedings 1408*(1), 204–217.

9. Bem, D., Tressoldi, P., Rabeyron, T., & Duggan, M. (2015). Feeling the future: A meta-analysis of 90 experiments on the anomalous anticipation of random future events. *F1000Research, 4,* 1188.

10. Calaprice, A. (Ed.). (2011). *The ultimate quotable Einstein.* Princeton, NJ: Princeton University Press.

11. McClenon, J. (1993). Surveys of anomalous experience in Chinese, Japanese, and American samples. *Sociology of Religion, 54*(3), 295–302.

12. Shermer, M. (2014, October 1). Anomalous events that can shake one's skepticism to the core. *Scientific American.* Retrieved from www.scientificamerican.com/article/anomalous-events-that-can-shake-one-s-skepticism-to-the-core.

13. Cambray, J. (2009). *Synchronicity: Nature and psyche in an interconnected universe* (Vol. 15). College Station: Texas A&M University Press.

14. 同上

15. Ho, M. W. (2008). *The rainbow and the worm: The physics of organisms.* London: World Scientific.

16. Oschman, J. L. (2015). *Energy medicine: The scientific basis.* London: Elsevier Health Sciences.

17. Oschman, J. L. (1997). What is healing energy? Part 3: Silent pulses. *Journal of Bodywork and Movement Therapies, 1*(3), 179–189.

18. Jacobs, J. A., Kato, Y., Matsushita, S., & Troitskaya, V. A. (1964). Classification of geomagnetic micropulsations. *Journal of Geophysical Research, 69*(1), 180–181.

19. Anderson, B. J., Engebretson, M. J., Rounds, S. P., Zanetti, L. J., & Potemra, T. A. (1990). A statistical study of Pc 3–5 pulsations observed by the AMPTE/CCE Magnetic Fields Experiment. *Journal of Geophysical Research: Space Physics, 95*(A7), 10495–10523.

20. McCraty, R. (2015). Could the energy of our hearts change the world? *GOOP.* Retrieved from http://goop.com/could-the-energy-of-our-hearts-change-the-world.

21. Oschman, J. L. (2015). *Energy medicine: The scientific basis.* London: Elsevier Health Sciences.

22. Bengston, W. (2010). *The energy cure: Unraveling the mystery of hands-on healing.* Boulder, CO: Sounds True.

23. Halberg, F., Tong, Y. L., & Johnson, E. A. (1967). Circadian system phase—an aspect of temporal morphology; procedures and illustrative examples. In H. von Mayersbach (Ed.), *The cellular aspects of biorhythms* (pp. 20–48). New York: Springer-Verlag.

24. Selmaoui, B., & Touitou, Y. (2003). Reproducibility of the circadian rhythms of serum cortisol and melatonin in healthy subjects: A study of three different 24-h cycles over six weeks. *Life Sciences, 73*(26), 3339–3349.

25. Brown, E. N., & Czeisler, C. A. (1992). The statistical analysis of circadian phase and amplitude in constant-routine core-temperature data. *Journal of Biological Rhythms, 7*(3), 177–202.

26. Halberg, F., Cornélissen, G., McCraty, R., Czaplicki, J., & Al-Abdulgader, A. A. (2011). Time structures (chronomes) of the blood circulation, populations' health, human affairs and space weather. *World Heart Journal, 3*(1), 73.

27. McCraty, R. (2015). Could the energy of our hearts change the world? *GOOP.* Retrieved from http://goop.com/could-the-energy-of-our-hearts-change-the-world.

28. 同上

29. HeartMath Institute. (n.d.). Global coherence research: The science of interconnectivity. Retrieved August 6, 2017, from www.heartmath.org/research/global-coherence.

30. Geesink, H. J., & Meijer, D. K. (2016). Quantum wave information of life revealed: An algorithm for electromagnetic frequencies that create stability of biological order, with implications for brain function and consciousness. *NeuroQuantology, 14*(1).

31. 同上

32. Dowling, S. (2017, May 26). The audacious pilot who landed in Red Square. *BBC Future.* Retrieved from www.bbc.com/future/story/20170526-the-audacious-pilot-who-landed-in-red-square.

33. Strogatz, S. H. (2012). *Sync: How order emerges from chaos in the universe, nature, and daily life.* London: Hachette.

34. Johnson, S. (2002). *Emergence: The connected lives of ants, brains, cities, and software.* New York: Simon & Schuster.

35. Corning, P. A. (2002). The re-emergence of "emergence": A venerable concept in search of a theory. *Complexity, 7*(6), 18–30. doi:10.1002/cplx.10043.

36. 同上

37. Nova. (2007, July 10). Emergence. *NOVA.* Retrieved from www.pbs.org/wgbh/nova/nature/emergence.html.

38. Hogenson, G. B. (2004). Archetypes: Emergence and the psyche's deep structure. In J. Cambray & L. Carter (Eds.), *Analytical psychology: Contemporary perspectives in Jungian analysis.* London: Routledge.

39. Cambray, J. (2002). Synchronicity and emergence. *American Imago*, 59(4), 409–434.

40. Kaufman, S. A. (1993). *The origins of order: Self-organization and selection in evolution.* Oxford: Oxford University Press.

41. Jung, C. G. (1975). *Letters, vol. 2: 1951–1961.* G. Adler & A. Jaffé (Eds.). Princeton, NJ: Princeton University Press.

42. Cambray, J. (2009). *Synchronicity: Nature and psyche in an interconnected universe* (Vol. 15). College Station: Texas A&M University Press.

43. Cauchon, D. (2001, December 20). For many on Sept. 11, survival was no accident. *USA Today.* Retrieved from http://usatoday30.usatoday.com/news/sept11/2001/12/19/usatcov-wtcsurvival.htm.

44. Calaprice, A. (Ed.). (2002*). Dear Professor Einstein: Albert Einstein's letters to and from children.* Amherst, NY: Prometheus.

45. Braden, G. (2008). *The spontaneous healing of belief: Shattering the paradigm of false limits.* Carlsbad, CA: Hay House.

46. Crick, F., & Clark, J. (1994). The astonishing hypothesis. *Journal of Consciousness Studies, 1*(1), 10–16.

47. Tonneau, F. (2004). Consciousness outside the head. *Behavior and Philosophy, 32*(1), 97–123.

48. Dossey, L. (2009). *The science of premonitions: How knowing the future can help us avoid danger, maximize opportunities, and create a better life.* New York: Plume.

49. Facco, E., & Agrillo, C. (2012). Near-death experiences between science and prejudice. *Frontiers in Human Neuroscience, 6,* 209.

50. Clark, N. (2012). *Divine moments.* Fairfield, IA: First World Publishing.

51. Beauregard, M. (2012). *Brain wars: The scientific battle over the existence of the mind and the proof that will change the way we live our lives.* San Francisco: HarperOne.

52. Ring, K., & Cooper, S. (2008). *Mindsight: Near-death and out-of-body experiences in the blind* (2nd ed.). iUniverse.

53. Eliade, M. (1964). *Shamanism: Archaic techniques of ecstasy.* London: Routledge & Kegan Paul.

54. Church, D. (2013). *The genie in your genes: Epigenetic medicine and the new biology of intention.* Santa Rosa, CA: Energy Psychology Press.

55. Ironson, G., Stuetzle, R., Ironson, D., Balbin, E., Kremer, H., George, A., . . . Fletcher, M. A. (2011). View of God as benevolent and forgiving or punishing and judgmental predicts HIV disease progression. *Journal of Behavioral Medicine, 34*(6), 414–425.

56. Kelly, R. (2011). *The human hologram: Living your life in harmony with the unified field.* Santa

Rosa, CA: Elite Books.

57. Dossey, L. (2013). *One mind: How our individual mind is part of a greater consciousness and why it matters.* Carlsbad, CA: Hay House.

58. Greyson, B. (2003). Incidence and correlates of near-death experiences in a cardiac care unit. *General Hospital Psychiatry, 25*(4), 269–276.

59. McCraty, R. & Deyle, (2016). *The science of interconnectivity.* Boulder Creek, CA: HeartMath Institute.

60. Park, S. Q., Kahnt, T., Dogan, A., Strang, S., Fehr, E., & Tobler, P. N. (2017). A neural link between generosity and happiness. *Nature Communications, 8.*

61. Popper, K. R., & Eccles, J. C. (2012). *The self and its brain.* New York: Springer Science & Business Media.

62. Rockwood, K. (2017). *Think positive, get lucky.* In Gibbs, N. (Ed.), *The science of emotions* (pp. 62–65)*.* New York: Time.

63. Ferriss, T. (2017). *Tribe of mentors: Short life advice from the best in the world.* New York: Houghton Mifflin Harcourt.

64. Gramling, R., Klein, W., Roberts, M., Waring, M. E., Gramling, D., & Eaton, C. B. (2008). Self-rated cardiovascular risk and 15-year cardiovascular mortality. *Annals of Family Medicine, 6*(4), 302–306.

65. Goethe, J. W. (1887). *The first part of Goethe's Faust* (J. Anster, Trans.). London: George Routledge & Sons.

66. Jung, C. G. (1952). The structure of the psyche. In *Collected works, vol. 8: The structure and dynamics of the psyche.* London: Routledge & Kegan Paul.

67. Bem, D. J. (2011). Feeling the future: Experimental evidence for anomalous retroactive influences on cognition and affect journal of Personality and Social Psychology, 100(3), 407.

# 影像來源

## 第1章　我們的大腦如何形塑世界

## 第2章　能量如何建構物質

## 第3章　情緒威力強大，決定你過得好不好

## 第4章　心靈能量如何影響DNA與細胞

國家圖書館出版品預行編目資料

科學證實你想的會成真：從心靈到物質的驚人創造
力 / 道森‧丘吉（Dawson Church）作 . -- 初版
. -- 臺北市：三采文化，2019.03 -- 面；公分 . --
（Spirit；18）
譯自：Mind to Matter：The Astonishing Science
of How Your Brain Creates Material Reality

ISBN 978-957-658-095-6（平裝）
1. 生理心理學 2. 腦部

172.1                                      107020216

◎封面圖片提供：
Volodymyr Martyniuk ／ Shutterstock.com

■本書作者並未進行診斷，也不建議在
未以直接或間接方式諮詢醫師前使用任
何技巧作為生理、情緒或醫學問題的
治療方式。有鑑於個人健康情形因年
齡、性別、病史、心理狀態和特殊情
況而異，建議您，若有任何不適，仍應
諮詢專業醫師之診斷與治療建議為宜。

suncolor
三采文化集團

Spirit 18

# 科學證實你想的會成真
## 從心靈到物質的驚人創造力

作者｜道森‧丘吉 Dawson Church    譯者｜林瑞堂
企劃主編｜張芳瑜    特約執行主編｜莊雪珠
美術主編｜藍秀婷    封面設計｜張惠綺    內頁排版｜曾綺惠    校對｜黃薇霓
行銷經理｜張育珊    行銷企劃｜蔣羽筑

發行人｜張輝明    總編輯｜曾雅青    發行所｜三采文化股份有限公司
地址｜台北市內湖區瑞光路 513 巷 33 號 8 樓
傳訊｜TEL:8797-1234    FAX:8797-1688    網址｜www.suncolor.com.tw
郵政劃撥｜帳號：14319060    戶名：三采文化股份有限公司
初版發行｜2019 年 3 月 1 日    定價｜NT$480
12 刷｜2024 年 8 月 20 日

MIND TO MATTER
Copyright © 2018 by Dawson Church
Originally published in 2018 by Hay House Inc. USA
Traditional Chinese edition copyright © 2019 by Sun Color Culture Co., Ltd.
This edition published by arrangement with Hay House Inc. USA through Bardon-Chinese Media Agency.
博達著作權代理有限公司
All rights reserved.

suncolor